2022年度浙江省哲学社会科学规划
后期资助课题

"社交媒体环境下青年政治社会化途径研究"（22HQZZ11YB）

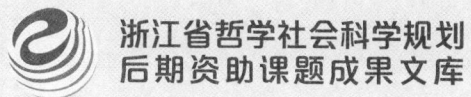
浙江省哲学社会科学规划
后期资助课题成果文库

社交媒体时代青年社会化途径研究

蓝 刚 著

中国社会科学出版社

图书在版编目(CIP)数据

社交媒体时代青年社会化途径研究/蓝刚著. —北京：中国社会科学出版社，2023.10

(浙江省哲学社会科学规划后期资助课题成果文库)

ISBN 978-7-5227-2502-4

Ⅰ.①社… Ⅱ.①蓝… Ⅲ.①互联网络—传播媒介—作用—青年—思想政治教育—研究—中国 Ⅳ.①D432.62

中国国家版本馆 CIP 数据核字(2023)第 156643 号

出 版 人	赵剑英
责任编辑	张　玥
责任校对	李　莉
责任印制	戴　宽

出　　版	中国社会科学出版社
社　　址	北京鼓楼西大街甲 158 号
邮　　编	100720
网　　址	http://www.csspw.cn
发 行 部	010-84083685
门 市 部	010-84029450
经　　销	新华书店及其他书店
印　　刷	北京明恒达印务有限公司
装　　订	廊坊市广阳区广增装订厂
版　　次	2023 年 10 月第 1 版
印　　次	2023 年 10 月第 1 次印刷
开　　本	710×1000　1/16
印　　张	18.5
插　　页	2
字　　数	279 千字
定　　价	99.00 元

凡购买中国社会科学出版社图书，如有质量问题请与本社营销中心联系调换
电话：010-84083683
版权所有　侵权必究

前 言

青年社会化的价值目标不仅是要培养青年群体由"自然人"成长为合格的社会公民并具备基本生活能力和掌握一定生产学习技能的"社会人",更是希望通过青年人的个体发展实现社会的全面进步。

社会化的途径有多种,不同的途径对青年社会化的影响各有千秋。传统途径如家庭、学校、社会共同体、同辈群体和大众传媒虽然在传播社会文化、塑造合格社会公民的过程中依然扮演着重要的作用,但随着信息化时代的到来,特别是移动互联网终端技术的发展,社交媒体作为一种全新的途径在青年社会化的培养过程中产生了越来越重要的影响。这种影响主要体现在社交媒体不仅渗透到社会生活中的方方面面,又由于其叙事视角、叙事容量、叙事方式鲜活性、生活性等特性,赋予了青年人极大的社会参与空间及传播与制造内容的能力。话语权的转移意味着青年人可以自主选择社会信息、大胆地表露社会主张与社会见解,围绕某一社会事件或议题在虚拟空间中开展线上社会活动。这种迥异于传统社会化的途径正以惊人的力量改造着当前青年社会化的环境与内容,改变着青年社会化的功能与方式,推动着社会化范式由单向主导向多元互动转型。

本书关注的焦点就是社交媒体在当代青年社会化中的作用与意义,并试图回答以下问题:(1)社交媒体营构的全新媒介环境,是如何以其丰富多彩的媒介景观通过解构传统的时空观,聚缩了社会化的历程,加速了青年人的社会化;(2)这种在新的历史环境、新技术条件下产生的社会化途径的新型战略变迁,将如何长期而持续地影响青年人的社会态度、社会行为、社会认知及价值取向；（3）社交媒体环境下社会参与模式的重构和虚拟社会实践在相当程度上改写了青年人社会角色的体验与扮演，不同背景下的社会文化与激增且多元的社会信息会如何冲击主流价值观所倡导的信念与规范、动摇青年人理性的选择从而背离正确的社会化方向及目标。

为了回答以上的问题，面对社会化途径中出现的媒介途径演变，本书以社交媒体为逻辑起点，运用个别访谈、问卷调查和模拟实验等定量与定性相结合的方法，旨在对社交媒体与当代青年社会化的关系进行理论与实证研究。通过对不同媒介途径的历史沿革的比较考察，围绕社交媒体的技术特质及虚拟形态，探究社交媒体在青年社会化中的作用，即如何支撑并拓展、保障青年人的社会交往。在结合大量实证调查数据探析社交媒体的社会化功能、价值对青年社会化的亚文化影响的基础上，分析社交媒体的动力、属性和形态，参与起点、传播效力和实现形式，以及对青年人社会关注度、社会表达意愿、社会参与、社会认同等产生的影响和冲击。在此基础上剖析社交媒体对青年社会化的负面影响，发现复杂的舆论环境、开放的言论空间、虚拟的实践行为、低效的参与行为将导致青年人社会认知歧异化、社会表达随性化、社会知行偏差化、社会态度冷漠化。产生以上问题的原因主要是与社交媒体责任、舆论主体、监管体系、思政教育的缺失，以及青年人媒介素养、群体文化、社会心态、认同意识的困乏密切相关。为此，本书从媒介责任与商业逻辑、个体权利、公民意识、社会需求间关系进行思考的同时，还从发挥文化引导力、完善社会参与渠道、重视思想社会教育几方面提出了社交媒体环境下青年社会化途径的改进举措。

目 录

第一章 绪论 ………………………………………………………（1）

第二章 社交媒体环境下青年社会化途径理论阐释 …………（6）
  第一节 核心概念概述 …………………………………………（7）
    一 社交媒体的特质与功能 …………………………………（7）
    二 社交媒体的效应组成 ……………………………………（15）
    三 社会化概念梳理 …………………………………………（19）
    四 社会化途径类别 …………………………………………（21）
    五 青年社会化特征 …………………………………………（34）
  第二节 相关理论研究 …………………………………………（36）
    一 异化理论 …………………………………………………（37）
    二 人的自由全面发展理论 …………………………………（42）
    三 场域理论 …………………………………………………（47）

第三章 青年社会化媒介途径的变迁 …………………………（51）
  第一节 社会化传统途径：传统媒体 …………………………（51）
    一 实现社会控制，引导社会态度 …………………………（51）
    二 改造社会文化，实现社会控制 …………………………（53）
    三 建构社会情感，确立社会价值观 ………………………（54）
  第二节 社会化的现代途径：网络 ……………………………（55）
    一 网络社会化的内涵与特点 ………………………………（57）

二　网络对青年社会化范式的影响与调控 …………… (59)
　第三节　社会化的新型途径:社交媒体 ………………… (62)
　　一　扩大社会化参与 ……………………………………… (63)
　　二　促进社会化教育 ……………………………………… (65)
　　三　创设社会化范式 ……………………………………… (66)
　　四　决定社会化意义 ……………………………………… (70)

第四章　社交媒体在青年社会化中的作用 ……………… (76)
　第一节　社交媒体的技术特质,青年社会化途径的支撑 … (76)
　　一　独到的信息传播表现 ………………………………… (77)
　　二　平等的主客传受关系 ………………………………… (78)
　第二节　社交媒体虚拟形态,青年社会化途径的拓展 …… (82)
　　一　社交媒体虚拟社会交往促进青年社会化 …………… (86)
　　二　虚拟社会治理保障青年社会化 ……………………… (99)

第五章　微文化与微社会:青年社会化社交媒体实践 …… (111)
　第一节　微文化,社交媒体领域的文化表征 …………… (111)
　　一　微文化概念特征与阅读表现 ………………………… (113)
　　二　微文化的社会化功能与价值 ………………………… (129)
　　三　微文化对青年社会化的亚文化影响 ………………… (143)
　第二节　微社会,社交媒体领域的社会动员 …………… (157)
　　一　社会媒体的社会动力、属性和形态 ………………… (157)
　　二　微社会的实现形式 …………………………………… (177)
　　三　当代青年微社会行为实证调查 ……………………… (182)

第六章　社交媒体对青年社会化的负面影响及成因剖析 …… (202)
　第一节　社交媒体对青年社会化的负面影响 …………… (202)
　　一　复杂的舆论环境可能导致社会认知歧异化 ………… (203)
　　二　开放的言论空间可能导致社会表达随性化 ………… (206)
　　三　虚拟的实践行为可能导致社会知行偏差化 ………… (212)

四　低效的参与行为可能导致社会态度冷漠化…………（216）
　第二节　社交媒体对青年社会化负面影响成因剖析………（219）
　　一　媒介责任的缺失和青年媒介素养的匮乏……………（220）
　　二　舆论主体的缺欠和青年群体文化的疲乏……………（222）
　　三　监管体系的缺失和青年社会心态的困乏……………（225）
　　四　思想政治教育的缺陷和青年认同意识的倦乏………（227）

**第七章　社交媒体环境下改进青年社会化途径的
　　　　　思考及举措**……………………………………（229）
　第一节　社交媒体媒介责任的相关思考……………………（231）
　　一　商业逻辑与媒介责任间的关系………………………（235）
　　二　个体权利与媒介责任间的关系………………………（238）
　　三　社会需求与媒介责任间的关系………………………（239）
　第二节　发挥社交媒体的文化引导能力……………………（240）
　　一　加强舆论引导力建设…………………………………（241）
　　二　加强文化软实力建设…………………………………（243）
　　三　提升文化领导力建设…………………………………（246）
　第三节　完善社交媒体的社会参与渠道……………………（249）
　　一　规范社会表达秩序……………………………………（249）
　　二　优化社会整合功能……………………………………（251）
　　三　促进社会文明发展……………………………………（252）
　　四　增大社会伦理管控……………………………………（254）
　第四节　重视社交媒体的思想政治教育……………………（257）
　　一　推动媒介素养纳入思政教育…………………………（258）
　　二　开展隐性教育丰富思政教育…………………………（260）

第八章　结语………………………………………………（264）

参考文献……………………………………………………（270）

第一章　绪论

信息通信技术的发展不仅推动着经济模式、生活方式、人际交往的转变，还改变着公民的社会参与形式、社会认知态度和社会意识行为。这种发生在计算机信息处理和互联网技术基础上的进步，成为推动社会制度走向文明、社会系统走向合理、社会文化走向先进的物质基础。在这种时代背景下，研究青年群体的社会素质和社会人格，创新青年社会化的途径关系到国家未来的民主政治建设。

在当前中国社会，从QQ、MSN到微博、微信，再到近来短视频、VLOG，各类新型社交技术平台正在深刻地改变着传统的舆论场和信息传播方式，广播与辩论的权利已经被越来越多的人尤其是熟悉社交媒体技术青年人掌握，普通受众成为新一极的传播主体，他们通过社交媒体平台，以现代移动通信技术为载体参与社会生活，并在此过程中悄然地培养着自身的社会心理、社会信念、社会价值观等。

在媒介化社会，社会化只有通过媒介才能实现社会化内容的传播与效果的强化，实际情况却是我国大众媒体的社会化功能并不令人满意，有时甚至还会表现出对社会成员的社会价值观念的消解。[①] 作为社会化主要途径之一的传统媒体（其他四个途径为家庭、学校、社会、同辈群体）影响力正因其单向性、可控性、信息发布需经层层把关过滤而日渐式微。截至2020年年底，中国互联网用户已达11亿人，

[①] 参见戴道昆《美国大众媒介政治社会化功能研究》，博士学位论文，哈尔滨工程大学，2012年，第2页。

手机网民规模占整体网民规模的99%以上，在此背景下，社交网站、微博、微信、博客、论坛、播客等随着社交人群的普及得到快速发展。① 社交媒体技术的进步对传统青年社会化的价值观念、思想方法、教育接受性等方面都产生了冲击。在这种情况下，利用社交媒体规范青年人的社会行为，培养青年人健康的社会人格，引导青年人自觉自愿地接受社会教化，养成良好的社会生活方式，显得十分紧迫必要。

社会化在本质和功能上"是由统治阶级主导的；在教化内容上都体现了统治阶级利益特别是统治阶级的社会利益；具有共同的目标——培养统治阶级所需要的接班人，特别是合格的社会人"。② 在一定意义上，社会化的途径研究就是社会化的媒介研究，执行社会化功能的媒介，在很大程度上影响和决定着一个人社会化的过程和结果。

网络的发展，使传统的社会化途径发生了明显的变化。新型媒介形态构筑的技术环境正使"你不断有这种印象：媒体正在试图控制你关于某种特殊事件或社会运动的想法、态度甚至感情，你有可能是正确的。"③ 网络运行方式和存在方式的独特性，突破了传统社会化模式，为社会化范式的转换奠定了基础。传统社会化的范式强调"点对点、一对一"，而网络环境下社会化的范式则由有限的点对点到无限的面对面，由硬性灌输到体验参与，由单向线性到互动多维，使社会化的取向发生了变化：由传统社会人到现代社会人。④ 面对着网络环境下范式的变化，寻找社会化的新途径必须在"虚拟"与"现实"之间建构一种功能完整与体系规范的新型社会化整合模式，实现两种社会化在内容和功能目标方面的相互协调和机制上的有效对接。⑤

---

① 《2021中国社交媒体市场分析报告》，https://www.adquan.com/post-7-301904.html, 2021年2月18日。

② 青岛理工大学课题组：《政治社会化与转型期高校思想政治教育》，《河北学刊》2006年第1期。

③ [美]詹姆斯·汉斯林：《社会学入门：一种现实分析方法》，林聚仁等译，北京大学出版社2007年版，第626页。

④ 参见王芳《断裂与整合：网络社会青年政治社会化范式的嬗变及其应对》，《华东理工大学学报》（社会科学版）2008年第3期。

⑤ 参见于昆《网络视阈下青年政治社会化范式转换与调适》，《山东省青年管理干部学院学报》2010年第1期。

网络媒介，特别是以微博、微信、短视频为代表的社交媒体通过多元的信息传播和对公共领域的建设与扩张，促进了青年对公民身份的认同与建构，社会参与从多元转变为自主，推动社会化范式由单向主导向多元互动转型。[①] 网络媒介吸引更多的人参与社会活动中，促进了公民个体社会意识、社会认知和社会表达。研究发现，30 岁以下的青年在网上发表观点、网络投票、民意测验和组织网民关注社会的强度都相对强于其他年龄段的人。[②] 然而这种途径也面临着不足，网络时代人人皆为媒体人的现状将自由主义的逻辑困境彻底化了，群氓化和民粹化消解了民主的严肃性，犬儒主义色彩浓重，[③] 在这种情况下，强化新媒体的责任担当、健全新媒体规范规程[④]成为媒体赋权境遇下网络社会参与的主要现实途径。因此，对社交媒体环境下青年社会化途径进行系统研究，就目前培养合乎现代社会要求的社会人来说，尤为重要。

社交媒体作为青年社会化的新途径，在获取社会信息、进行社会参与、塑造公民意识方面产生的作用越来越大。由于青年人处在社会化的关键时期，是他们迈入社会的最后阶段，因此从一定意义上讲，研究社交媒体环境下青年社会化的途径最基本的任务就是推动青年社会化范式由单向主导向多元互动转型。

一、通过对社会化社交媒体途径的剖析，将有利于提高社会化的有效性，为青年社会化媒体功能的实现提供理论支持。

社会化的终极价值是秩序性统治。社会成员社会化水平的高低，不仅制约着社会系统中社会文化的传递，而且影响着这个系统的社会稳定。随着社交媒体的迅速发展，青年人所面临的社会化环境和方式都发生了惊人的改变，这种改变直接影响到社会化的内容和功能，社

---

① 参见卢家银《社交媒体与青少年的政治社会化：以微博自荐参选事件为例》，《中国青年研究》2012 年第 8 期。
② 参见刘辉、王成顺《青年的基本身份要素对网络政治参与的影响》，《中国青年社会科学》2015 年第 1 期。
③ 参见杨晶《网络民主视阈下政治社会化的不足与转型》，《青年记者》2016 年第 1 期。
④ 参见姜华《媒体赋权境遇下大学生网络政治参与探析》，《理论观察》2015 年第 6 期。

会化传统的对话方式和思考习惯均受到了冲击。当微博、微信成为青年人身体和精神的一部分，当手机等移动终端取代电脑成为青年人日常生活的必需时，青年人的思考空间拓展相较于前一代更深更远，对同一焦点的思考更容易碰撞出火花。在这种情况下，社会化首先要与社会发展相适应，一方面要反映社会动态，适应社会变化；另一方面要提高主体的能动性，增强主体的适应能力。由于社会化是人们接受和学习一定的社会文化，获得社会属性形成社会人格的过程，同时也是一定的社会文化传播的过程，是二者的有机统一，[①] 因此承担着社会化的媒介作为社会化的中间环节，在传递、普及社会信息的同时影响着人们社会认知、社会情感和社会态度的形成。社交媒体虽然还无法取代广播、报纸、电视等大众传播媒介在社会化过程中的地位，但它的出现增强了社会的透明性，以惊人的力量改变着社会化的方式和环境，影响着社会化的内容和功能，拓宽了公民参与社交的途径，因此只有正确认识社交媒体的技术特点和传播规律，才能从容应对社交媒体环境下社会化带来的各种挑战。

二、通过对青年社会化途径发展形态和变化形式的梳理，为新技术环境下青年人参与社会、社会表达提供理论阐释。

社会化和社会参与高度关联，只有积极的社会参与才能获取社会知识和社会能力，形成社会意识和社会立场，这事实上是一个社会表达的过程。社会表达建立在社会参与的广度和效度基础之上，通常情况下，社会参与频度越高、活跃度越强，社会表达的意愿也就越浓。社交媒体反映的舆情通常是民众真实、广泛的情绪流露和展示，已经成为青年人社会表达的有效工具，成为社会表达有效的渠道和途径。随着媒介环境的变化，社会参与的形式表现出鲜明的时代特征，如果只有社会信息的输入和接收，而没有社会信息的处理和反馈，社会参与就失去了意义，也无法完成社会化的过程。同样，社交媒体传送的信息纷繁复杂，信息量十分巨大，青年人的心理和情感都不稳定，从众心理严重，对事件独立判断的能力不足，容易受到蛊惑煽动，因此，

---

① 参见施雪华《政治科学原理》，中山大学出版社2001年版，第806页。

为了强化社会参与的意向,就必须通过对新技术环境下青年社会化途径的梳理,分析不同环境下青年人社会参与的状况和社会表达的水平,才能够为青年社会化提供理论阐释和分析。

三、通过对社交媒体环境下青年社会化途径现状和问题的分析,有利于社会文明的建设和推进。

社交媒体环境下青年社会化必须要做到"三坚持",即坚持中国化马克思主义关于社会化的理论论述、坚持引导服务有机结合、坚持不断创新的实践原则。青年人社会化程度的高低,可以从与社会传媒接触频率、接触意愿等方面来衡量。随着社会化技术环境的变化,传统的调控社会化制度和非制度安排的效用受到减弱,建构于先进通信技术基础之上的计算机网络的具象化的情感表达成为互联网时代的表达特征,民众很容易实现由"现实的社会生活空间"向特殊的"虚拟社会生活空间"进行互相转换,民众的社会认知、社会态度、社会参与等表达方式与内涵,可以通过虚拟网络这一特殊的场域得以丰富、延伸和拓展。[①] 然而,当前社交媒体环境中社会信息内容庞杂,良莠不齐,恶意的、不真实的甚至反动的信息混迹于其间,这种结果必将影响我国社会文明的建设和推进,社会文明作为发展社会主义民主、全面建设小康社会的重要目标,不仅可以激发社会活力,还能够保证当前的社会体系走向更加稳定、完善。而社会化的研究可以为了解社会稳定和发展提供有价值的研究途径,因此,通过对社交媒体环境下青年社会化途径现状和问题的分析,有助于为社会文明的建设和推进提供现实意义。

---

① 参见赵宬斐《新媒体视野下中国执政党政治表达的范式转向》,《中国出版》2012年第11(下)期。

第二章　社交媒体环境下青年社会化途径理论阐释

对个体社会成员来说，社会化的过程就是个体逐步学会社会或群体成员所具备的社会知识、社会态度、社会情感及社会行为的过程。这是个连续动态的过程，伴随人的一生，社会化的效果因人而异，其中，在整个社会化过程中，青年阶段是最关键的时期。"青年"一词在不同的国家有不同的社会含义，它的定义随着社会经济和社会文化环境的变化而变化。联合国将15—24岁年龄段定义为青年，世界卫生组织18—44岁，联合国教科文组织16—34岁，中国国家统计局15—34岁，共青团14—28岁。出于研究主题、样本采集等方面考虑，本书使用的是中国国家统计局对青年年龄段的界定。这部分人群熟悉社交媒体功能和应用，作为高频使用人群受到社交媒体的影响远远高于其他年龄段。

截至2020年12月，我国网民以10—39岁群体为主，占整体的74.7%，其中20—29岁的年龄段网民占比最高，达30.4%，10—19岁、30—39岁群体占比分别为20.1%、24.2%。超过一半的网民使用微博、微信、短视频等社交媒体，其中90后、00后是社交媒体的最大使用人群[①]。毫无疑问，社交媒体和所有以往出现的媒体一样，都会对青年社会化产生巨大的影响，不同的是，相较于以往出现的媒介，社交媒体对青年社会化的影响更深入、更具体、更微观、更潜隐。

---

① 《第47次中国互联网络发展统计报告》，http://www.southmoney.com/caijing/caijingyaowen/202102/8863742.html，2021年2月3日。

第一节　核心概念概述

哈罗德·伊尼斯曾经说过，一种新媒体可能导致一种新文明的诞生。社交媒体，作为当今学界和社会中最热门的词汇之一，完美地诠释了新媒体技术与新思潮、新概念结合后，是如何打开互联网时代媒体发展的新局面，开创了媒体整合后新的发展集群。这个新集群展现出来的力量和价值随着传播方式的快速递增，将越来越多的领域裹挟进来，必将对青年社会化产生不同凡响的影响。

一　社交媒体的特质与功能

智能手机的普及推动了社交媒体的发展，2020年中国智能手机用户已超过7.8亿。[①] 2019年，使用手机上网比例已增加到99%，[②] 建立在数字技术、网络技术、移动通信技术基础上的社交媒体，通过计算机网络和无线通信网络，以数字设备为终端，通过 ios、安卓、Windows 系统，使用手机、iPad、PC 等通联工具，即时发布个人消息、转载他人信息、交互对话和沟通联系，丰富了人们的信息交流模式、社会生活方式。

以社交媒体为主要代表的新型信息传播媒介，对社会事件的组织和社会文化的表达以及社会热点、社会话题的形塑，正在被纳入意识形态的思考范畴；被赋予的角色和地位日渐显赫，正被要求承载与报纸和电视等传统媒体同样的责任。通过这种新的传播手段制造出来的新的语言和符号，以常态化的生活方式，以短、平、快的信息互动方式，抢占网络话语权。

社交媒体是人们用来创作、分享、交流意见、观点及经验的虚拟

[①]《2020 年中国智能手机用户达到 781.7 百万人》，https：//www.iimedia.cn/c106，2020 年 12 月 25 日。

[②]《2019 年互联网发展趋势分析》，https：//www.360kuai.com/pc/9e024b1a57e4，2019 年 9 月 9 日。

社区和网络平台。这种以微博、微信、QQ、短视频等社交软件为媒介的传播平台，通过内容分享、自我表达、认知交互等新型信息传播方式，改变了以往传统媒体的信息传播模式。从技术角度来看，社交媒体已成为人们表达自我、传播信息、评议时事、参与社交互动的平台。因此，相对于传统大众传播而言，社交媒体是一种更加精准的信息传播模式。作为一种直接的双向互动传播模式，社交媒体首先拥有所有新兴媒介型态所共有的一切技术共性，即超媒体性、超文本性、交互性、虚拟性、注解性等。

1. 超媒体性

超媒体是网络技术和数字技术最核心的信息组织呈现方式。它以计算机为基础，采用数据库实现对信息单元的非线性表征，即通过链接方式将一些离散的信息单元和信息节点（包括文本、图形、音频、视频、动画、图像和可执行文档等）连接在一起来表征信息。随着通信技术的发展，只包含视频、音频、文字的多媒体正被包含图像、图形更多元素的超媒体所取代。超媒体技术正是将以上几种元素与 Web 应用、远程协作、信息传播和存储技术相结合，为用户提供更高的人机交互能力。用户可以根据兴趣和信息需要设定路径和速度，对相关内容修改或加以注释，也可以在不同文本间任意切换，同时显示多个文本，既可以播放音乐又可以显示与此无关的图形或视频。

2. 超文本性

超文本链接、阅读、检索、组织已经成为新兴媒介型态最显著的标志。超文本通过超链接，将各类来自不同界面与空间的信息组织在一起而形成的一种网状文本。它是由若干信息节点和表示信息节点相关性的链构成的一个具有一定逻辑结构和语义关系的非线性网络，主要以电子化文档的方式存在。链接方式的多样性、多元化，使其可以将其中的文字、图片、邮件、文档链接到其他位置或者连接不同文档。超文本的真正意义在于它的收集能力，它可以将收集来的文档组合成一个信息库，并且可以将该文档与世界上的其他文档集合连接起来。它的本质就是在文档内部和文档之间建立联系，不同信息之间的关系以非线性的方式存储、组织、管理和浏览。由于线性体现为互不相关的独立关系，而非线性更侧重于多种信息形式之间的交叉渗透，因此所产生的效应更持久有力。① 当前超文本的格式主要有 HTML、RTF 两种，读者不仅可以控制文档在屏幕上的显示，还可以通过超链接来控制浏览的顺序。

随着超媒体（hypermedia）和超文本（hypertext）两个概念之间的区别已经变得越来越模糊及二者本质上的相同，这两个概念现在经常被相互通用、互相代指。

3. 交互性

不同于传统媒体直线性的、单一性的信息传播模式，社交媒体的信息发送者和接受者的信息交流是双向的、互动的，因此交互性被认为是社交媒体的最基本且最有意思的特征之一。社交媒体的交互性特征导致了每一个参与者都不再是单纯的主体或单纯的客体，传播者与受众之间的区别越来越模糊，受众甚至可以参与信息的编码过程，传播者和受众都处在交互主体的主体际界面环境中。社交媒体交互性包含两方面的内容：作为内容进行控制的交互性和作为反馈的交互性。②

作为内容进行控制的交互性是指用户在与内容或媒体发生关系时，可以自己定义概念，赋予内容以含义，控制整个交互过程。在这个过程中，受众可以自己挑选感兴趣的内容，选定自己喜欢的阅读方式（声音、图像、文字、图表等）进行浏览，受众也可以根据自己的需要选择信息内容接触路线，决定信息内容接触的先后顺序，从一个项目跳到另一个项目，不必陷入不需要的材料内容中。

作为反馈的交互性最接近人们对社交媒体交互性的认知，它使传播者和受众的关系发生了变化，即传播者和受众的角色不再固定，而是处在互换的动态中。这种角色的模糊性使得信息内容取决于交流过程中双方共同发生的信息，它影响了最终对话的对象，也拉近了媒体、传播者、受众三者间的距离，扩大了交流范围和信息覆盖对象。

---

① 传统的线性模式被表述为一种直线型、单向型的过程，它忽视了反馈对传播过程的制约。

② 交互性是一个比较广泛的概念，应用的领域不同含义也不同。鉴于本书主题，对交互性的讨论仅限于上文所指的两个内容。

4. 虚拟性

虚拟性是指社交媒体中的世界是个体创造出来的一个虚幻世界，其中的所有组织和机构都不具有物质客体的形式，而是由数字和图文所构建出来的，它是社交媒体最吸引人的特性之一。社交媒体创造了一个完全虚拟的世界，在这个世界中一切物质以信息、图像、声音、文字等形式存在，可以把它想象成一种场、一种趋势、意境或连续。这个虚拟的电子空间将真实世界和虚拟世界、将实体的现实和创造的现实连接起来，从根本上改变了人们的认知方式，将现实世界中的身体属性、阶级属性以及地域属性造成的各种沟壑一一抹平，人们处在一个由数字、符号组成的虚拟世界里，以匿名或者虚拟的身份进行交流。在这个世界里"你可以张开双臂拥抱银河，在人类的血液中游泳，或者造访仙境中的爱丽丝"①。虚拟性对人们行为造成的后果可以从两方面来看，从积极面来看，匿名性和虚拟身份降低了人们对言论发表的顾虑，任何人都能就公共事务发表意见、表达诉求，从而形成舆论，对现实立法、决策产生影响。从消极面来看，虚拟性放大了个体的表现欲，以及自我扩张、放纵的意念，由于无所顾忌，因此也就不可能顾及可能产生的现实后果，谣言、流言等层出不穷，这些来自于虚拟世界的噪音和无效信息，影响了现实世界中人们的判断和选择，甚至导致个体行为、社会事件失去控制。

5. 注解性

在社交媒体的节点系统中，每一个节点都具有独立性和自主性，每个节点都代表着一个实体用户，既承担着信息接收者的角色，又扮演着信息传递者的身份。这种集传、受信息于一体的节点，与传统的单向传播模式最大不同在于，可以根据自己的兴趣、爱好，选择信息、话题进行分享与传播，同时还可以在分享与转发的同时通过添加评论等方式进行二次内容生产和创造。这种节点系统实现了传受双方的平等，对社交媒体的信息扩散产生了关键性的作用，它是社交媒体的最本质特征。

---

① [美]尼葛洛庞帝：《数字化生存》，胡泳等译，海南出版社1997年版，第102页。

注解性是指在一个分布有众多节点的系统中，每个节点都高度自治，不同节点之间可以自由连接，形成新的连接单元。任何一个节点都可以成为阶段性的中心，但不具备强制性的中心控制功能，节点与节点之间的影响，会通过网络形成非线性因果关系。它是社交媒体最本质特征。

社交媒体具有的这种扁平化、开放式、平等性的结构，决定了内容不再由特定人群生产，普通用户也被赋予了内容生产与创造的权利，全体网民共同参与、共同创造、共同生产信息，任何参与者，均可提交内容，共同进行内容协同创作与贡献。但必须注意到，社交媒体的去中心化并非意味着中心化消失，恰恰相反，它也同步放大了中心化的力量。越来越多的迹象表现，散落的信息和内容在政治和经济因素的影响下会向大的信息平台靠拢，"虽然很多议题的首发论坛是市级及其以下论坛，但这些信息只有经过网络搬运工向主流论坛搬运后，被主流化才成为热点事件。"[1] 这是因为，去中心化虽然保证了人们"说"的权利，但并不能保证说的话能被更多的人听到，说的话在无法得到理想关注度的情况下，要想产生良好的传播效应，就必须具备优质的传播平台。去中心化事实上催生了"中心化"的再生，这个中心化反过来对去中心化又产生了反作用，这种反作用表现在：如果这个"传播中心"与绝大多数网民的立场不一致，会限制传播和放大他们的声音，那么将削弱他们的自由表达，从而迫使他们寻找其他方式和途径表达。[2]

从文化视角方面看，社交媒体独有的机制对文化变迁和社会构建发挥着重要的能动作用，促使时代的文化特质发生转变。社交媒体所展现的强大文化影响力，与其独特的传播机制密切相关。"人人都是传声筒"的传播特色、裂变式信息扩散路径，构建着独有的文化仪式和文化内容。在文化方面，社交媒体的功能主要体现为：

1. 碎片化阅读

碎片化首先体现在阅读内容碎片化。无论微博、微信，还是短视

---

[1] 喻国明：《中国社会舆情年度报告》，人民日报出版社 2010 年版，第 23—24 页。
[2] 参见王世华、冷春燕《互联网再认识：去中心化是个伪命题？——兼与李彪先生商榷"中心化"问题》，《新闻界》2013 年第 20 期。

频、QQ，有限的文字字数虽然限制了信息内容的深度与广度，但却迎合了当代人的阅读习惯，即传播内容多样（一段话、一个表情符号、一个小视频、一张图片等）、传播方式简便（通过电脑、手机按键操作，或鼠标点击就可完成信息发布、浏览、转载、评论等）、传播渠道精细（智能手机、掌上电脑、多功能电子阅读器等）、传播对象精准（具有较强针对性的小众化传播）。由于阅读的时间成本大大减少了，人们习惯了在各种信息之间跳转，对单元信息尽可能快的消费也产生了另外一种消极影响，系统的、深度的阅读方式正变得奢侈、昂贵，尽管它还被追捧，但在阅读中被越来越少的去实践。

其次，阅读时间碎片化。有学者认为，过去的媒介概念通常是将时间相对于空间做比较，如现场直播，使用压缩距离的方法吸取时间的价值，而社交媒体则是通过时间本身提高时间的价值。无论在等车、还是在等人，"低头一族"已经成为这个时代的代表性表征。利用零碎时间进行人际互动、接收信息，在运动的状态而不是安静的状态下接触媒介，反映了社交媒体"移动性""伴随性"的技术特性与当前社会生活规律的变革。然而，这种利用零碎时间构建起来的"短时记忆"无法形成完整、系统的认知和理解，理性思维和逻辑判断能力也无法得到有效锻炼。

最后，阅读形式碎片化。口语化表达、善用修辞，主要诉诸情感的论证方式以及层出不穷的雷人雷语具有某种解放的力量，它将被消费主义意识形态宰制的社会群体与传统社会场景中的主体不同的观念和行为方式，以不同的阅读形式表现出来。

2. 草根化表述

与大众传播时代受众和传播者关系疏远甚至陌生不同，在社交媒体世界里，个人的人际网络得到了修补。人与人之间通过加关注的方式建立起了某种联系，彼此间形成了一定的了解。虽然这种关系不同于真正意义上的朋友关系，但之间却保持着往来与互动，甚至以相互关注、相互评论等方式建立起了特殊的联结。这种在社交媒体世界里形成的人际交流网络，使得人际交流具有了日常化、生活化的意味。

通常社交媒体的语言表述是不经修饰的，形式朴素、内容坦诚、容易被普通公众接受和使用。这些过于私人化的表述似乎没有什么特别的意义，也没有什么明确的目的，但正是类似于日常生活的"唠唠叨叨"在满足受众情感需求的同时，也成为一种由现实延展到网上的生活方式，为人们的进一步交往做了情感铺垫。因为正是这种"看似平淡乏味、漫无目的，其实有其内在的深层动机，把其定位为边缘的自我意识或社交准备更加合适"[①]的个性化的表述、各种各样的表达方式和修辞手法，不论是评议时事还是日常牢骚，无不彰显着千姿百态的个性和人们的真实感受和想法。这种原创性和个性化的自我展示、自我表演为用户身份认同和文化认同的实现提供了舞台，在这个舞台上"小众群体展现的日常生活有意味的形式"[②]表达了对主流文化的依附与疏离。

3. 大众化消解

消解性带有明显的后现代主义文化特征，它是新媒体在成长的过程中，逐渐培育出的一种特有的文化形态，是新媒体最显著的文化表现，主要体现在对社会文化的消解与重构。它改变了媒介生态结构，进而引起了人类社会生活和社会结构的变化。[③]

这种消解性首先体现在话语解读模式上，即不仅包括对文本的解读，还包括认知性解读和认识性解读。通过解读不仅创造出了一种专属的语言体系，激发了想象力与创造力，尽管存在着消解对象、消解策略上的不同，但社交媒体提供的偏离社会功利的语境，有力地解放了当今的文化观念，拓宽了文化实践的领域。它构建了独有的语言世界法则，这个法则可以构拟出一些与现实世界具有对应可能性的结构，为现实世界创设意义。

其次，社交媒体的消解性还体现在文本叙述模式上。在社交媒

---

① 高岩：《微型博客对新闻行业的影响——以 Twitter 为例》，《新闻与写作》2010 年第 3 期。
② 肖芃、蔡骐：《文化与社会视域中的微博传播——兼论微博的内在矛盾》，《湖南社会科学》2014 年第 4 期。
③ 参见葛营营《探析新媒体所蕴含的后现代性对社会文化的消解》，《科学导报》2013 年第 14 期。

体的话语文本中，充斥着庸碌、无奈、琐碎等叙述，这种在商业社会环境下潜隐在消费意识巨大能量中被形塑的文本模式，消解了精英文化高高在上的独有文化特质和内蕴的文化形态，将理性沉思、社会批判和美学探索拉下马来，以形式化、平面化、市民化、世俗化作为一种叙述策略，达到消解精英文化依据中心、等级、秩序观念拟构出的与现实世界对象的任何东西，其中包括意义。但同时，由于文本可以被拆解、嫁接，完整的文本意义可以被反复加工和重新解读，造成了事实本身和再现事实的裂变，加重了其负面影响。[①]

4. 功利化规制

伯明翰学派认为，文化从来不是一个中性词，它具有社会历史情境下的特殊性，它隶属于意识形态。[②] 社交媒体文化的产生依赖于人际互动，用户属于"网络化用户"，即人们通过积极的媒介使用行为，以跨越各种媒介形态的信息传播技术为中介，与其他媒介使用者相互联结，构成了融合信息与社会的新型网络。这些积极的媒介使用者就此被网络化，成为"网络化用户"。[③] 因此社交媒体文化实质上是一种关系文化，这是一种审美理想与艺术表达与个性调试吻合的文化，个性化、自由化的文化追求充分得到了展示。

从这些年在社交媒体上诞生的文化类型就可以看出来，"吐槽文化""小清新文化""山寨文化""呆萌文化""拍客文化"等所表现出来的平等对话的文化姿态消除了精英文化高高在上的知识态度，个体的价值和个性在大众狂欢化的对话中，获得尊重、认可和包容。表面上看，社交媒体文化是一种多元的文化格局，主流文化、大众文化、精英文化，前现代、后现代、传统、现代等相互兼容，共时并存，但价值判断功利将这种文化最终演化为消费意识形态的工具。

---

① 参见李林英、郭丽萍《新媒体环境下高校思想政治教育教学研究》，人民出版社2015年版，第21页。
② 参见胡疆锋《伯明翰学派青年亚文化理论研究》，中国社会科学出版社2012年版，第146页。
③ 何威：《"文化抵抗"与"抵抗文化"——网众传播中的一种群体行为及其后果》，《新闻与传播评论》2011年第3期。

在社交媒体后现代主义文化的影响下，受资本和商品逻辑支配的消费文化驱使，张扬消费意识、操纵图文影像，用"在场"的欲望和"缺席"的身体游戏规则来彰显个性。消费，成为社交媒体用户表征自我的一种镜像，在它背后是来自市场规律和利益驱动的操纵。每个人似乎对信息发布和评论都拥有自由，每个人的言论都有走进公众视野的可能，但这种技术上的平等话语却因为消费文化最大化逻辑导致了实质上话语权的不平等。因此，作为精英文化的对立面，社交媒体文化的抵抗并非是真正文化意义上的解构，也并不是向赖以生存的社会和社会结构、传统挑战，而是消解意义中心的理性意义，通过娱乐化、个性化的表达，参与社会公众的话语构建。

二　社交媒体的效应组成

社交媒体的优势体现为可以通过用户关系网络获取、共享、传播信息，微博、微信、短视频等社交媒体平台构建的"微关系"聚集了巨大的力量，释放的效应足以抗衡传统媒体，改造传播生态。

信息哲学认为，效应和信息同属哲学范畴，二者相互融合、转化，即效应来源于信息，信息产生效应。任何物质都具有信息，任何信息都具有效应，信息是效应运动的首因，是决定世界进化的主要因素，构成效应场的基础是信息的差异性分布。

社交媒体的效应不仅来源于专业的信息生产单位和信息采制人员，还来源于广大受众。一条社交媒体发出的信息能走多远，传播的范围有多广，主要受到参与传播者的数量、信息发出者或信息内容相关方背景、地位、身份等诸多因素的影响。通常情况下，信息发出者的地位、身份越显赫、知名度越高，或者信息内容涉及的人群越广、事件本身越具有轰动性、新闻性，信息中涉及的主角越是公众人物、知名人士，这样的信息它的传播范围就越广。从技术特性上来看，社交媒体的信息延伸路径很大程度上反映的是实际社交关系程度。

早在 2010 年，新浪微博用户赵小波（时任《华侨大学报》主编）就曾进行过试验，他想知道在新浪，一条微博究竟能走多远？于是发出了一条微博，希望那些看到这条微博有兴趣的人进行转发，在转发的同时标明转发者的所在地，通过这种方法了解微博行走的范围有多广，都走过哪些地方。这项试验引起了广大网友的兴趣与关注，纷纷转发，并按照要求标明转发者所在地。经过了 13 小时 23 分钟的转发后，数量突破 1 万。除了国内，它还到美国、澳大利亚、英国、韩国、日本等十余个国家转了一圈。[①] 虽然不同类型的社交媒体信息的传播路径、延伸链条不同，但相同的是广大受众对信息采制和制作的直接参与构造了整个社会的图景。参与的互动性、全民性代表了一种自下而上的民间自发力量，虽然它的表达主体是一个个看似微不足道的社会个体，但千千万万个个体聚合在一起生发出、积聚出的力量是庞大的、猛烈的，具有极强破坏力和爆炸力的，它所产生的影响是传统媒体无法比拟的。然而，社交媒体信息鱼龙混杂，产生出的信息效应也正负有别，不仅有正效应，而且有负效应。

1. 社交媒体正效应

所谓"正效应"是指积极的、健康的、催人奋进的、给人力量的动力和情感以及充满希望的人和事。[②] 评价效应有两个指标，一是正确性，二是吸引力。正确性是指社交媒体传递的信息符合社会主流价值观，能促人健康向上、积极乐观。吸引力是指社交媒体的内容能够触动人的兴趣点，从而提升旨趣、精神状态，改善人们的精神面貌和道德水准。正效应的价值在于它的内在逻辑推理是代表了这个时代的期盼，破除了陈腐和落后，从而提升了整个社会的道德风气。正效应的文化价值在于它能生发文明风气，迸发群体文明的素养，收获人性美德。

社交媒体正效应的出场路径可归纳为公益、民主和榜样。微博

[①] 《一条新浪微博走天下：半天去了十多个国家》，http://tech.sina.com.cn/i/2010-06-01/12024255384.shtml，2010 年 6 月 1 日。

[②] 参见江绒柔、江雨璐等《微传播对社会正能量传播影响研究》，《中外企业家》2016 年第 5 期。

打拐、免费午餐、微公益、评选最美人物等社交媒体领域活跃的集体正效应，背后折射出对当前传统价值观回归的企盼，也代表了传统义利观影响下社会主义新型义利观的形成。这种"义利观是义与利的辩证统一，为绝大多数人谋利益，以为人民服务为价值取向的义利观，是以集体主义为根本原则，尊重、维护、发展个人的正当利益的义利观，体现社会主义道德与社会主义市场经济统一"。[1] 在不同的历史时期和发展阶段，人们面临的义利问题都离不开当时的经济基础和物质生产条件，传统的义利观倡导重义轻利，对"义""利"何为先，何为后的问题给予了明确的解答，即"先义后利"反对"见利忘义"。市场经济也是一种利益经济，它能培养竞争意识和效率观念，促进人们的自立、自强，因此更加强调个人利益、价值的体现。中国的社会主义市场经济正处于"关键期"，长达40余年的经济高速增长在改变整个社会生活状态的同时，也面临着各种矛盾冲突加剧，如社会贫富悬殊加大、群体事件频发而造成的社会关系紧张等。在这种情境下，如何以主流意识形态同青年价值观实现对话，超越感性共识沟通理性概念，强化社会信仰、重塑社会人格、架设民主机制，从而激发民主社会之正能量，对正效应的宣扬、强调更显得尤为重要。

正效应"守护文明、哲理正论的天地正气，意在使习风清养的精神改变浮躁的人生，蕴养静如止水的心境，寄托捭阖自然的情怀和融然平和的粹美，打造漫音谦诚虚已待物的气量"。[2] 正效应所蕴含的精神气质升华了人的境界、凝聚了人的文明要素，社交媒体通过传递正效应文化打造出的"文化场"，[3] 必然充盈着浩然正气。它能祛邪扶正、清源正本，社交媒体正效应文化场提倡人本价值，以人本理念为核心，调动人的创造积极性，升华人的思想精神，砥砺人的品性，教化清正社会，济世泽人、弥新尚美。

---

[1] 参见吴潜涛《伦理学与思想政治教育》，河南人民出版社2003年版，第41页。
[2] 王继华：《正能量的文化价值》，《教育文化论坛》2013年第5期。
[3] 文化以"场"的形态而存在，一种文化对应着一个文化场，反之，现实社会中如果存在着某种文化场，必然也存在着某种文化。文化决定文化场，文化场依附文化而存在。

2. 社交媒体负效应

汤因比曾经说过，"爱"是人的本质，但人都具有双重属性：动物性和精神性、利己性和利他性，这说明每个人身上都同时存在正效应和负效应。在社交媒体效应场中，效应随着信息的移动而迁移，由一端到另一端，由一极到另一极。效应的运动过程具有不均匀性和快速流动性，前一阶段还是正效应的信息随着信息的流动可能会转化为负效应，负效应的信息也可能转化为正效应。在一个信息里面正负效应并存，同一条消息既能让一些人斗志高昂、精神旺盛，也能让一些人意志消沉、沮丧焦虑。负面情绪、负面心理和负面思想构成的人类负效应，使人类的行为、技术等会产生相应地负面效应，从而带来一系列地负面结果。[1]

在社交媒体中，受众会根据个人爱好、现实生活情境来决定接受何种信息并认同其传达的价值观和主题。社交媒体的平台功能建构人际信任的同时也影响了信息接受者对信息效应的辨析，人际关系越密切，信任度越高，对信息内容认可度就越高，也就越容易失去自我判断能力，盲目跟帖转发，甚至使自身的价值观发生扭曲。研究证实，用户对负效应的信任程度越深，对用户的影响会越大，改变用户原先的看法，甚至对行为产生误导作用。同时，在信任的情况下，受众认同负效应的信息后还会参与到二级传播中。[2] 另外一些实证研究还发现，负效应内容活跃的时间比正效应内容活跃的时间更长[3]，一般情况下，社交媒体的负效应表现主要有：散布社会谣言、攻击诋毁政府、危害社会稳定；迎合猎奇偷窥心理、满足部分人群虚荣自大心理；恶意炒作、放大个体行为、诽谤伤害他人名誉等。

---

[1] 百度百科：《"负效应"词条》，http://baike.baidu.com/view/1083523.htm，2013年5月1日。

[2] 参见章舒雅等《微传播对社会负能量传播影响的研究》，《经济研究导刊》2016年第12期。

[3] 唐朝伟、杜欣慧在《网络视频传播过程的生存分析研究》中（《计算机工程》2012年第8期）根据生存分析方法对微视频传播过程进行分析发现，不良视频活跃的时间比正常视频活跃的时间更长，视频内容对网络视频活跃有效期有一定的影响。

社交媒体负效应所产生的消极影响不仅在信息内容和细节描绘上造成的心灵伤害，还在于这些内容被转发、评论后所引发的社会恐慌，容易引起现实社会的动荡与不安，并最终导致道德价值的"虚无化"。在马克思主义历史观的视野里，负效应与正效应作为矛盾的两个方面，互为载体，同属人类文化的宝贵财富，负效应的价值就在于，它能时时提醒我们，让我们重新审视自己的态度、认知和行为。负效应伴随着正效应长期存在。在社交媒体领域，如何应对负效应，如何看待和正确把握负效应以及重新定位负效应？将考验我们这个社会文化、社会文化的弹性、度量和眼界。

三 社会化概念梳理

何为社会化？这是研究社会化的起点和学术出发的基础。迈克尔·罗斯金认为社会化是"是社会个体在特定的历史、社会、文化互动中接受社会文化、形成社会态度、塑造社会人的实践过程。它不仅有可能使国家自身的合法性权威得到普遍的承认和接受，而且还有可能降低社会统治成本达到有利于自己的社会稳定。"[①] 国内学者袁振国、朱永新早在1988年就使用了"从个体的角度来说，社会化就是内化社会价值观念、学习社会态度、形成社会行为的样式的过程。简单说，就是个体学习社会的过程"[②] 这个概念虽然只从个体的视角出发将社会化视为社会改造形成社会角色的过程，但在国内研究早期对社会化的理解起到了促进和巩固的作用。

随着社会的发展，特别是随着社会学、传播学、教育学、心理学等多学科从不同角度和学术取向下进行的交叉研究，对社会化内涵的理解也出现了分化，当前对社会化内涵的理解主要有两种：（1）将社会化视为社会文化的传播过程，从与社会文化的关系来阐释社会化，因此戴长征认为"社会化的概念和社会文化的概念是互为表里的，社

---

① [美] 迈克尔·罗斯金：《政治科学》，林震等译，华夏出版社2002年版，第104页。
② 袁振国、朱永新：《试谈个体政治社会化的意义及过程》，《社会学研究》1988年第1期。

会文化是社会化内容，社会化是社会文化的传播途径。社会文化固然重要，但如果没有成功的社会化，这样的社会文化就不能得到传播，从而不能为人们所接受"。① 洪伟则将社会化视为社会文化的实现方式，认为"社会化是社会文化的形成和传播过程，社会文化是社会化运行的目标；社会化是形铸社会文化的手段，是社会文化实现的外在方式"②（2）将社会化视为社会对个人的影响和个人进行社会学习的过程，即形成"社会人"的过程。因此徐勇、黄百炼提出社会化是"人们通过社会化途径形成一定社会意识和社会行为能力的过程。它包括两个方面，一是社会体系对人们的社会影响，二是个人接受社会文化并形成社会意识和社会行为模式的过程"。③ 王惠岩的理解则为"社会化是社会教育培训的过程，是一定的统治阶级为了维护其社会统治，通过一定渠道将其社会文化传授给其社会成员的过程。因此它首先表现为社会教育和训练的过程，将统治阶级所确立的社会思想、社会观念、社会意识、社会行为方式等传授给社会成员；其次它又是个人学习社会文化的过程，社会公民通过有目的的、系统的或者潜移默化的学习，逐步形成自己的社会观念、社会意志和社会行为方式。"④

迈克尔·罗斯金关于社会化的功能论，一直对国内学者产生着权威性的影响。罗金斯的社会化功能论主要分为三个层面：训练个人，教育社会成员遵守系统规则；通过向个人灌输社会系统流行的规则将个人与系统联结起来，从而达到支持社会系统的目的；维持社会系统的运转。⑤ 受罗金斯的影响，李元书将社会化的功能划分为"传播功能、教育功能、变革功能、实现功能"⑥，这种划分是建立在对国外社会化认识的基础上的。自 20 世纪 80 年代社会化传入国内，在经过了

---

① 戴长征：《中国当代政治社会化述评》，《安徽电力职工大学学报》2000 年第 12 期。
② 洪伟：《论政治社会化》，《浙江大学学报》（社会科学版）1995 年第 9 期。
③ 徐勇、黄百炼：《政治社会化和民主政治建设》，《福建论坛》（经济社会版）1988 年第 4 期。
④ 王惠岩：《当代政治学基本理论》，天津人民出版社 1998 年版，第 149 页。
⑤ 参见［美］迈克尔·罗金斯《政治科学》，林震译，华夏出版社 2001 年版，第 47 页。
⑥ 李元书：《政治社会化：涵义、特征、功能》，《政治学研究》1998 年第 2 期。

学习、积累阶段,到了21世纪初对社会化的研究进入本土探索时期,对社会化的功能就出现了新的认识和分化,比如朱道忠、朱陆民就认为,社会化的功能是"塑造合格公民、促进民主社会、保持社会稳定、推动社会发展"。① 朱道忠、朱陆民的社会化功能论是从现实视角出发,分析社会化组织和群体、个体间的社会互动,而李莉、陈秀峰则是从社团组织视角出发,认为社会化的功能是"培养合格的社会角色、传播传递社会文化、追求社会稳定"。② 贾亚君则从社交媒体语境出发,认为社会化的功能是"增加社会认同、明确社会取向、掌握社会技能"。③ 尽管对社会化功能的研究略有差异,但这种差异是建立在与实际结合之上的,因此都注意到了社会化的实际运行过程及在社会体系中发挥的独特作用。

四 社会化途径类别

社会化的实现过程是社会文化的实现方式,社会化"是由三个基本过程构成的动态有机体系,首先是个体社会化,然后是个体社会化基础上形成的总体社会化,以及以社会文化观念更新与社会化方式改变为主要标志的社会化的历史进化过程"。④ 这种对社会化过程的传统认知随着进入社会转型期,我国社会、经济、文化出现了一系列深刻的变化而受到了挑战,在这个时期主导公民社会化的过程规律主要有:交互主体双向互动规律、内化外化规律。⑤ 因此社会化过程就是"主流社会文化要保证在公民和社会中顺利进行传递,促使公民

---

① 朱道忠、朱陆民:《政治社会化的功能和实现途径》,《中南工业大学学报》(社会科学版)2001年第2期。
② 李莉、陈秀峰:《政治社会化过程中的青少年社团组织功能浅析》,《学习与实践》2009年第2期。
③ 贾亚君:《自媒体语境下优化高校思政课高教研究社会化功能的对策探讨》,《现代教育科学》2014年第1期。
④ 李元书、杨海龙:《政治社会化的动力机制》,《北方论丛》1998年第4期。
⑤ 参见杨群《当代中国社会转型时期公民政治社会化过程的规律研究》,《改革与开放》2010年第18期。

在改革进程中渐趋一致和同意，才能模铸为合乎现代社会要求的合格社会人"。① 从社会心理学角度来分析，社会化过程可分为"横向心理历程和纵向发展过程两个阶段。横向心理历程包括顺从阶段、认同阶段和同化阶段；纵向发展阶段则是指社会在不断变化，人的社会观点和社会态度也随之发生变化，因此人的一生的各个时期都在进行着社会化"。②

社会文化只有通过社会化的途径才能指导人们的社会行为，社会化途径成功与否，关系着社会系统的稳定。社会化需要通过特定的媒介来完成，这些媒介能为个体提供所需的社会文化信息、传递社会文化，并且在不知不觉中影响人们的社会意识，这种特定的媒介被视为社会化途径。在各类社会化途径中，家庭、学校、社会共同体、同辈群体、大众传媒作为五大传统途径，在青年社会化中扮演着重要的角色。

（一）家庭

在家庭中，父母的社会倾向、社会态度、社会意识和社会价值观对青年人的社会化会产生直接的影响，尽管青年人有了较独立的社会立场和社会情感、社会取向，但是来自于家庭的教育在他们成长的过程中会对他们的社会态度产生直接的影响。亲缘性交往和人格化的社会交流使子女容易接受父母们对世界、社会的态度，对社会事件和社会价值的判断，"相当多的事实表明，感情倾向常常在人生早期形成，并且在新的经历时表现出相当长的持久力"。③ 社会化"首因理论"认为，人的社会忠诚是从童年时期开始形成的，核心的社会认同是在童年的早期培养起来的，这个阶段家庭对儿童的影响最为关键。到了童年后期，强化的信息充实了这种社会认同。④ 虽然在实践中，父母不一定在教育子女时会涉及社会问题，但是他们对

---

① 李俊：《论社会变革中的政治社会化治理机制》，《社会科学》2007年第3期。
② 袁振国、朱永新：《试谈个体政治社会化的意义及过程》，《社会学研究》1988年第1期。
③ ［美］加布里埃尔·A.阿尔蒙德、小G.宾厄姆·鲍威尔：《比较政治学：体系、过程和政策》，曹沛霖等译，上海译文出版社1987年版，第82、183页。
④ ［英］罗德·黑格、马丁·哈罗普：《比较政府与政治导论》（第五版），张小劲等译，中国人民大学出版社2007年版，第171页。

待社会议题所表现出来的社会情感、社会态度、社会倾向会被子女们刻意模仿，经过家庭教育的反复训练，儿童会产生早期的社会情结和社会心理，如对国家、政党、民族等的认同、忠诚及信仰。这种早期朴素的社会情结和社会心理会伴随成长培养出较为稳定的社会个性，这种社会个性一旦形成就不容易发生改变。

尽管个人的家庭经历和社会化分属于非社会和社会的不同领域，家庭经历和社会化又包含如学校、社会经验等因素，使得社会化的过程变得复杂。但研究结果证实父母和子女意见高度一致的观念，可以在人生早期受到影响，如对政党的认同意识，以及那些关系到种族和宗教的具体政策问题。[①] 与传统社会的家庭类型相比，现代社会的家庭结构已经发生了很大的变化，中国传统家庭教育中对儒家思想的传递和承沿以及对历史、经验教育的重视，在巨大的社会变迁下频受冲击，传统的流失导致建立在传统基础之上的公序良俗异质、转向，近年来，中国婚姻家庭纠纷案件始终保持高位运行，离婚率逐年上升，2019年我国依法办理离婚手续的共有470.1万对，离婚率为3.4‰，比2018年增长0.2‰。[②] 传统家庭结构的分裂、瓦解从而导致家庭的社会化的方式、结果和功能变得愈发不可预测。作为社会化最重要的介质——家庭的社会化功能越来越分散、弱化。在这种情境下，学校在社会化中被寄予了更大的期望。

（二）学校

如果说家庭是初级社会化结构之一，那么学校作为影响青年社会化自我发展的主要组织，在社会化结构中，属于最系统、最稳定的影响因素。初级社会化的结束意味着家庭将社会化的职能交给了学校，学校属于正式或者公共社会化机构，社会教育资源密集，是各种思想社会教育的主阵地，承担着有效实施社会化，巩固国家和社会凝聚力

[①] 国内学者如袁贵礼（2006）、卢守亭（2014）、赵锐（2014）、史利平（2014）等进行实证调查也发现，国内在校大学生社会态度、国家认同、社会制度等深受家庭的人口结构、经济结构，父母的社会面貌、职业类型、文化程度等影响，虽然影响程度不一，但差距并不显著。

[②] 《为什么中国的离婚率不断攀升？》，https://finance.sina.com.cn/stock/stockzmt/2019-04-12/doc-ihvhiewr5326413.shtml，2019年9月10日。

的使命。① 作为正式的、系统的社会化渠道，学校教育不仅巩固了家庭早期的社会灌输，而且拓展了社会认同和社会取向，强化了对社会体系和社会价值的认同。现代社会，学校是年轻人为进入社会学习专业技能和社会准则的重要场所，虽然一些学者认为，相对于家庭，学校社会化的功能、地位、作用远不如前者，②但越来越多证据显示，家庭虽然在塑造青年人个性方面至关重要，要把青年人培养成合格公民主要还是靠学校教育。这是因为学校是属于社会公共事业的一部分，主要依赖于国家财政拨款维持，因此在传播各种技能和社会准则时必然会打上社会烙印。学校在社会化中扮演着"权力再加工"的角色，目的就是培养学生对现有社会体系的认同和支持。通常情况下，学校社会化一般是通过（1）课程：学生通过正规的课堂教育了解掌握本国社会体系的结构及其重要性，学习如何参与国家的社会生活，从而在全体学生中培育出共同的社会理想和社会价值，养成基本的社会忠诚、社会意识和社会行为模式。（2）教师：如果说父母是青年人早期的社会化的"引领者"，那么教师则代表着一种社会权威，决定着早期社会化能否深入，深入到何种程度，能否维持和巩固等。教师的影响不仅来自专业知识的传授，更来自他们作为"规则权威的化身"，对学生社会价值观念、社会行为规范和社会生活理想等直接或间接的引导和灌输。虽然教师不能决定课程设置，但所传授的内容却受到教师社会态度的一定影响，他们的社会经验、社会价值观、社会倾向、社会好恶会影响到授课的方式，他们在课堂上所表现出的权威地位以及知识与文明的化身，都可能影响到学生社会观念的形成。（3）课堂。课堂除授课外，还包括一些仪式性的活动，如唱爱国歌曲、纪念民族英雄、悬挂的标语及领袖画像、国旗等代表性的国家符号来传达

---

① 参见杨山鸽《政治社会化结构中的家庭、学校和大众传媒》，《山西师大学报》（社会科学版）2013 年第 4 期。

② 道森（R. E Dawson）和普莱维特（K. W. Prewitt）就认为，在儿童社会化的三因素中，家庭、同伴极具个性化和相对无组织而被认为是主要因素。这两个因素在灌输信念和态度方面都比学校更具影响。R. Dawson & K. Prewitt, *Political Socialization*, Boston, Little, Brown and Company, 1969：46，参见季乃礼《美国有关学校经历与政治社会化的研究》，《比较教育研究》2009 年第 1 期。迈克尔·罗金斯、哈蒙·齐格勒（Harmon Zeigler）等学者也持相近的看法。

对国家及历史的尊敬。课堂通过这些直观的、极具情感因素的仪式活动灌输社会态度、社会信念，强化社会情感，巩固社会信仰、社会立场。更重要的是，这种课堂的仪式性活动面向的是所有个体，客体在参与程度上的对称性保证客体的主体性得到充分尊重，权利平等、机遇参与均等是维持国家社会良性运转不可或缺的环境因素。（4）非课堂形式。除了以课堂教育这种直接的方式塑造学生社会特征外，一些有教育意义的校内校外活动也以间接的方式影响着学生的社会发展。非课堂形式的活动包括学生的社会构成、课外活动和学生的社会组织等。[1] 非课堂形式的社会化活动是对课堂内社会化活动的有效补充和支撑，部分原因就在于课堂的社会化方式是"大多数社会教育……都是传统的，它们植根于过去的价值观念，而且使用对于那些负担过重的教师来说方便和容易的方法，"[2] 在这种情况下，大多数国家的课堂教学在社会化方面所起的作用低于人们的要求和预期。[3] 因此，增强非课堂形式的社会化活动就显得尤为重要和关键。仅仅依赖于课程设计、课堂教学、教师传授教育活动实现社会化教育是不可能的，还需要考虑到非课堂形式的活动对国民整合的意义。社会技能作为一种可以习得的个体能力，主要来源于非课堂教学。通常交际能力强的人社会技能相对较强，社会技能强的人社会参与感、社会存在感也相对较强，社会参与感反映着人们的社会需求和社会意识。非课堂形式活动表面上社会目的性不强，甚至不一定是学校教育中的一部分，但它隐性的社会化功能对学生的社会观念的形成会产生潜移默化的影响，比如学生的社会构成会影响到学生对不同社会集团的看法；课外活动有助于不同群体间的合作与交流，培养个体的人际沟通能力；社会组织作为国家社会体系的一部分，带有鲜明的社会色彩和社会意义，目标

---

[1] R. Dawson & K. Prewitt, *Political Socialization*, Boston: Little, Brown and Company, 1969, p. 147.

[2] Turner, M., J, Husen and T. Postlethwaite, *Civic Education in the United States*, New York: Elsevier Science Ltd., 1994, p. 45.

[3] 研究发现，教师水平和课堂教学会对一部分人的价值观和社会态度产生影响，但还有一部分人的社会态度和价值观主要取决于受教育者的社会阶层、种族和性别。

就是对个体进行社会教育、社会养成。

（三）社会共同体

社会共同体是由那些社会地位、利益相近，信仰大致相同，具有某种共同志趣的人组成的，诸如政党、工会、学会、协会、俱乐部、甚至包括非政府组织等。这些社会共同体的形式或松散或紧密，但作为个人自愿参加的组织，往往在社会文化的确定上起着某种强化作用。① 社会组织形式多种多样，大体上可分为非正式组织和正式组织。各类公益组织、志愿者组织、非营利组织、社会中介组织都可视为非正式组织，他们介入政府与市场之间，以促进社会进步和社会发展为宗旨，具有民间性、自治性、合法性、非宗教性等特点。社会化的过程就是"自然人"向"社会人"转变的过程，在这个过程中，不同的中介因素相互交织、冲突、抵消，那些影响力越强的因素发挥的作用就越大，在社会化的过程中产生的功效就越显著。因为公民通过非正式组织参与社会事务，依托非正式组织进行利益诉求和社会表达时，非正式组织的影响力决定了诉求、表达的"声音"能传播多远、范围多广，能传播到什么级别、什么高度。因此，虽然非正式组织社会意义表现得不明显，但它却为青年人提供了一个参加社会公共事务、发挥主观能动性的平台，非正式组织自主性的特点有利于塑造现代公民意识，有利于在民主的氛围下开展组织活动，参与社会公共事务，从而促进公共利益的平等化。非正式组织自治的特点打破了正式组织门槛高等限制，将分散的、模糊不清的利益表达统合成统一的、明确的组织意志，向上传达给政府，影响政府决策、政府行为；向下传递给组织成员，凝聚成员意志获取情感支持，减少组织成员社会参与的被剥夺感和社会机会的不公平感。人的知识经验、思想观点、社会态度和道德品质都可以通过观察学习获得。② 由于是自愿参与，因此经济因素、功利追求重要性降低，对他人思想的尊重和对异质文化的认同有利于形成社会多元化的观念与社会人格的成熟。正式组织是经

---

① 参见江秀平《提高政治社会化的有效性》，《中共福建省委党校学报》2000年第5期。
② 参见黄志斌主编《当代思想政治教育方法论》，合肥工业大学出版社2012年版，第155页。

过筹划的结构，体现了为了有效地达到组织目标而建立各组织部分关系形态而经过深思熟虑的意图。正式组织一般都是经过明确的决策产生的，具有一定的规范性，各种活动相互联系的"蓝图"。① 正式组织作为由国家法律法规规约的"意识形态服务机构"，当前我国的青年组织主要包括共青团、青年联合会、学生联合会及一些行业性质的青年综合组织等，这些组织的社会目标虽然并不一致，但都强调对组织成员公开交流、传播有关社会的信息、价值观和情感，传递社会文化，达到道德、思想、社会教育的目的。正式组织的社会存在承担着特定的职能，其中主要职能之一就是青年社会化。

正式组织的社会化途径有两种，直接途径和间接途径。

直接途径包括思想社会教育、组织参与社会实践活动、对社会文化进行有效的引导以及通过组织实现利益表达。

1. 思想社会教育：无论组织的性质如何，对组织的成员进行思想社会教育都是组织的一项基本任务和工作内容。通过有目的、有计划、有意识地向社会化客体进行民主法制教育、形势政策教育和民族优秀文化传统教育，传输社会文化、社会价值的理念，培养其社会态度和社会意识，从而认同和接受现有的社会价值观、社会规范和社会参与方式。

2. 组织参与社会实践活动：正式组织在社会资源的提供、社会信息的传递、社会力量的整合方面具有非正式组织无法比拟的优势。作为国家政权的补充力量和派出机构，正式组织能将分散的个体以自愿或非自愿的方式结合起来，在组织的协调下相互配合，履行社会义务、担负社会职责来参与国家相关事务的管理，从而实现政治权力、满足社会需要。

3. 社会文化的引导：社会文化包含体系文化（system culture）、过程文化（process culture）、政策文化（police culture）三重维度。② 体系文化反映了社会成员对社会体系的态度和看法，过程文化体现了社

---

① 参见［美］弗里蒙特·E. 卡斯特、詹姆斯·E. 罗森茨韦克《组织与管理——系统方法与权变方法》，傅严、李柱流等译，中国社会科学出版社1985年版，第89页。

② 参见王丽萍《社会发展进程中的中国政治文化构建——兼论改革开放三十年中国政治文化》，《北京大学学报》（哲学社会科学版）2009年第1期。

会成员社会参与的表现和意愿,政策文化是社会成员对政府决策和对重要政策执行的认同和倾向。良性的社会生态生成的社会文化必然是良性的、有序的、多元的,能够促进官方、民间社会共识的达成,为保证国家社会稳定提供有力的支持。

4. 组织实现利益表达:地域型社会文化,是指社会成员被封闭在地域狭小的空间里,生活简单,事务单纯,人们不关心自身区域之外的事务,国家政策也很少影响他们的生活。以封闭状态的部落和结构单一的小型社会文化为典型;顺从型社会文化,是指民众往往被动地接受统治,由于认识到自己不可能对政府产生影响,因而在现实生活中被动地服从政府管制,对于社会体系没有任何期望,既不想也没有能力去参与社会生活。这种社会文化往往与独裁社会统治相伴随;参与型社会文化,是指社会体系与社会成员利害相关,社会体系直接影响成员利益。社会成员相信,参与社会不仅是自己的权利,也是维护自己利益的手段。因此民众一般积极要求参与社会过程,以便影响社会决策。这种文化往往与现代民主社会体系相一致。[1] 各种社会文化反映不同的社会环境培育出的社会文化不同,因此在社会过程中的作用、表现也大不相同。其中参与型社会文化培养出来的社会成员独立意识较高、表达意愿较强,他们除了积极参与组织活动外,并不盲目地接受组织安排,而是在自己和所处群体利益的基础上,形成独立的社会信念和社会价值。

间接途径包括社会模仿、环境教育和自我教育。

1. 社会模仿。这里所谈社会模仿绝非"社会秀",而是指在接受了他人的社会价值观和社会信念后,在社会行为和社会态度方面效仿被模仿者的方式。柏拉图认为"模仿就是制造"[2],它是人类学习的一

---

[1] Gabriel A. Almond, Russell J. Dalton, G. Bingham Powell, Jr., and Kaare Strm, *Comparative Politics Today: A World View* (Updated Eighth Edition), New York: Pearson Longman, 2006, pp. 46 – 52.

[2] 柏拉图认为,宇宙所模仿的是为理性和理解所把握的范型。(参见《理想国·蒂迈欧》篇)但他对模仿的评价不高,理由是"模仿不可能超越物质世界达到理式世界,从而揭露潜藏在理式世界中的真实的美和绝对的美"。这与柏拉图是从艺术的视角出发来看待模仿有关。

种手段，是个体社会化的方式。模仿有两种：有意识模仿和无意识模仿。在无意识模仿中，模仿者只是在不知不觉中仿照被模仿对象的行为、态度等，而没有意识到模仿的原因和意义。在有意识模仿中，模仿者动机明确，对模仿行为有深刻的理解和认识。社会模仿是有意识模仿和无意识模仿的结合。模仿与年龄、阅历等因素紧密相关，通常情况下，年长、社会经验丰富者，因为思维和行为模式已经形成，因此不会轻易地模仿别人。年龄越小、阅历越少的人模仿性越强。青年人正处在思想成熟的阶段，社会阅历有限，好奇心强、探求欲旺盛，容易受到情境、价值观、社会地位相似的对象的感染，不知不觉中自觉地对被模仿对象的思想、行为、态度进行复制，从而产生一致性的倾向。我国社会的革命性变迁打破了传统社会文化同质性的特征，给了青年人更多的模仿选择空间。除了同辈群体外，不同层次的模范人物[1]及改革开放后涌现出来的新的模范集群，他们身上模范性与平凡性的人性化结合，易于被接受，能够激起感情上的共鸣，引导青年去学习、效仿。

2. 环境教育。青年人在社会化过程中，受到各种各样环境因素的综合影响。所有的因素都是作为大量的各种各样的社会信息传递给每个公民，并经过处理、筛选后内化为自己的情感、态度和信仰。[2] 社会化环境层次多样、复杂多变，除了社会大环境外，还有一个个围绕其间的小环境。不同的环境之间相互交织、相互作用，影响着社会人格的形成。亚里士多德认为"城邦的长成出于人类'生活'的发展，而其实际存在却是为了'优良的生活'"。[3] 对于青年人来说，影响最大的是校园环境、生活环境、工作环境、家庭环境、传播环境等，这些围绕在他们周围并给他们以某种影响的客观现实，以潜隐的形式用不可抗拒的力量改变着他们的价值取向、社会选择和社会品德。

---

[1] 我国每两年举办一次道德模范评选，有国家级的、省级的，市级的、县级的等。另外一些街道、社区、厂矿、学校、企事业单位也经常举办模范人物评选，通常是一年一次。

[2] 参见马振清《影响公民政治社会化的环境因素分析》，《松辽学刊》（人文社会科学版）2001年第1期。

[3] [古希腊]亚里士多德：《政治学》，吴寿彭译，商务印书馆1965年版，第7页。

社会化环境从其内容上分析,主要体现为三种功效:社会教育、社会经济服务、社会文化引导。在一个开放的社会化环境系统中,社会教育能够帮助青年人摆脱缺乏成人感的边缘地位,及在参与社会生活中产生的角色差异、角色冲突的困惑,在与社会的互动中教育青年人如何扮演"社会人"角色,成为社会合格的参与者和承担者。青年人是随着年龄的成长而逐渐承担起更多的职能的,在充满经济利益诱惑的商业社会里,参与社会活动的热情降低、追求功利、讲究经济效益的实用主义哲学,收入差距日益扩大的现实都增加了社会化的难度。社会经济服务功能的作用体现在为青年"经济人"角色的认知的引领上,帮助青年人树立独立的批判意识,抛弃媚俗的价值取向,遏止"拜金"主义泛滥。文化具有极强的辐射作用,先进的文化对青年人的社会道路、社会方向能够起到极大的引导作用。"任何一个政治共同体的社会文化都不是清一色的,完全清一色的社会文化在政治时代是不可想像的,可能在任何朝代都无法存在",[①]社会文化的多色调决定了不同文化间不同层次的价值冲突产生的不同的价值方向和价值标准,带来了价值选择和价值实践的困难。解决这些冲突主要的方法就是用文化去引导青年人拨开迷雾,对在时尚神秘包裹下的异化的价值外壳有清醒的认识,用优秀的文化进行价值抉择、价值思考。

3. 自我教育。并非所有的主体在社会化过程中都具有自我教育的意识,只有当应然自我与实然自我发生矛盾时才会产生自我教育的动力,推动教育对象展开和进行自我教育。应然自我是指教育对象在个体社会化水平发展的基础上,自我认识、自我体验、自我调控,产生自我教育的积极性、主动性、自觉性,实现主客体的统一,使自我教育成为可能。实然自我是指教育对象在理论思维能力、独立思考能力、理性批判能力不断增强的基础上,对社会文化、社会框架、社会沿革一定掌握的前提下实践社会化的感觉和意识。

---

① 王沪宁:《政治的逻辑》,上海人民出版社1987年版,第166页。

表 2-1 应然自我与实然自我关系表

		应然自我	实然自我
社会化存在状态		应然状态	现实状态
自我教育能力		强	差
参加社会化态度		积极、热情、主动	消极、被动、顺从
自我评价		低	高
社会参与效能	内部社会效能感	能影响政府	不能影响政府
	外部社会效能感	相信政府能回应民众	不相信政府能回应民众
社会选择		全民社会参与	精英社会
公民角色认知		低	低

（注：社会效能感是一种个人认为自己的社会行为对社会过程能够产生社会影响力的感觉，也是值得个人去实践其公民表现的感觉。它包括内部社会效能感和外部社会效能感两个维度，前者是指个人相信自己可以影响政府的感觉，后者是指个体相信当权者或政府应该回应民众的感觉）[1]

应然自我与实然自我的反差、不平衡一定会影响到公民参与社会治理的实际效果。这就要求教育对象在原有观念和价值图式的基础上，以自我价值判断为标准，运用自我意识对自我行为进行调控、约束，从而实现主客体的统一，以期达到参与社会化的要求。"人类的特性是自由自觉的活动"[2]，人的发展过程就是不断质疑现实存在合理性的过程，在这个过程中，应然自我与实然自我调适能力不同造成自身评判性的自我定位不一致。在这种情况下，只有当受教育者，不是依赖外在力量而是靠内在力量，根据自身需要和社会需要发挥出潜在的自我教育意愿时，才能推动公众参与社会治理有序化。个体对教育内容的自我选择决定了自我教育的目标取向，即根据社会的发展趋势在自身发展需要的基础上对要成为一个什么样的人的追求，在社会化中，自我教育的最高目标是独立性和创造性的自主选择，完整而高尚的社会道德人格，成熟而理性的社会认知、社会态度和社会参与；最低目

---

[1] 国内目前尚缺乏针对所有青年人社会效能感的实证调查，研究的对象主要集中于在校大学生。在对这部分群体社会效能感研究后发现，大学生社会效能感不高，内部社会效能感高于外部社会效能感，即相信具有影响社会的能力，但对社会官员、社会精英、政府体系对于普通民众有所反应并予以重视方面信心不足。参见周光礼、吕催芳《中国大学与政治社会化：公民意识教育的实证研究》，《高等教育研究》2011年第8期。

[2] 《马克思恩格斯选集》（第2卷），人民出版社1995年版，第32页。

标是听从社会良知的指导,不违背公民社会的规范要求。自我教育的过程是一个循环发展、起伏不定的过程,社会上的不良思潮、功利思想、消费主义说教、个人中心主义的蔓延一次次将自我教育拖离良性轨道,自我教育的迷茫与困惑有时很难靠自我教育的方式寻找到新的发展路径,"'实际是'和'看起来是'变成了迥然不同的两回事",①在这种情况下,应然自我与实然自我并没有产生预期的社会化自我教育的反应,二者之间的不同步所导致的脱节以及二者与社会实践的不合拍,会陷入对自我教育的"自我"怀疑境地。优化自我教育环境被认为有助于激发、保持自我教育的热情和动力,从自我教育的本质和形式上来分析,自我教育的主体在自我教育的过程中始终处于外界环境因素的影响和作用之下,环境越宽松自由,越有利于引导教育主体接受价值导向,认识到自身利益,确认进行自我教育的需要。

(四)同辈群体

青年人自我意识的增强,与青年人交往范围扩大(由家庭、学校到单位再到社会)、交往形式多样(由被动交往向主动交往、由固定式选择向流动式选择发展)、交往选择面增多(不同年龄、背景等)相关,但其中同辈群体对自我意识的影响最为显著。"在现代社会中,同辈群体正在成为最重要的社会化机构,"②由年龄、地位、兴趣爱好及某些社会特征大体相同的人组成的关系亲密的群体出于对平等的期待,在追求个人的社会认同时,都希望得到认可或重视。因为在同辈群体中能拥有更多的机会表现自己的能力、实践自身的价值,所以同辈群体对青年人价值观的影响甚至超过了父母和教师。国内外实证调查都显示,随着年龄的增长,同伴的影响力增加,父母的影响力下降。③ 同辈群体的影响力来自对个体行为的同化,即个体对群体其他成员的模仿。同辈群体往往通过模仿方式来实现外显行为的相互认同

---

① [法]卢梭:《论人类不平等的起源和基础》,李常山译,商务印书馆1962年版,第125页。
② 金国华:《现代青年学》,中国青年出版社1989年版,第136页。
③ 参见彭庆红《代沟到底有多大?青少年的父母取向与同辈取向》,《中国青年研究》2000年第2期。

和转化，最终实现自己的期望倾向。① 这是因为同辈群体成员爱好、价值观、行为方式相近，长期接触这些相似性较强的同辈群体，会表现出语言、感受、行为倾向的相似。同辈群体的社会化不带有强制性，但它的影响却是全方位的，同辈群体在互通消息、多方位沟通和联系的同时，也搭建了信息融通的平台，彼此的性格特质、行为方式、价值认知、生活态度在相互感染中转化，从而将外界的规范和价值观模塑为自己的规范和价值。从社会化过程看，同辈群体的相互影响行为也是价值整合过程，它能将青年人整合进由成人为了自身便利而构造设计的社会化环境中，具有其他社会化途径难以取代的独特功能。

（五）大众传媒

所谓大众传媒是指在传播途径上拥有复制和传播信息符号的机械和编辑人员的报刊、电台的传播组织间的传播渠道，一般专指报纸、电视、广播、网络。② 现代社会，大众传媒在社会化过程中的作用日渐凸显，相对于社会、文化、宗教等宏观环境因素的影响，大众传媒的影响更直接、显性，它通过提供源源不断的信息潜移默化地改造着青年人的世界观、价值观，模塑着青年人对社会的看法和态度、立场和倾向，这些信息中包含的社会内容扩大了社会信息的覆盖范围和普及程度，"没有哪一个公民能够充分了解一个民主国家所有的领导和政策问题，负责的政府必须把决策权授予专家。在社会过程中媒体的作用是协助管理公共意见，控制或制造公众对在专家建议下领导制定的政策的认同。"③ 操纵公众舆论是统治者塑造社会成员共有的社会信仰、社会准则的最基本手段，当传媒工具掌握在统治者手里时，少数人可以通过控制信息达到控制社会绝大多数人的目的，大众传媒的出现，改变了信息资源控制的不对称的局面，将知情权还给大众，人们不能直接得到本身较为复杂的信息，一般需要大众传媒提供，这使传

---

① 参见张家军《论学生同辈群体的作用及其实现机制》，《当代教育科学》2009 年第 11 期。
② 参见张昆《大众媒介的政治社会化功能》，武汉大学出版社 2003 年版，第 59 页。
③ 参见 [美] 乔尔·鲁蒂诺、安东尼·格雷博什《媒体与信息伦理学》，霍政欣等译，北京大学出版社 2009 年版，第 74 页。

媒无形中建构着人们心目中对社会现实的认识和理解。① 青年人对社会运动、社会事件、社会人物的了解主要来自大众传媒，他们的兴趣和注意力往往受到大众传媒的控制，大众传媒在"客观主义"的名义下选择性地报道有关内容，将不利信息屏蔽在报道框架外，通过隐含的价值观和倾向性的报道语言将公众的注意力引导到有意突出的某类社会议题上。大众传媒"不能影响人们怎么去想（what to think），却能影响人们去想些什么（what to think about）"，并且按照媒介报道的重要性对事件进行排序。② 大众传媒对公众的影响不是单方面，公众也会从社会立场和利益出发，出于参与社会生活的需要，在已有的社会知识的基础上有选择性地接受某些社会信息和社会观念，这种双向选择的结果影响着人们的社会认识，强化社会情感、深化社会观念，从而形成自己最终的社会态度。

五 青年社会化特征

青年社会化的前提与基础就是青年人的本质属性，它既包含青年人的自然属性——青年生存发展的前提，也包含青年的社会属性——青年是社会发展的产物，还包含青年的实践属性——充分显示青年的主观能动性。对青年本质的动态把握是青年接受社会信息、形成社会情感和社会信仰，进行社会活动，产生社会意识、社会态度和社会行为等一系列社会化活动的关键。因此，青年社会化的特征主要体现在以下几个方面：

1. 凝聚性与溶解性共存。青年社会参与的热情与青年接受社会化的自觉性、自愿性成正比。作为对各类社会问题做出反应并付诸行动的最积极的群体，青年进行社会化需要一定的强制和灌输，

---

① 参见刘华蓉《大众传媒与政治》，北京大学出版社2001年版，第18页。
② 1968年，研究人员在美国北卡罗来纳州查珀希尔（Chapel Hill）研究发现，在新闻报道中各类公共事务被突出的那些方面也成为公众比较关注的话题。此实验后来在欧洲、亚洲等地都得到了验证。参见［美］麦克斯韦尔·麦考姆斯《议程设置理论概览：过去，现在与未来》，郭镇之等译，《新闻大学》2007年第3期。

即将不同阶层、四处分散的青年个体集中起来,对其统一进行社会理论、社会实践等知识的传授,以维护内在价值观的一致性。尽管作为群体,青年人表现出很强的共性,但作为个体,受到教育程度、出身背景、职业属性等方面的影响,不同青年在社会价值、社会参与倾向上会表现出强烈的差异。因生理结构、心理结构等方面的原因,即使是同一个体,社会参与的热情也会出现很大的波动性。在活跃的时候,社会参与的热情和社会投入度较高,甚至会表现出一定的冲动、激情和超前行为;在低潮的时候,无论是社会参与还是社会投入都畏葸不前、犹豫不决,在思想和行为上抑制、沉默且消极。

2. 易变性与同一性共在。青年社会化的过程,除了正式的、有意的、直接的社会学习过程外,还包括非正式的、无意的、间接的社会实践和社会接受。当社会认知、社会情感、社会信念、社会态度等尚未完全稳定的时候,相当部分青年的社会取向、社会价值观、社会行为会出现一定的盲动。一方面,传统社会化强调系统化和理论化,强调个体与社会的互动,要求社会学习性与自主接受性的统一;另一方面,依托互联网而发展起来的新兴媒体,以及因市场经济的发展而培育出来的相对独立的市民社会,提高了当代青年的社会参与预期,在庞杂而多元的信息及以利益为本位的世俗化意识形态冲击下,相当部分的青年政治意识可能会因不成熟且矛盾的社会观点而发生摇摆。虽然总体上青年社会化相对稳定,但在观察处理问题上表现出来的实用主义和功利主义则可能因情绪化的思维方式导致部分青年社会行为低下。

3. 认同性与调适性共生。当前社会化的环境具有明显的非均衡性结构,有效的、系统的社会化正式途径与间歇的、阶段的、非正式的途径并存。两种不同的途径由于性质、要求相异,社会教育的结果也可能会产生明显的不同。社会化的正式途径以明确的社会要求和直接的方式规制、形塑着青年社会思想、社会品德、社会操守;社会化的非正式途径作为民间、社会的自发渠道,形式多样、便捷,由于其没有明确的目的要求,因此对青年社会化的功能和效用更加复杂,对青年社会价值观产生的直接影响有时可能超过正式途径。因此处理好两条不同途径间的关系，在漫长的青年社会化过程中既坚持主导、强调主流、提倡主动，又独立自主、开展自决、发动自愿，才有益于将青年由"自然人"培养成合格的"社会人"。

第二节　相关理论研究

　　社交媒体的兴起，对传统青年社会化进程造成一定的冲击和影响。社交媒体带来的话语自由权提供了公共监督、行使政治参与、宣扬社会观点的便捷性。通过在社会化中的角色定位和影响力研究可以发现，社交媒体是培养青年人社会参与和社会忠诚、锻炼青年人社会技能的强大工具，是提升公民意识和民主意识的主要路径，但数字革命引导下的社交媒体深层核心，说到底是权力资源的重新分配，因此建构社交媒体环境下社会化的理论根基也就成为社会关注的主要议题。

　　在社交媒体时代，微博、微信、短视频等作为青年社会化的有效途径，它的生存和发展基于不同价值观和研究方法的不同，彼此间存在着较大的分歧和冲突。但不论从"社会学范式"视角还是从"个人取向"观点出发，如果最后不落实到社交媒体对人的自由全面发展促进为根本的价值旨归上，无论哪一种理论都是不完善、不充实的。马克思在《关于费尔巴哈的提纲》《德意志意识形态》《资本论》等经典文献中都系统地阐释过，必须要从人的实践生成性视角去破解人和社会的问题，"从实践即人的主体性活动方面理解现实世界，"[1] 因为"社会结构和国家总是从一定的个人的生活过程中产生的，"[2] 以"一定的方式进行生产活动的一定的个人"，必然会"发生一定的社会关系和社会关系。"[3] 现实中的个人，是受社会状况决定和制约的、处于特定历史条件下的个人。现实中的社会，是以个人实践活动为前提和

---

[1] 《马克思恩格斯选集》（第1卷），人民出版社2002年版，第156—157页。
[2] 《马克思恩格斯选集》（第1卷），人民出版社2002年版，第151页。
[3] 《马克思恩格斯选集》（第1卷），人民出版社2002年版，第152页。

基础的。马克思主义认为"环境的改变和人的活动自我改变一致，只能被看作是并合理地理解为革命的实践。"① 这种观点将环境与人统一起来，将物质与观念、人与对象、人与人之间的关系协调起来，不过分强调矛盾的一端而忽略另一端，这种思维张力有利于促进人的自由而全面的发展。因此，以马克思异化理论、人的自由全面发展理论为指导，并借鉴相关经典理论（如场域理论），用辩证的方法论、科学的方法观、系统的方法学对社交媒体环境下人的发展的一系列问题进行剖析、概括，才能建立理论分析框架，诠释社交媒体环境下青年社会化的发展路径，成为理解社交媒体环境下青年社会化发展的理论基石。

一　异化理论

所谓异化，是指事物在发展过程中逐渐走向对自身的否定。通过对《1844年经济学哲学手稿》的解读可以发现，马克思认为，异化来源于分工，而现代大工业的发展导致分工越来越细化，因此异化也就越来越严重。由于异化是私有制产生的主要根源，所以异化越严重，私有制就越发展，当私有财产发展到最高阶段即资本主义私有化阶段，异化也到达了最高阶段。在这一阶段里，异化可分为四种形式：（1）劳动者与劳动产品相异化；（2）劳动者同劳动本身相异化；（3）人同自己的类本质相异化；（4）人同人相异化。其中，最根本的是人同自己的类本质相异化。所谓人的类本质是指一切人所共有的本质。生产劳动作为一切人所共有本质的异化的结果导致了人的本质异化，这个异化是其他三种异化的根源。马克思当时的理论主要针对生产领域，而当代的情况已经发生了变化，异化不仅表现在生产领域，而且渗透到社会生活的各个方面，异化几乎成了所有人的命运。② 随着科技的高速发

---

① 《马克思恩格斯选集》（第1卷），人民出版社2002年版，第55页。
② 参见李铭、左亚文《当代异化理论与马克思异化理论的区别与联系》，《华中农业大学学报》（社会科学版）2012年第4期。

展,财富的大量积累,相对贫困取代了绝对贫困,文明的贫困成为当前最值得关注的贫困,"从而使异化进入另一层面即本能的、心理层面上的异化。"① 当前异化的重点从实体异化转向"虚拟"异化,即社交媒体对人的异化。社交媒体及以其为依托构建的技术环境,本来是人创造出来的,但在人创造出来后,其无法被人控制,反而喧宾夺主,成为控制人的主体。② 这主要是因为建立在网络基础上的社交媒体一方面方便人与人交流的同时,另一方面也使人与人之间的精神距离越加疏远。人们的价值判断和价值选择在理性与非理性、逻辑性与非逻辑性中产生错位。

社交媒体所构建的技术环境的异化使青年人受制于社交媒体,沦为被宰制的客体,产生了法律、伦理道德等诸多问题。技术环境异化的形成,有人、技术、社会不同层面的原因,技术为技术环境的异化提供了道路上的可能性,社会是异化产生的形成条件,但人自身是导致异化的主体。

社交媒体对个体生活方式的渗透改变了个体的经验感觉模式,在实体社会之上构建的虚拟社会,为交往关系和行为格局及价值观的形成提供更多的可能。数字化、符号化、虚拟化的间接式交往,颠覆了传统的交往方式。在社交媒体环境中,崭新的认知体验模糊了经验世界的感知和认知的界限,就有可能形成自我虚拟人格。③ 自我虚拟人格是在现实世界中被压抑的人格和无法实现的人格,是在虚拟交往中被表现出来的隐藏在现实人格背后的一套行为模式,这种人格本身并非虚拟的,原本就存在只是没有机会表现出来,一旦遭遇社交媒体所构建的虚拟社会就能得到极大的释放,因此具有不稳定性和条件性。

自我虚拟人格的出现,导致以下分离:(1)自我与现实人格的分

---

① [美]赫伯特·马尔库塞:《单向度的人》,刘继译,上海译文出版社1989年版,第9页。
② 参见李林英、郭丽萍《新媒体环境下高校思想政治教育教学研究》,人民出版社2015年版,第93页。
③ 对这种虚拟人格的本质目前还没有准确的概括,但一般认为,虚拟交往主要是通过符号进行互动的,由于符号的想象空间较大,交往主体需要对符号的解读去认知对方,因此在解读的过程中会增加主观欲望,从而满足自我精神需求,所以这个过程也是精神自慰的过程。

离。马克思认为"人格脱离了人,自然就是一个抽象,但是人也只有在自己的类中存在,只有作为人们,才是人格的现实理念"。① 由于虚拟交往是符号交往,性别、年龄、身份都可以虚构,人们通过符号的赋予来实现自身价值的同时,也获得了多种感知信息,产生更强烈的参与感。虚拟与现实中的游离使得一些交往主体表现出来的行为、语言与现实判若两人,除了隐含在长期的现实社会里受压抑的潜意识挣扎外,还有内心痛苦的意识活动或记忆在精神层面的解离,即人格分离。现实生活中,个体的行为受到道德规范约束,而本能又时时与道德意识相冲突,于是协调本能和道德的自我就存活了。人格分离虽然说明了人格上的不完整,但它是必然的,也是无法避免的,它是身体感觉参与心理认知和理性实践与知觉、幻觉合二为一,在一定程度上丧失自我的表现。

(2) 自我与社会关系的分离。马克思认为,人的本质的现实性是一切社会关系的总和。现实社会中,不同的人扮演不同的角色,同一个人又扮演着多重角色。按功能和特征可以将角色分为职业角色和非职业角色,无底哪一种角色都有自己的角色道德、角色权力和角色人格。角色道德,是调整角色之间以及角色与社会整体之间的利益关系的行为规范的总和。角色道德的基础是利益,利益的表现首先是经济即物质利益,然后才是非经济因素的利益关系,因此如何理解利益关系到"整个道德的基础,那就必须使个别的私人利益符合全人类的利益"。② 角色权利是指个体扮演特定社会角色时所享有的权利和限制,权利建立在价值之上,价值决定着权利的范围和作用。这说明权利意识的生成具有空间动态性和行为依赖性,即在任何道德上可以接受的社会秩序范围内权利都是天然的组成部分,但由于社会行为既可以促进、又可能阻止价值的实现,因此在不同环境下同一角色的权利表达是不同的。对权利的不同态度反映了对价值的认同或反对,在态度基础上衍生的行为在不同环境中理解和行使的复杂性,使角色权利在应

---

① 《马克思恩格斯全集》(第1卷),人民出版社1995年版,第277页。
② 《马克思恩格斯全集》(第2卷),人民出版社1995年版,第167页。

用方式上存在着巨大的差异。角色人格特征是指由于角色的不同或变化而产生的心理活动特点的总和。它与个体在社会中的地位、身份密切相关，地位、身份不同产生的心理状态、处世态度、待人接物的方式都会产生差异。角色人格决定着个体的行为模式，体现着个体的精神气质，反映着个体与个体、个体与群体、个体内部间各要素间的相互关系，是个体精神状态与精神境界的体现。梅洛－庞蒂认为，感知对世界的直接接触使身体变得外在化，即"世界的肉身化"。他认为，世界就是我所感知的那个东西，知觉始终是一切理性、价值、存在的先行的基础。① 存在于社交媒体中的虚拟角色，是隐藏真实身份按照自己的构想来扮演的，现实身份的缺场使虚拟身份难逃其表演型自我认知的掣肘。当感知在社交媒体中由"实在"变得"虚幻"时，社会关系作为自我与他人联系实现自我认同的中介与依据，由强转弱，主要表现就是沉溺于虚拟社交，情感上对社交媒体过分依赖导致现实社会中不善与人交流的人际交往困局，对真实世界疏远、淡漠甚至不信任，自我隔离、社会孤立等。

（3）自我与人的本质的分离。何谓人的本质？即"一个种的全部特性、种的类特性就在于生命活动的性质，而人的类特性就是自由的有意识的活动"。② 马克思认为，人的类特性是人区别于其他动物的一般本质。人的本质是劳动，劳动是人的生存方式和实践方式。在社交媒体中人的本质是主体能动的虚拟实践活动。所谓虚拟实践，是主体按照一定目的在虚拟空间中使用数字化手段进行的双向对象性的感性活动。这种在社交媒体中人的对象性活动，"只有当对象对人说来成为属人的对象或者说成为对象性人的时候，人才不致在自己的对象里面丧失自身。只有当对象对人说来成为社会的对象，人本身对自己说来成为社会的存在物，而社会在这个对象中对人说来成为本质的时候，这种情况才是可能的。"③ 在社交媒体中，虚拟实践以数字化符号的形

---

① 参见赵敦华《现代西方哲学新编》，北京大学出版社 2000 年版，第 214 页。
② 《马克思恩格斯全集》（第 1 卷），人民出版社 1995 年版，第 46 页。
③ 《马克思恩格斯全集》（第 42 卷），人民出版社 1995 年版，第 124 页。

式从事各种社会实践活动,因此与现实社会中实践最大区别在于主体与客体间改造与被改造、影响与被影响的关系不是以对象化的形式——相对于主体,客体的被动存在——而展开的,而是以双向对象化——互为主体,互为对象——的关系而存在的。马克思认为,社会关系依赖于社会实践,那么虚拟社会关系则依赖于虚拟社会实践,当虚拟社会实践不再局限于现实社会分工,对社会和人自身的改造"不再单纯生活在一个单纯的物理宇宙之中,而是生活在一个符号宇宙之中"① 时,虚拟社会关系的交往则成为"后身体"交往。"这种'后'不仅是时间上的'之后'和空间上的另'一',更重要的是一种超越。后身体就是人类超越自身物理身体在交往中的片面性和局限性的产物。"② 虚拟交往中符号化、去身体化和仿真化,在将人类的想象无限地向前推进的同时,也在改变着交往赖以形成的条件,人们用以确定他们自身的社会地位和社会边界已不复存在,在虚拟交往中重构的身体"随着生产力的不断发展,与原有的交往形式的不适应会逐渐增加,社会矛盾积累引发的矛盾就会暴露。"③ 马克思认为,一切历史冲突都根源于生产力和交往形式。虚拟交往改变了现实的交往形式,所引发的冲突则表现为自我与社会关系的分离,虚拟人格与现实人格的分离,从而导致个体自我认同危机的产生。尽管个体自我认同危机并非虚拟社会所独有,它是现代性视阈下的自我认同解构与重建,但认同危机强化了自我与人的本质分离,自我与人的本质分离也为认同危机增添了发生的途径。

在这种情况下,将异化理论作为指导思想,通过对社交媒体的现实批判,才能在对现实必然性的逐步超越过程中,分析构建青年社会化途径的生成的价值理论。

---

① [德]黑格尔:《哲学科学全书纲要》,薛华译,上海人民出版社2002年版,第33页。
② 徐世甫、张成岗:《现代性视野中的虚拟交往》,《清华大学学报》(哲学社会科学版) 2006年第6期。
③ 《马克思恩格斯全集》(第1卷),人民出版社1995年版,第115页。

二 人的自由全面发展理论

马克思认为，人的自由全面发展是在一定社会关系中进行的，只有在全面丰富的社会关系中，人的个性才能得到充分自由的发展。马克思的理论逻辑始终将自由而全面发展的人的生成作为根本价值旨归和逻辑展开，因为"每个人的自由发展是一切人自由发展的条件"。[①] 在社交媒体环境下，如何保证个人生理与心理、体力与智力、文化与思想以及人与人之间、人与自然之间、人与社会之间充分自由和谐的发展，是社交媒体能否实现良性可持续发展的根基。马克思认为："任何人的职责、使命、任务就是全面地发展自己的一切能力，其中包括思维能力。"[②]

在移动互联网时代，社交媒体已成为青年人发展的新场域、新空间。社会化的本质是人的哲学，直接对象是现实中的人。因此考察青年人在社交媒体环境中社会化的向度和规范以及条件创造，都需要将青年人与社交媒体的关系、青年人在社交媒体环境中的发展价值及发展基本规范、条件作为基本指向。在社交媒体中，对网络商业文化的过度追求，导致了文化主体的物化。[③] 文化主体的物化与社交媒体环境中的人化作为人与技术环境互动过程的两个方面，并未超越传统意义上主客体之间的二元对立，人与世界的交流是在坚持人的主体性、能动性以及绝对性的理性的前提下，将数量增长和满足需求作为评价人的理性能力的终极尺度。但建立在工具理性发展基础之上的社交媒体由于具有难以预测的不确定性，因此这种交流本身就不是一种平等的交流，展现的交流景观不是"在世界之中存在"，[④] 这种交流被视为青年社会化最大的风险。

[①] 《马克思恩格斯选集》（第1卷），人民出版社2002年版，第294页。
[②] 《马克思恩格斯选集》（第3卷），人民出版社2002年版，第330页。
[③] 这里的物化是指人的物化，即操作者利用数字化技术，对物理世界进行模拟、仿真、变形、缩微或扩张后，产生一个凝聚着人的意识因素的虚拟世界。
[④] 海德格尔认为，在世界之中存在就是居住和依寓于世界之中。参见［德］海德格尔《存在与时间》，陈嘉映、王庆节译，生活·读书·新知三联书店1999年版，第73页。

第二章 社交媒体环境下青年社会化途径理论阐释

马尔库塞认为，当一个社会按照它自己的组织方式，似乎越来越能满足个人的需要时，独立思考、意志自由和社会反对权的基本的批判功能就逐渐被剥夺。① 社会化大生产，尤其是发达资本主义社会高度发达的科学技术和自动化，在改善人们生活条件的同时也丧失了对现实社会问题的反思、批判、否定和拒绝，对资本主义各个方面的评价只有肯定和认可。人们内心的批判性、超越性思想受到抑制，成为统治制度的消极工具，"发达工业社会最显著的特征是它有效地窒息了那些要求自由的需要"。② 沉浸在虚假需要和虚假幸福中的人只是"工业文明的奴隶"，尽管工业化大生产下的繁荣促进了个体生活需要满足的程度，但"在大量的商品和服务设施中所进行的自由选择并不意味着自由……而只能证明控制的有效性"，③ 这种发展"使他变成片面的人，使他畸形发展，使他受到抑制"，④ 因此是一种片面发展而非全面发展。

社交媒体扩大了人的发展的空间，人们通过信息交换丰富了交往对象、扩大了交往范围。谁占有的信息资源越多，谁的信息使用越娴熟，谁就有可能在发展的过程中取得优势。"信息社会是一个严重不公平的社会"，赫伯特·席勒（H. Schiller）提出庞大的信息资源越来越向一小部分人集中，信息资源的生产权、提供权越来越由少数国家、专业机构、个人所掌控，"单向度的人"由此产生了。因此马尔库塞认为，单向度的人是技术力量操纵、控制以及由此形成的新型极权社会的结果。⑤ 当这群丧失了否定性和批判性，成为统治阶级消极工具的人日益表现出对现实的顺从，而越来越"享受不用大脑的自由，用破坏性手段并为了破坏性手段而工作"⑥ 时，机械化的生活方式在高

---

① 参见［美］赫伯特·马尔库塞《单向度的人》，刘继译，上海译文出版社2006年版，第2—3页。
② ［美］赫伯特·马尔库塞：《单向度的人》，刘继译，上海译文出版社2006年版，第8页。
③ ［美］赫伯特·马尔库塞：《单向度的人》，刘继译，上海译文出版社2006年版，第8—9页。
④ 《马克思恩格斯选集》（第3卷），人民出版社2002年版，第514页。
⑤ 马尔库塞认为，新型极权社会就是发达的工业社会，这个社会由于压制了人们内心的否定性、批判性、超越性的向度，使社会成为一个单向度的社会，生活于其中的人也成为单向度的人。
⑥ ［美］赫伯特·马尔库塞：《单向度的人》，刘继译，上海译文出版社2006年版，第220页。

度发达的物质文化和商品文化的控制下,个人的创造性和自由天性消磨殆尽,沦落为主观上自我感觉幸福、客观上被压抑受操控的"信息文明的奴隶"。他们不再追求或想像与现实生活不同的另一种生活,满足于单向度的社会提供的好处、富裕、舒适、福利,而对单向度社会的极权性所带来的压抑、窒息、强迫表现的宽容、顺从和中庸。技术力量异化所导致的意识形态功能异化是单向度人产生的重要原因,"在绝对优势的效率和日益增长的生活水准这双重的基础上,依靠技术,而不是依靠恐怖来征服离心的社会力量。"①

数字化时代,在社交媒体构建的超越实体社会之上的虚拟社会,其影响甚至凌驾于现实社会之上。社交媒体的技术服务功能对感官的满足提供了只有感官在场的意义自足空间,理性的不在场恰恰是以主体的感官延伸为前提的。数字技术在概念和结构方面的统治作用使人们对接触到的信息难以做出有效的选择与判断,疲于应付的背后审慎的思考成为奢望,对感觉器官的偏执很难要求人们的精神活动否定与批判能力兼具,在这种情况下,社交媒体环境下单向度的人的出现也就势所必然。另外,社交媒体中的虚拟化生存所获得的经验事实,无法带入现实生活中进行具体操作,这说明在社交媒体中获取的经验是基于网络平台的符号经验,是平面式的基于精神想象的经验,它对人们现实生活中的事实的判断更似画饼充饥,人们在现实生活中的诉求并未获得明显的增长和丰富,相反还淡化了人们在现实生活中的存在感,从而变得"电子化"。最后,社交媒体中看似取之不尽、用之不竭,铺天盖地、汹涌澎湃的信息流,恰恰是否定性和批判性精神丧失的主要原因。因为信息爆炸干扰了对有效信息的筛选和利用,大量冗余信息产生的噪音某种程度上造成了思想的枯竭,超文本链接带来的巨大的感知空间改变了媒介感知的有限性,"多于三维"的超空间②挑战着人们的感知能力,对意义如同迷宫般的探知令以往的

---

① [美]赫伯特·马尔库塞:《单向度的人》,刘继译,上海译文出版社2006年版,第2页。
② 这是个动态空间,它将词语的表现形式无限可能化,这就使得没有将信息组织起来的固定中心。参见[美]迈克尔·海姆·金吾伦《从界面到网络空间——虚拟实在的形而上学》,刘钢译,上海教育科技出版社2000年版,第82页。

经验完全无用武之地,被简单地复制,重复且无效的信息内容抵消了搜索技术上的便捷与高效。

以上种种,都在证明着一个不容置疑的事实,自社交媒体社会被架构以来,自由、便捷与多元似乎成为这个社会里常识性的认知,在虚拟技术乌托邦里自由翱翔的"虚假的满足"导致对已有固定的模式和观念的无批判性与非否定性接受。而这一切,都是在看似合理的情境下发生的,"一旦那些合理的系统不断增生到这样的程度,我们将面对一个合理的牢笼:无法逃离,没有出口"。① 单向度人的在社交媒体中出现,产生的一连串后果就是(1)单向度思维。单向度思维是一种简单化的线性思维,这种一维的思维方式割裂了对象间的联系,依据被充满了垄断的假设的信息界定自我的思想。这种思维方式习惯于把世界上具体的、复杂的、特殊的事物"削平拉齐""化难为易",并通过理性的方法把感性事物的"多"还原为抽象的、本质的、普遍性的"一",进而又把这超感性的抽象概念实体化、终极化为世界的最高存在和最后基础。② 对既定事实无批判地接受,肯定性、认同性的单极思想,以及对工具价值的过分强调,客观上造成了"自我"的丧失与沦落。(2)单向度文化。思维方式的单向度,意味着人们无法对现存社会环境做出否定性的批判。在这种情况下,承载着揭示和叙说真理、表达思想的文化也发生严重的异化。文化成为一种单纯的消费品,在高度商业化的环境下,不同的文化产品看似异彩纷呈、多种多样,但它的本质是世俗化的、模式化的、物质化的、大众化的以及标准化的。这些文化成为控制人们心灵、操纵人们思维、压抑人们内心真正声音的工具,而"那些高层次的文化③被现实所拒斥。现实超过了它的文化"。④ 文化的工业化、消费化、娱乐化日益兴盛,结果却

---

① [美]乔治·里茨尔:《社会的麦当劳:对变化中的当代社会生活特征的研究》,顾建光译,上海译文出版社1999年版,第4页。
② 参见李海峰《马克思思维方式与海德格尔思维方式比较研究》,《聊城大学学报》(社会科学版)2009年第3期。
③ 马尔库塞认为,高层次的文化就是表达人们理想的文化,是高于现实对现实持批判态度的文化。
④ [美]赫伯特·马尔库塞:《单向度的人》,刘继译,上海译文出版社2006年版,第52页。

是思想的枯竭与退化。(3) 单向度社会。马尔库塞认为"作为一个技术社会，发达工业社会是一个社会的社会，是实现一项特殊历史谋划的最后阶段"，①这个阶段最显著的特征是在商品文化和消费主义文化的操控下，个人自由和创造性在日复一日机械化的生活环境中，被压抑、被扼制、被困顿，直至消耗殆尽。工业社会强大的意识形态通过借助包括社交媒体在内的新兴传媒进行说教，虽然真正的思想和声音也允许被呐喊、被传播、被言说，但大众单向度的思维令这些思想和声音成为"浅吟低唱""孤芳自赏"直至被淹没在同质的、缺乏精神内核的单向度声浪中。马尔库塞认为，导致这一切的是技术，在工业社会中是一切可以提高生产率的先进技术。在社交媒体中，则是代表着信息技术最新发展前沿的虚拟技术。虚拟技术对感官的征服以及对思维习惯的改变，成为在科学技术合理性伪装下无法被拒绝的、心甘情愿的压迫，人们发自内心地接受虚拟技术的驱使，在不知不觉中成为虚拟技术控制的对象和工具，使得"被管理的个人借以打碎他们的奴役枷锁并获得自由的手段和方式也就愈不可想象。"②于是，有影响的反对声音消失了，单向度的社会登场了。

在这种情况下，如何使"人以一种全面的方式，也就是说，作为一个完整的人，占有自己的全面本质"③？马克思的人的全面发展理论现实针对性就在于，它将人置于现实社会关系中，以利益、理性、自立为价值取向，以"能力本位"为核心理念，坚持人的尺度和人性化思维，把解放人、开发人作为基本价值取向，超越人性压抑的发展现实，实现人的解放为最终导向。同时马克思从发展角度，把时间分为劳动时间和自由时间，生产力越高、科技越发达，人们的劳动时间就越少，自由时间就越多。

---

① ［美］赫伯特·马尔库塞：《单向度的人》，刘继译，上海译文出版社 2006 年版，第 7 页。
② ［美］赫伯特·马尔库塞：《单向度的人》，刘继译，上海译文出版社 2006 年版，第 7 页。
③ 《马克思恩格斯全集》（第 42 卷），人民出版社 1995 年版，第 123 页。

三 场域理论

起源于19世纪中叶的场域理论是社会学的主要理论之一，是解读社交媒体中人类行为的一种有效的概念模式。布迪厄认为，场域是由社会关系组成的空间，是"位置间客观关系的一个网络或一个形构，这些位置是经过客观形定的。这些位置所产生的决定性力量已经强加到占据这些位置的占有者、行动者或体制之上，这些位置是由占有者在权力（或资本）的分布结构中目前的、或潜在的境遇所界定的；这些权力（或资本）的占有，也意味着对这个场域的特殊利润控制。另外，这些位置的界定还取决于位置与其他位置（统治性、服从性、同源性的位置等）之间的客观关系（支配关系、屈从关系、结构上的对应关系，等等）。"[①] 场域不是有着一定边界的领地，也不等同于领地，"场域的界线只能以经验为依据的调查来决定。尽管界线总是多少有着被制度化贴上'禁止入内'的标签，但它们却很少呈现出司法界线的形式……场域界线位于场域效应中止的地方。"[②]

布迪厄认为，整个社会就是一个大场域，除此之外，还存在着由社会、经济、科学等各种各样不同的"子场域"，子场域构成大场域。这些子场域就是相对独立的社会空间，是一串串关系，这些关系先于个人意识而存在。因此，布迪厄认为场域的特征主要有以下四种：

第一，场域具有自主性。社会空间中各种各样的场域都是社会分化的结果，这个过程被布迪厄视为自主化的过程。一般来讲，场域的形成逻辑越特殊、历史累积越长，场域越能自主地为处于某个特定场域的行动者所接受，在影响到行动者身上之前对决定进行重新改造。一个高度自主化的场域，对决定的改造不仅能体现自己的逻辑与规则，

[①] ［法］皮埃尔·布迪厄、［美］华康德：《实践与反思：反思社会学导引》，李猛、李康译，中央编译出版社2004年版，第134页。

[②] ［法］皮埃尔·布迪厄、［美］华康德：《实践与反思：反思社会学导引》，李猛、李康译，中央编译出版社2004年版，第135页。

而且还能影响其他的场域，将逻辑与规则渗入其内部之中。场域的自主性是相对的、有限的，完全自主、绝对自主的场域是不存在的。

第二，场域具有同源性。无论是哪种类型的场域，与社会的空间结构（或阶级结构）之间在功能上具有本质相似性，这些相似性是不同场域作为整个社会大场域的整体部分，根据占有资本和权力类型而进行斗争和争夺的结果。不同位置的占据者在博弈的过程中，根据占有的位置空间和主观立场建构观物方式。在场域中，行动者的主动权在社会环境等因素的影响下，处于被动位置，即行动者在建构社会结构的过程中，又被已在的或所建的社会结构所控。

第三，场域具有变动性。布迪厄认为，无论哪种形式的场域，在其发生发展的过程中都经历过为自主性而斗争的过程，通过摆脱诸如经济、社会等外部因素的控制后，其自身独立逻辑性被认可，这种独立逻辑性是支配场域中其他行动者及其行动实践与行动活动的逻辑。[①] 场域的这种自主性特征推动着场域革命的发生，这种革命往往是通过话语的合法性定义而发生的。要么是宣布原有场域话语无效、非法，从而彰显现有话语体系有效、合法；要么是将原有场域边缘化，降为次要位置，将现有话语打造成场域历史的真正继承人。无论哪一种革命，都促动着场域内容、逻辑、话语体系、历史在不断地变化，从整体上看，场域空间的具体性、实在性和相对静止性有时会因关系结构的变化而发生变化。从部分上看，这种变化的改变方向取决于各种社会力量在场域中的发展、抵消与冲突，由于不同时期力量对比会发生此消彼长的变化，因此场域的改变方向是不确定的，且始终处于变动过程中。

第四，场域具有规则性。"事实上，我们可以小心把场域比作一场游戏，以往场域与游戏有许多不同：场域不像游戏，是深思熟虑创造行为的产物，而且它所遵循的规则，或更恰当地说，它所遵循的常规，并不是明白无疑、编撰成文的。"[②] 由于场域规则的"不成文性"

[①] 参见朱国华《场域与实践：略论布迪厄的主要概念工具（下）》，《东南大学学报》（哲学社会科学版）2004年第3期。
[②] ［法］皮埃尔·布迪厄、［美］华康德：《实践与反思：反思社会学导引》，李猛、李康译，中央编译出版社2004年版，第135页。

和"模糊性",且不同的场域以及不同子场域和子场域内部各种力量之间的互动以及各种作用力产生的制度性影响会无形地施加到涉足其中的行动者身上,因此行动者一旦进入某个场域,在获得了这个场域所特有的规则、符号和代码后,按照场域的要求进行各自的活动,但由于惯习的作用,场域对参与者的外部约束有限。

并存于现实世界之外的虚拟社会在移动互联网技术和社交媒体等因素的推动下,构建了一个巨大的社会性的场域。这个场域利用文字、图像、音频、视频、动画和3D仿真等技术手段,模糊着现实与虚拟间原本清晰的界限,在现实的虚拟化和虚拟的现实化镜像间不断地切换。虚拟社会作为青年社会化的技术途径,在青年人脱离了社交媒体之后仍能保持着影响和传递着惯习,[①] 就是因为场域作为社交媒体的社会表征,产生的制度性影响和作用仍能通过相关活动模塑时空领域来实现。

移动互联网时代诞生的各类技术和理念,影响、改变着当代青年人的生活习惯和思维方式,基于社交媒体基础之上的虚拟社会所形成的场域作用于青年个体,改变着青年人的社会化的途径。虚拟社会作为社会场域中的一个子场域,通过相关活动构成的时空领域实现着制度性影响和作用的同时,与现实场域历时性存在,相互渗透、相互影响、相互融合。

社会化的场域可分为指导性场域、操作性场域和联动性场域三种类型,三种不同的场域对青年社会化的效果具有明显的差异性。

表2-2 社会化场域分类表

	指导性场域	操作性场域	联动性场域
时空要求	时间、空间范围限定	时间、空间范围不限定,可自主地开展活动	时间、空间范围不限定,与思想社会教育相关性不强

[①] 布迪厄认为,惯习是一套持续的、可转换的发情倾向系统。一旦在人体内扎根,就很难发生改变。但是惯习又可以从一个领域转移到另一个领域,因此惯习持久性和可转移性等特征。参见李晓玲《布迪厄的场域与惯习:一个消费的视角》,《社会科学论坛》(学术研究卷)2008年第11期(下)。

续表

	指导性场域	操作性场域		联动性场域	
内容要求	目标明确但不妨碍内容的灵活性	组织规程明确可自由分享活动乐趣价值		基于每一次活动开展不同内容的主题	
活动要求	人员职业身份年龄同质性强因此动机明确	自我教育、完成任务、消遣、逃避		指导的对象不是参与者而是活动的主导者	
类型要求	公共分场域	空间开放、内容共享、资源公共	目的分场域	运用吸引人的活动争取更多的人员参与	课程导向分场域	不同专业合作保持育人目标一致避免学习过程中受到过多价值冲击
	组织分场域	活动有组织有计划、内容明确，人员归属感强、能够获取社会身份	整合目的分场域	不以思想社会教育为主要内容但客观上能够帮助青年社会化	事件导向分场域	通过对突发事件的处理达到引导青年人的目的

第三章 青年社会化媒介途径的变迁

由传统媒体到社交媒体，大众传媒在青年社会化中始终扮演的重要角色，在现代社会中愈发突出，且日渐受到重视。作为青年社会化不可或缺的途径之一，本章将着重分析大众传媒在青年社会化途径中的变迁。

第一节 社会化传统途径:传统媒体

传统媒体主要是指广播、电视、报纸、杂志等，其社会化功能首先体现在社会控制上。所谓社会控制是指社会组织体系运用社会规范以及与之相应的方法和方式，对社会成员的社会行为及其价值观念进行指导和约束，对各类社会关系进行调节和制约的过程。[1] 传统媒体在现代社会的控制体系中，以特有方式进行着文化的传递、沟通和共享，潜移默化地控制公众。

一 实现社会控制，引导社会态度

传统媒体主要是通过舆论导向和舆论监督实现社会控制，从而达到引导人们社会态度的目的。舆论是显示社会整体知觉和集合意识、

---

[1] 参见郑杭生主编《社会学概论新修》，中国人民大学出版社2003年版，第401页。

具有权威性的多数人的共同意见。[①] 它通过公众意见所形成的社会氛围来实现对社会成员认知和评价的影响，个人会在公众意见中不断地修正自己的看法以保持与绝大多数人一致，避免因意见分歧而遭受孤立，这种共有心理倾向导致社会成员服从舆论导向和制约。社会舆论的产生建立在大众对一定历史时期社会和文化的现象、事件、态度交流外化的基础上，它一经形成并公开传播就会产生一定的社会热点，影响人们的思想、观念和行为。社会舆论的形式有两种，自发舆论和自为舆论。

表3-1　　　　　　　　自发舆论、自为舆论关系表

	自发舆论	自为舆论
形成方式	社会公众自发形成	社会组织体系通过大众传媒形成
形成特点	社会成员自我组织、自我调节	社会组织体系有目的有意识
控制主客体	不明确	明确
控制方式	自在控制	自为控制
控制成本	低	较高
控制范围	小	大
控制方式	简单	复杂
控制预见性	差	容易把握

传统媒体的舆论控制形式主要是自为控制，舆论控制途径有两条：舆论导向和舆论监督。所谓舆论导向是指运用舆论操纵人们的意识，引导人们的意向，从而控制他们的行为，使其按照社会管理者制订的路线、方针、规章从事社会活动的传播行为。传统媒体通过对社会、经济、文化等领域的热点事件的报道和分析，引导公众参与社会生活，释放公众的情绪积压，加强政府和公众间的沟通交流等方式引导人们向"主流"靠近，接受和建立正确的、符合社会规范要求的生活信仰，促进良好社会风尚的形成。自为舆论内容上的有机性和条理性，表达方式上的理智化、节制化等特点，有助于形成良性的心理和物理效应，会在社会中产生积极的社会思潮，从而对社会公众形成必要约

[①] 参见刘建明《基础舆论学》，中国人民大学出版社1998年版，第11页。

束和有效调控。

所谓舆论监督是指传统媒体运用舆论的独特力量,帮助公众了解政府事务、社会事务及一切涉及公共利益的事务,并促使其沿着法治和社会生活公共准则方向行动的一种社会行为的权利。舆论监督与司法、立法、行政并称为国家的四大权力机关。传统媒体通过对少数违法、违纪现象曝光,吸引公众的注意力;公众通过传统媒体渠道将自己意见、态度表达出来,形成对越轨行为的指责、批判,这种客观意见产生的无形压力所带来的警告和威慑作用,不仅会制止越轨行为的继续发生,而且在一定程度上还会实现对公共权力的监督与制衡,遏制公共权力的腐败,维护公共权力的正当性。

二 改造社会文化,实现社会控制

社会文化是一个民族在特定时期流行的一套社会态度、信仰和感情。任何一种社会文化都是在该民族的历史和现在的政治经济、社会活动进程中形成的。[①] 通过传播社会文化,能够在社会公众中形成主流社会意识,这种社会意识能培养"对社会制度的忠诚,如果纯粹出于对该制度有效性的实际考虑,是一种基础很牢靠的真诚,因为它过于依赖制度的实际表现。"[②] 传统媒体承担着社会文化传播的重要角色,它在传播社会文化的过程中会沿着横向、纵向两条路径同时进行。传统媒体传播路径是纵向传播,即自上而下的传播,这种传播依靠其强势内容强调媒体的权威性。它在传播社会文化的时候,通过不断地信息灌输试图改变公众的思考和生活方式,从而实现对社会公众价值传递,保持了社会文化的连续性和递进性。当社会公众接受社会文化后,还会在群体范围内进行传播,从而实现了社会文化的二次传播过程,即横向传播。在这个传播过程中,媒体权威性价值遭受解构和淡

---

① 参见[美]加布里埃尔·A. 阿尔蒙德《比较政治学:体系、过程和政策》,曹沛霖、郑世平、公婷等译,复旦大学出版社1987年版,第29页。

② [美]西摩·马丁·李普塞特:《政治人:政治的社会基础》,张绍宗译,上海人民出版社1997年版,第77页。

化，社会文化以一种平等的方式在同层级传递，社会文化在传播过程中会按照公众的生活形态进行再设计，因此横向传播路径传播的社会文化通常是社会亚文化，它与纵向传播路径传播的文化结合、融合、整合，改造原有社会文化，生成新的社会文化。

社会文化的形成是一个漫长的过程，传统媒体在社会化中的作用不仅是在全社会范围内加强社会文化教育，传播社会文化知识，更要提高公众的社会参与意识。人们通过传统媒体获取各类信息，这些信息包含着是非、善恶、美丑等价值标准，以及各种各样的行为模式，由于公众对传统媒体的接触是自愿的和有意识的，因此对来自传统媒体的社会文化的接受没有太多的心理抵触，传统媒体在潜移默化中完成了社会教化功能。

三 建构社会情感，确立社会价值观

传统媒体通过影响人们的社会态度建构大众的社会情感，从而确立起社会价值观。社会情感是指人们对国家社会生活中的社会制度、社会组织、社会决策、社会领袖等对象的一种内心体验，它表现为人们对一定社会对象的爱或憎、亲或疏、敬或恶、认同或逆反、热诚或冷漠。[①] 情感作为个体基本心理因素之一，它反映了客体对客观现实产生的态度和体验，社会态度不同、社会观点不同产生的社会情感殊异。任何一种社会情感都包含理性、非理性的因素，当非理性的因素超过理性因素时，人们对社会情感的表达更多是出于习惯、欲望和本能，它虽然也参与社会情感的构建，但仅作为一种精神力量影响公众的社会认知和社会实践。在社会情感构建中，理性因素占据着主动，尽管与非理性因素相互作用、相互渗透，但理性着重从道德原则、伦理规范、生活信念、人生理想等方面强调价值取向和价值目标，将价值意义和理想目标作为主观内心体验和评判标准。从这个意义上来说，没有理性就没有真正的社会情感。因为社会理性意味着人们在处理社

---

① 参见孔德元《政治社会学导论》，人民出版社2001年版，第43页。

会事务时，有能力依靠一定的逻辑规则和逻辑程序来认识社会共同体，并通过理性指导下的社会实践活动来影响社会生活的运行和发展，进而预测未来的社会形势。[①] 建立在理性基础上的社会态度更强调普遍秩序的合法性，它将人们对自由、民主的追求以一种更高的层次反映出来，在合理、自觉的逻辑能力下进行有效的信息交流并实现主体认同。

社会情感的培育、发展过程是理性自觉的过程，作为一种积极肯定的情感体验，公众将价值观转化为内心的价值取向，实现了主体认同。社会价值观的确立是一个内化的过程，在这个过程中，情感如同"控制器"将人们对某种利益或价值的关切上升为一种态度和体验，继而形成某种社会需要的满足感，"人是情感的动物"，有什么样的社会情感就有什么样的人生观和社会观。传统媒体通过不间断地向公众灌输带有倾向性的观点、信息和意见分析，引导、培植着公众的社会情感流向和生长，如大众媒体对执政党、政府的政绩的客观报道，会使民众认同政党权威或政府权威；传统媒体如过分渲染政府阴暗面、暴力和腐败时，民众可能会滋生冷漠心理，[②] 传统媒体的这种社会化功能，影响着个人意见的形成和产生，模塑着人们关于是非、善恶、美丑的社会情感和各种各样的社会行为，进而影响社会价值观的确立。

第二节　社会化的现代途径：网络

网络属于大众传媒，但它和传统大众传媒（报纸、电视、广播、杂志等）相比，又具有鲜明的技术特性。网络融合了传统大众传媒的所有传播优势，而且开发出了新的传播手段，具有更高的开放性和共享度，大大增强了信息的广度和深度。

[①] 参见郝菲菲《政治理性的学理分析》，《南京航空航天大学学报》（社会科学版）2016年第2期。

[②] 参见邓集文《论大众传媒的政治社会化功能》，《湘潭大学学报》（哲学社会科学版）2004年第1期。

表 3-2　　　　　　　网络与传统媒介技术对比表

	网络	广播、电视、报纸、杂志等
沟通方式	全通道式[1]	轮式[2]
反馈方式	双向	单向
表现形式	集合了多种媒体表现形式（如文字、声音、图片、动画、视频等）	表现单一，仅含文字、图片、视音频等某几项元素
传播方式	双向传播	单向传播
信息发布	同步性与异步性并存	异步性
文本形式	超文本[3]	单文本
使用模式	用户拥有完全信息自主权，个人制作、发布信息	由专业机构制作、发布信息
传播效果	多功能、多渠道、立体化	单一、片面、有限
内容质量	优劣参半	优秀占主流

（注：1. 全通道式沟通是指所有沟通参与者之间穷尽所有沟通渠道的全方位沟通，是一种非等级沟通。2. 轮式沟通是指最初信息发布者直接将信息同步辐射式发送到最终信息接受者。轮式沟通过程中有一明显的主导者，凡信息的传送与回馈均需经过此主导者，且沟通成员也通过此主导者才能相互沟通。3. 超文本是用超链接的方法，将各种不同空间的文字信息组织在一起的网状文本。超文本更是一种用户界面范式，用以显示文本及与文本之间相关的内容。现时超文本普遍以电子文档方式存在，其中的文字包含有可以链接到其他位置或者文档的连结，允许从当前阅读位置直接切换到超文本连结所指向的位置。）

　　网络作为大众传媒的代表，它在舆论影响方面之所以力量强大，在于它将技术特性与媒体能量有效结合，释放出强大的号召力和宣传力，从而形成巨大的网络公共能量场，在这个能量场里，人人都享有平等话语权，公众的社会参与意识得到了激发，社会文化的性质、内容得到了建构和整合。网络环境下青年社会化的范式出现了巨大的变迁，途径的更新推动着青年社会化目标的重塑，时空的定位增加了青年社会化的难度，网络的工具功能和角色定位给当代青年社会化带来了严峻的挑战。

　　据第 46 次中国互联网络发展状况统计报告，截至 2020 年 12 月，我国网民规模达到 9.89 亿，互联网普及率为 70.4%。① 如此庞大的人群在互联网的影响下，其社会化的模式必然会打上鲜明的技术烙印。

---

① 《中国互联网络发展状况统计报告》，http://www.cinic.org.cn/hy/zh/1061862.html，2021年3月25日。

网络时代人们的生存空间、生存方式正在发生深层次的改变，青年与社会的互动关系出现了新的情况和新的问题，它既包含传统大众媒体社会化的内涵和意义，又具有新的特点和新的动力机制，网络一方面消解和冲击了传统的青年社会化模式，另一方面又在重新塑造当代青年社会化的全新范式。

一 网络社会化的内涵与特点

网络社会化是作为社会成员的个体在与现实社会与虚拟社会的互动中，通过网络进行社会信息交流、学习社会知识、习得社会技能、内化社会规范、形成社会态度、完成社会人格的辩证过程。[①] 网络社会化的特点主要表现在：

首先，社会化的主体角色出现了变化。传统社会化的主体是公民，公民作为法律赋予权利和义务的自然个体，承担着社会活动的进行并规约着社会发展的方向。网络社会主体分为网民、网络共同体、网络政府三个层次，其中网民包含网络受众（net audience）、网络使用者（net user）两个层次，它与现实社会中的公民身份既相联系，又有所区别。联系是现实生活中的公民在网络中的角色化身，区别是公民在现实社会中行使的权力无法延伸到网络中。

其次，社会化的时空发生了变迁。在传统社会中，个体与社会都是在有限的"点对点"的时空中进行的，网络的非确定性、断裂性、风险性等时空特性，为社会成员提供了更加广阔的交往平台，人们既可以以公民的身份，又可以以网民的身份与现实社会、网络社会进行互动，"点对面"的交流方式无限延伸充分发展了人的社会性。

再次，网络的组织性提高了社会化的针对性。基于共同的爱好、兴趣所组成松散的、非正式的网络共同体，彼此间遵守约定俗成的标准和价值方向，它"通过明示或暗示的方式不断地向人们传递着有关社会理想、社会信仰、社会价值观等社会知识和信息，而个体在这些

[①] 参见李斌《论网络政治社会化的机理和特点》，《天津行政学院学报》2008 年第 4 期。

观念和信息的反复刺激下，逐渐形成自己的社会认识和社会情感"①，网络的组织性形成的民意，体现了民众的利益诉求，因为它代表了一群人针对重要议题表达其复杂偏好的倾向，因此可视之为公民利益表达权的有机组成部分，是公民政治参与的重要手段，它与公共权力二者平行共存，为主流意识形态的传播提供了渠道和便利。

　　复次，网络社会化是传统社会化的有效延伸和补充，网络的数字化特征，丰富了社会化的内容形式。"在过去，你控制的信息越多，你的权力就越大；而在网络未来中，你转让出去的信息和权力越多，你所拥有的也越多"。② 技术是中性的，但技术产生的环境却具有社会性，这取决于网络环境建构者的预期、目的和意图。从技术表现上来看，以比特形式存在的"信息 DNA"已成为人们生活中的基本交换物，它参与社会生活的创造，改变着人们的娱乐方式、学习方式、工作方式。社会化的符号也由单一变得多元、显性变得隐性，信息背后均反映着社会主体的权力和利益，隐藏在后台的决定性力量貌似代码，但代码所构建的网络环境恰恰反映环境建构者所独有的特性，"互联网有潜力建立一个更有聚合力，相互谅解、公平的世界，但变革的动力来自社会，而非电脑芯片"。③

　　最后，网络的虚拟性在公民意识的培养方面，拓展了社会化的途径，提高了社会化的效率。网络的虚拟性极大拓展了人们的思维方式和认识方式，是人类认识史上一个新的飞跃和起点，网民虚拟人与现实人的双重角色赋予的新型身份特征，为人们在现实社会中缺乏实践的社会技能、社会表达、社会参与提供了发挥的公共空间，网络所创造的虚拟社会世界压缩了社会化空间距离，通过身份缺席和虚拟出声的网络行为，对若干个定向命题或命题系统进行探讨或研究。在相对传统的长期渐进的社会化进程中，虚拟社会世界客观上有助于掌握更

---

①　丁永刚、周金玲：《大众传媒的政治社会化功能》，《理论探讨》2008 年第 10 期。
②　[美] 查丁·马克：《数字化经济》，孟祥成译，中国建材工业出版社 1999 年版，第 12—13 页。
③　[英] 詹姆斯·柯兰、娜塔莉·芬顿、德里斯·弗里德曼：《互联网的误读》，何道宽译，中国人民大学出版社 2014 年版，第 11 页。

多的社会信息，这对于塑造人们的社会情感、社会认知、社会态度会产生广泛而强烈的影响。网络的虚拟性公共空间有助于青年理性地参与公共讨论，从而培养公共精神、促进公共关怀，在共同体验超越个人利益的基础上完成个体的社会化。

二 网络对青年社会化范式的影响与调控

1962 年，托马斯·库恩①对科学发展提出了一个重要观点"历史阶段论"，即每一个科学发展阶段都有特殊的内在结构，而体现这种结构的模型即"范式"（paradigm）。库恩指出，按既定的用法，范式就是一种公认的模型或模式。

传统青年社会化的范式是按照社会施化者的安排进行的，家庭、学校、同辈群体等施化者的思想和行为是社会化的逻辑起点，施化者的有效话语权不仅体现在话语资格上，而且体现上话语能力的引导、调控活动的能力和目标实现的效力上。网络的发展和普及，对青年社会化的传统范式产生了冲击，它消解着传统社会化中对时空稳定性、连续性、同一性的强调，改变了传统青年社会化中施化者的话语生成机制，以其独特的存在和运行方式成为青年社会化新的施化者，通过广阔的社会交往平台从"真实社会化"向"虚拟社会化"的转换，重塑传统青年社会化的过程，延伸、扩展着社会化对象的社会性和社会性。

（一）网络拓扑结构新的时空观造就当代青年新的社会文化观

网络拓扑结构是指网络中各个站点相互连接的形式，即文件服务器、工作站和电缆等连接形式。拓扑结构本身是一个超级开放的系统，它可以根据实际工作的需要得到最大限度的延展。以对象数字仿真、光速传播、TCP/IP 协议为基础的网络技术更是将拓扑结构推向极致。②网络所构筑的"第二现实世界"在青年社会化过程中，实现了"点对

---

① 美国科学史家、科学哲学家。范式理论就是其代表作《科学革命的结构》一书中提出的。
② 构成网络的拓扑结构有多种，具体可分为星型结构、环形结构、总线结构、分布式结构、树型结构、网状结构、蜂窝状结构等。参见王全印《网络社会的青年政治社会化新范式》，《中国青年研究》2007 年第 5 期。

面"的互动,解除了传统时空观的束缚,需要与"即时在场"的距离差被抹平,可以跨越时空共享经济、社会、文化资源,在想象力所及之处依据兴趣和爱好塑造社会角色、模拟社会实践、控制社会活动、驾驭社会方向。相对于在大众社会框架内共性和个性的解决难度,"与虚拟社会情景的社会对话"更有助于青年人完成社会实践的"实习期"。在网络环境下,青年社会化的"母体环境"的改变,克服了传统文化和价值观论资排辈、强调稳定、讲究等级序列的惯性,妨碍想象力发挥的时空因素和传统背景被打破,非个人化、非区域化、全球化的原创社会文化成为现实社会的组成部分,传统的社会文化、社会价值观被解构,青年人通过对不同社会文化、社会价值观念和行为规范的接触、比较,所形成的社会观有助于青年一代现代社会人格的形成和自由、平等、民主意识的铸炼。①

(二) 网络的符号权力象征主导着青年社会化的秩序再生产

社会象征/符号通常用以指称具有社会意义的象征物、符号、仪式行为和话语等象征现象。网络形成了社会化多元互动模式,此模式既包含传统的青年社会化模式,又具有新的特点。传统青年社会化模式是一元模式,家庭、学校占据着主导地位,规制着青年人社会表演的场所,通过对标准、规则的限定以相对固定的模式对青年进行情境定义,通过正式的仪式场合强化现存社会体制的合法性,将个体由社会人培养成与主流社会相吻合的角色。符号互动论认为,人们是根据事物对于他们所具有的意义而对这些事物采取行动的,而这些事物的意义来自人们之间的社会互动,这些意义是通过人在应付他所遭遇的事物时所进行的释义过程而被把握和修正的。② 符号的工具性有多层属

---

① 但也存在一种相反的观点,这种观点虽然同意互联网是自古希腊雅典的市民辩论会场以来最为卓越的一项发明,但它在很大程度上却缺少一个公共领域应有的理想概念。互联网会通过明显的技术限制来排斥世界上大多数人的声音和利益,这种排斥实施起来就和雅典的公民法律一样彻底和持久。参见[美] W. 兰斯·本奈特、罗伯特·M. 恩特曼《媒介化政治:政治传播新论》,董关鹏译,清华大学出版社 2011 年版,第 67 页。

② 符号互动论强调社会是一个动态实体,是由持续的沟通、互动过程形成的。符号互动论主张在与他人处于互动关系的个体的日常情境中研究人类群体生活,特别重视与强调事物的意义、符号在社会中的作用。

性：提供知识、人际沟通和权力生产。社会化的实质就是与现存社会体系互动的过程，在互动的过程中，符号通过"塑造结构"和"被塑造结构"①完成符号权力的建构，"塑造结构"体现了符号的生产和再生产社会秩序的功能，"被塑造结构"则体现了生产和再生产符号和符号体系的权力。由于符号权力是一种不可见的权力，是"赋予那些已经得到足够认同的人的权力"，②因此，对于众多网络使用者尤其是青年网络使用者来说，传统主导社会体系和社会化模式的可控性日益减弱，网络中的自由意见表达、意志流露、情感倾向冲击着传统思想控制机制，弱化了主流意识形态和社会文化，改变着人们的社会意识。在这种情况下，网络的社会化过程积累的符号资本在新的符号体系中赢得了青年社会化秩序再生产的合法性。

（三）网络的现实实践与虚拟实践的矛盾推动着青年社会化向二元模式转变

网络环境具有虚拟空间、精神生活空间、文化空间三重维度。③网络的双重属性（虚拟性和现实性）之间的矛盾构成了网络世界的基本矛盾，成为推动网络世界不断向前发展的主要动力，网络的虚拟性既是对现实世界的模拟与再现，又是在现实世界的基础上重新创造和预设。青年人接触社会实践的机会相对有限，接触面较窄、信息来源少。而传统的社会化一元主导模式从起始就将社会化的角色人为的限定为施教者与受教者，这种不平等的状态由于强调可控性、组织性、服从性，过分重视社会动员的覆盖和扩展面，因此容易忽视个性、屏蔽多元，导致社会化的效果只能处于一种低级、软弱的状态，对青年社会技能的提高和社会角色的认知效果有限。

网络的社会属性包含于社会大范畴中，在意识形态领域中的斗争就表现了网络具有不可分割的社会性和重要的社会维度。虚拟行为在思维方式、实践方式方面的飞跃产生新的表现形式在人类生活和社会发展中的适用范围和作用正在迅速扩大，并产生了越来越大的影响，

---

① [法] 皮埃尔·布迪厄：《论符号权力》，吴飞译，辽宁大学出版社1999年版，第165页。
② Bourdieu, P., *In Other Words*, Stanford：Stanford University Press, 1990, p.167.
③ 参见曾国屏《赛博空间的哲学探索》，清华大学出版社2002年版，第95页。

但就其实质而言,仍未超越实践活动的范畴。网络虚拟实践解构了原有的信息占有和交换体系,创新了人类新的公共交往形式,抵消了传统社会化的单一性和灌输性,统一舆论被瓦解,传统社会政府治理的合法性受挑战,青年人在社会化过程中不仅接受现实社会还接受虚拟社会环境的熏陶、约束和雕琢,青年人在社会化中的被动者的角色发生了改变,信念式社会与分配式社会的参与角色的参与度都在不断地下降。由于主导社会体系在网络虚拟实践中控制能力有限,社会文化影响力被削弱,因此青年人的社会角色被重新定位,信息传递的平等性和"去阶层性"潜移默化地培育着青年人社会平等地位的意识和心理,也有助于青年人获取社会参与的满足感,自我社会价值的存在和合法社会权力得到确认。

网络现实实践与虚拟实践的二元社会化模式通过影响青年人的社会意识和社会心理,形塑着青年人的社会生活,不同意识形态和社会观点在虚拟时空中的交织、弥漫,影响着青年人的世界观、价值观和人生观,青年人可以以相对于传统社会化更短的时间改善社会知识结构,缩短社会化进程。

第三节　社会化的新型途径:社交媒体

社交媒体属于网络媒介的一种,它与其他网络媒介相比,社交属性更加突出,更强调互动性与及时性。社交媒体最初主要指以微博为媒介的信息传播方式;当前主要是指微博、微信以及各类移动客户端基于移动互联网技术的信息传播方式。这种以微博、微信、短视频等社交软件为媒介的传播平台,通过内容分享、自我表达、认知交互等新型信息传播方式,改变了以传统媒体为中心的信息传播模式。

建构在网络技术基础之上的社交媒体的兴起创新了公共信息的传播路径,作为一种双向互动模式,社交媒体在社会化领域悄然地引发变革。然而,许多人对社交媒体的社会形态不太看好,这是因为社交媒体貌似扩大了人际社交网络,然而,因社交而形成的"微关系"使个人的交际网络取得最大化扩张的同时,却因为兴趣、爱好、话题等原因逐渐集中在一个个不同的小圈子中，一个个关系小圈子客观上屏蔽了理性的思考、深刻的思想和完整的表述。因此社交媒体受众"往往充当的只是被动的信息传播者、情绪表达者、信息接收者，而非积极主动的思考者"。[1] 仔细研究会发现，社交媒体对青年人的社会化参与、社会化教育、社会化范式、社会化意义等方面都具有积极的影响。

一 扩大社会化参与

社交媒体扩大了公众社会化参与空间，推动了民主化进程。随着社交媒体时代的到来，社会参与有了更多的形式和渠道。作为一种新兴的社交平台，社交媒体消除了传统公共和私密传播领域的阻碍，人们共享资源却各自独立，没有人拥有特权，阶级与阶层间的沟壑被抹平，每个个体作为庞大网络结构上的一个中心点，都可能成为某个范围内的主体，这对社会的影响是巨大的。首先，这种技术上的特性吸引公众的参与和围观，在同一个平台上，精英和草根、政府和民众的意见、观点、看法以及各类言论相互交错，公众的意愿表达直接影响到社会决策，要求政府部门在进行社会决策尤其是事关普通民生的决策时，决策过程必须透明、决策程序必须公平、决策结果必须公开。其次，社交媒体的结构是依托共同的议题建立起来的，[2] 是公民实现知情权、表达权、参与权、监督权的新途径。社交媒体将权力还给公众，展现了"民治""民享"的一面。社交媒体的舆论力量成为公众社会参与、社会诉求、社会表达的标志，正是那些来自社交媒体上被转发和关注的舆论力量，引发了政府部门的关注，推动了公民社会参与形式的转变，加速了公民社会的成长。公民社会主体身份的转变提高了人们社会参与的兴趣和能力，提升了公民的社会成效感，吸引更多的人进行利益表达、增强了公众社会参与自主性。最后，在社交媒体世界中，不存在所谓的管理机构和权威中心，去中心化带来的直接

---

[1] 陈奕、凌梦丹：《微博"碎片化阅读"的传播麻醉功能解读》，《编辑之友》2014年第5期。
[2] 参见陶艺音《微传播特征初探》，《新闻世界》2012年第2期。

后果就是人们不再敬畏权威、不再畏惧权力，分散化的权力结构、多元化的权力模式聚集共同议题、利益的公众，将原本弱小的声音无限放大，迫使政府做出反应和解决的时间。这也"倒逼"政府机构的层级建立方式和行动机制以及管理范式需要相应做出反应，建立起适应当今社会的社会治理模式。

  作为一种新兴网络媒体，社交媒体不仅继承了网络类媒体的所有特点和优势，而且还开发出了新的技术功能，这些技术功能有助于青年人在网状的媒介关系中培育社会人格、丰富社会知识、提升社会意识。相较于传统大众媒体，社交媒体在形塑青年人社会态度和行为、传承社会文化等方面所起的作用越来越大，一方面广播、电视、报纸等地位下降，另一方面微博、微信、短视频等使用人群越来越广，年龄越来越低。根据《2020中国社交媒体发展报告》显示，社交媒体用户年龄结构呈现多元化：90后成为最大人群，70后、60后、50后份额均呈现不同幅度的增长。其中数字媒体每天花费的时间为3小时05分。[①] 更重要的是，随着媒介融合进程、程度加深、加快，社交媒体平台的功能也在不断地递进演变，由"2.0版"到"3.0版"再到"4.0版""5.0版"，每一次"扩版"都是互联网传播逻辑和传播规则的更进一步深度的契合。当青年越来越频繁的使用社交媒体来表达情感、分享生活，并越来越成为青年人生活互动和情感互动的平台的时候，社交媒体的发展和应用也对青年人的思想、生活、学习和交往方式产生的影响越来越大。利用社交媒体可以减少青年人系统学习标准社会化教育的约束和限制，可以自由、自主的选择喜欢的学习方式，还可以利用"微媒体"进行互动交流。社交媒体的核心是个人网络化，微博、微信等微媒体的崛起，超越了社会精英的概念，真正面向社会每个人。以个人为主体的知识传播过程的兴起表明，社交媒体除了拥有技术范畴外，还"蕴涵着文化传播、人际交往、社会心理、生

---

① 《2020社交媒体用户报告》，http：//www.weibo.com/p/1001603882263044567644，2020年12月1日。

活方式等多种复杂语义",[1] 丰富的传播元素构建的复合语境满足了青年人碎片化的信息诉求,交互式开放场景为青年人以群体姿态进入个体的精神领域,以特定的交往方式和形态为不同价值意识、精神信仰、生活方式的交融达成理解和共识。社交媒体对青年人传播心态的无形改变,必然会引发青年社会化表达形式和内容的改变,也必然会为青年社会化提供新的契机和途径。

二 促进社会化教育

社交媒体扁平化的传播结构促进了社会化教育向"主体间性"的转向。传播结构是社会结构的主要构成因素,相对于以等级为基础,信息从下向上流动,命令从上向下发出的"金字塔"式结构,以个人媒体为代表的扁平化传播结构加快了信息传播速度,大幅度地削减了信息传播的层次、环节,每一位使用者都拥有更大的自主权,每一位传播对象都是一个传播节点,拥有信息处理、加工的权限,在这样的传播结构中,信息既可以自上向下,也可以自下向上,同时也可以横向延伸,渗透性、无序性、散漫式的信息流动方向,体现了传播主体的关系模式可以生产出社会的话语系统,从而在保持既有关系的基础上建立起新的关系。这种结构在话语的生产过程中决定每一个传播节点都可以建构意义,不同人群对"意义"的不同理解和阐释即不同的观点主张是通过自我的内在互动;人与人的;个人与团体或团体与个人的;团体和团体的[2]冲突、碰撞、选择、过滤后产生的。社交媒体扁平化的传播结构在社会化过程中存在着两种意义形式,一种是"源意义",即对社会文化事件的客观性意见来源的看法;另一种是"文本意义",即根据"源意义"对社会文化事件的描述和整理。在由"源意义"向"文本意义"转换的过程中,复杂的生产机制和明确的社会因素影响着意义的建构,传播者不再是局限于专门从事社会化教

---

[1] 杨威:《"微时代"中思想政治工作如何突破》,《新闻战线》2010 年第 4 期。
[2] 参见彭芸等编著《大众传播学》,台北:空大出版社 1999 年版,第 181 页。

育的人，传播的专业门槛降低，任何传播节点都可以参与信息的传播和制作，传播者与受众间的位置重叠、模糊，人人都是信息的传播者又是信息的接受者，人人都是传播活动的主体，这种交互性的教育方式是社会化教育"主体间性"的基础，即在这种教育活动、教育关系中的人均为主体。由于主体间性首先涉及的是人的生存本质，反映了自我主体与对象主体的交互活动，因此萨特认为，"人首先是通过自我反思、反省而发现认识自我，在认识自我的同时也发现认识了他人，他人与自我的一样真实性存在，而且我通过他人认为、认识的那个真实性存在地自我在与他人接触后，通过我影响他人及自我来认识、了解并重新发现我自己"，[①] 在对自己的了解过程中创造了与他人的相互关系，在教育主体资格完全平等的基础上，"反权威""去中心"，互相尊重、相互促进，不存在任何单边的强势或霸权。各个主体对风险和集体命运的共担，更加凸显以扁平化传播结构为基础的社会化主体间性教育是以当今公共生活为主导的生活样态，它体现了"现实说教"与"虚拟重导"的立体融合。

三 创设社会化范式

社交媒体多重的传播域境创设了社会化范式的聚合平台和转换形态。截至2020年6月，我国手机网民规模达9.32亿，网民中使用手机上网的人群占比达99.2%，网民上网设备进一步向移动端集中。[②] 笔记本电脑、iPad、智能手机等便携式传播载体一定程度上体现了社会化信息传播精简化的特征。由于流动的传播时间将信息分割的细碎而琐屑，因此要求每一个信息单元内容的含量简洁、精练，主题突出，让人一目了然，通过浏览就可大致获知要点和主要的内容。信息的高速流动催生了新的阅读习惯和阅读方式，信息推送、信息阅读更加灵

[①] 金炳华主编：《哲学大辞典》（下），上海辞书出版社2001年版，第2037页。
[②] 《2020年中国互联网络发展现状及投资策略》，https://it.chinairn.com/news/20200929/160929938.html，2020年9月29日。

活、即时，具有针对性，目的性更强，社交媒体在社会化中的信息传播方式、传播内容上的不同，深刻影响着青年社会化的范式。

在社交媒体环境下，社会化时间域境、空间域境、能力域境都出现了重大的变化。

（一）时间域境。社交媒体的超文本链接在词、短语、图像、声音等文本间建立起了跨越空间位置的限制的连接关系，因此能够响应人们的需求方便地获取所需要的信息，构建出了一种更为重要、复杂的叙事层次。相对于传统的线性时间形态，社交媒体非线性的时间形态可以丰富青年人的知觉经验，进入另一层次的生命体验和生活世界，将过去、现在与将来同时置于同一时间平台上，通过整体的时间结构设置真实世界生活经验的路径和真实时间经验范本。当过去、现在和将来在当下同时出场时，社交媒体的传播域境突破了传播主体文化背景和传统社会化的时空限制，通过与虚拟世界的交流和联系，增强了同频事件的"共振效应""会聚效应"和"放大效应"。这种既作用于物理时间又反作用于物理时间的时间域境，与超文本所生成的意义结构联系在一起，共同参与和介入社会化的个体时间中，促进了个体深层次接受社会化理念。

（二）空间域境。社交媒体可以实现出场但不在场的交往，即缺场交往。[①] 按照信息传递的方式，"缺场交往"可分为"视频缺场交往""音频缺场交往""文字图片等缺场交往""混合信息缺场交往"，[②] 它是对人类社交方式的拓展，也是对人类真实愿望、本性表达的丰富和发挥。虽然在缺场交往中互动双方均不在场，但缺场空间的自我呈现和形象管理本质上是对在场社交行为的拓展，因此交往效果更为真实、交往行为更为可靠。根据"7/38/55定律"，视觉、声音和语言决定了人际之间的沟通，其中视觉成分占55%，即人们对于一个

---

① 网络化时代，主要交往方式仍为"在场交往"，"缺场交往"的重要意义体现在作为"在场交往"的补充和辅助，已成为与"在场交往"同时并存的另一种交往方式，更多的时候，两种交往方式互相融合、相互交织。

② 张军、吴宗友：《网络时代"缺场交往"的社会价值》，《合肥师范学院学报》2013年第7期。

人的看法主要依赖于外表、声音，以及其它辅助表达方式，如口气、手势等占38%；谈话的内容，即语言只占到7%。① 这说明，外表的吸引力是如此的重要，以至于即使在缺场空间中，人们通过网络社交的社会情境的发生频率会不断增加，交往行为更带有"本真性"，出于对共同兴趣、爱好、偏向等的追求而抛弃了年龄、地位、资历等约束时，也十分在意自我外表、行为和态度。对自我形象的管理通过借助于各类符号加以完善，以适应不同扮演角色的需要，从而达到呈现理想自我的目的。

（三）能力域境。社交媒体的能力域境表现为舆论引导力，即"通过媒介力量影响公众的感知，使一个文化、社会理论和政策得以合法化，并得到认可。"② 社交媒体复杂的、多元化的传播环境，打破了旧式简单的直线式传播格局，传播者与被传播者二者合为一身的复杂的网络关系为广泛的舆论提供了引导的空间、渠道和格局，使得信息的构成要素趋于复杂，信息传播的把关权由专业机构向个体的让渡实质上促进了社交媒体潜在的舆论引导技术的优势。看似零散的信息文本、不完整的信息要素、分散的信息视角、多元的信息来源并不掩饰自己的主观倾向，③ 因此必然会产生舆论引导的实际行动。④ 这种行动作用于人们的信息接受过程，将信息中暗含的真实的社会文化属性以潜隐的方式推送给接受者。一般情况下，人们信息接受的过程可以分为图3-1所示的12个阶段。

信息接受的过程也是培养质疑和推理以及理性表达能力、改变社会文化信息传播活动的心态，从而引发社会表达和社会参与形式的改变的过程。生态域境在由现实物理世界和虚拟网络世界构成的社交媒体世界中，存在着一个动态平衡系统，这个系统由政策环境、资源环境、技术环境和竞争环境构成。在这个系统中，人、媒介、社会、自然四者之间通过物质交换、能量流动和信息交流维持系统的运作与循

---

① 参见郭玉锦、王欢《网络社会学》，中国人民大学出版社2010年版，第90页。
② 李希光、顾小琛：《舆论引导力和文化软实力》，湖南大学出版社2013年版，第15页。
③ 一般情况下，传媒为了表现自己的客观公正的立场，会刻意回避自己的主观倾向。
④ 传媒只是舆论引导的工具，其本身并不必然产生舆论引导的行为。

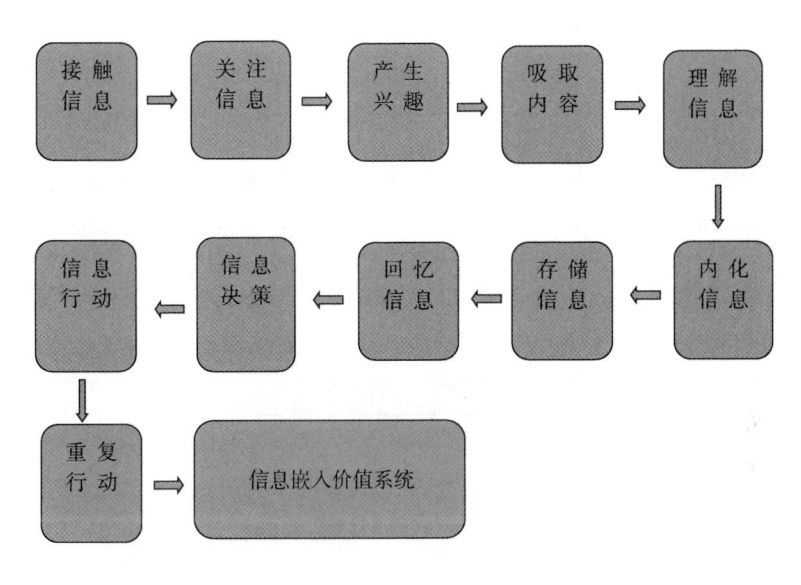

图3-1 信息接受过程阶段图

环。如同其他生态系统一样，媒介生态系统同样应遵循人与自然和谐一体、"同生双赢"的思想，因为"人本身是自然界的产物，是在他们的环境中并且和这个环境一起发展起来的"，[1] 因此"我们每走一步都要记住：我们决不能像征服者统治异族人那样支配自然界，决不能像站在自然界之外的人似的去支配自然界。"[2] 社交媒体的生态系统具有两大功能：平衡功能和预警功能。所谓平衡功能是指在适应、互动、传播、前馈、回馈的过程中，信息和环境之间、信息与信息之间，通过能量流动、物质循环和信息传递，达到高度适应和协调统一的状态。作为现代传播技术的集大成者，社交媒体的出现并未完全取代传统媒体，也并未完全覆盖先前媒介，而是以共生、共存的状态融入媒介大环境中，不但与先前媒介而且与外部环境相互发生作用，在循环往复中渐变更新，从而导致社交媒体的自我变形和再生。所谓预警功能是指及时了解、把握并适应不断变化的内外环境，并在危机尚未出现或

---

[1] 《马克思恩格斯选集》（第3卷），人民出版社2002年版，第374页。
[2] 《马克思恩格斯文集》（第9卷），人民出版社2009年版，第286页。

即将到来的时候，收集、分析、整理信息并及时向公众和社会发出警告。如社交媒体生态域境功能图如图3-2所示，社交媒体的传播节点是由人构成的，个人也是社交媒体的中心，当社交媒体的网状链接将众多个人连接成一个整体的时候，信息会通过N次传播无限制的传播下去，相对于传统媒体因过劳、自保等导致预警失效，社交媒体触点多、燃点低的信息传播，每一个传播节点事实上都是"危机观测点"。

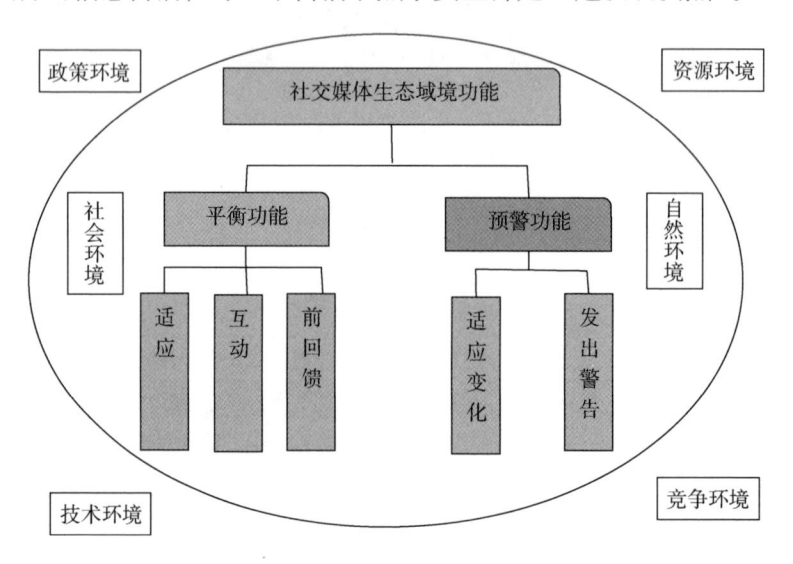

图3-2 社交媒体生态域境功能图

社交媒体作为接受事实的主渠道对公民社会化思想规范的影响，对关键的社会化观念方面的影响是很难被直接观察到的。这说明，建立在社交性组织形式基础上的社交媒体生态域境并不是从一开始就表现出对信息内容的关注，而是经历了一个认识、发展、再认识、再发展的波浪式递进，从而在构建适宜环境的过程中构建社会化知识基础。

四 决定社会化意义

社交媒体符号在象征层面上的传播关系决定了社会化意义的网络构成。社交媒体的独特性之一在于通过符号的创造和使用构建了一个有意义的世界，这个世界对应外部实体世界，到处充满符号象征物，符号除了被用来沟通、指示客体外，还塑造社会情境下的定义，从而决定行动的方式并预测后果。从传播学的角度可以将社交媒体的传播符号分为语言符号和非语言符号，其中非语言符号包括文字之外所有用于沟通的表达方式，表情符号就是一种。表情符号除了能传情达意、委婉地表达想法、张扬个性吸引他人注意外，还能增强人际传播的频率，增进人际交往的情感，维持人际关系并为现实的人际关系起到借鉴作用。[①] 依靠这些语言符号，社交媒体的人际传播媒介属性决定了它能够以"沟通者"的形象参与受众的信息行为，通过人际情感圈的打造增进沟通双方的情感关联价值，符号中所蕴含的情感表达和情感共享以碎片化、情绪化的阅读方式改造着文本的叙事风格，人格化的话语生成机制的核心是对价值和权力结构意义的再认识，即通过意义的生产和交换共享信息消费活动。从社会学视角看，社交媒体的传播关系具有意义建构、受众赋权、信息茧房和文化反哺四大功能。

（一）意义建构功能。社交媒体通过节点在用户间建立起了网络状的社会连带空间，这个连带空间决定着社交媒体关系模式的构建。所谓社交媒体关系模式是指在意义的生产、使用过程中形成的社会关系的构成，传播关系和社会关系是相互关联的问题，它们是意义关系在不同层面上的体现。[②] 社交媒体融合了意义与关系两大维度，当用户分享、聚合、协作信息并进行传播时，所生产的意义促进了不同个体间的身份认同，这种价值的生产意味着通过深度沟通和双向平等的互动可以拉近不同个体间的社会距离和心理距离，同时也意味着随着意义的内涵被不同人群不断地解读、阐释、充实，某一局部性的意义可提升、扩大化为代表性、普遍性意义，当它被不同地域、群体普遍接受后形成的对现有社会、文化体系的情感和态度，又引发了对现有社会文化制度、规范和社会文化行为的评判。在社会化过程中，青年

[①] 表情符号的种类无法准确统计。因为微信、QQ 等自带的表情库每隔一段时间都会发布表情系列作品或表情单品，按风格可分为传统风格、动漫风格及其他形式等。
[②] 参见姚君喜《传播结构与社会话语生产》，《当代传播》2009 年第 6 期。

人会基于自身的经验和知识对社交媒体相关社会信息进行选择判断，然后对这些信息进行再加工（添加文字、图片、声视频等）和再传播，不断地进行意义的建构。这种意义的建构过程事实上就是情感和思想的交流过程，通过这个过程完成了对社会系统的直观体认和社会体系的情感流露。

（二）受众赋权功能。所谓赋权（empowerment）是指获得了某种生产、选择和创造的能力，在社会化过程中，赋权即是权力的增加与强化。[①] 社交媒体的结构特点改变了传受双方的身份与功能，传播客体的相对性与传播主体的绝对性完美融合，使传受双方有机会参与社会信息的制作与传播，在社会传播的过程中产生的差异性作用也会减少。阿尔蒙德认为"民主的能力，与拥有关于社会问题和社会过程的有效信息，与运用这些信息分析问题并且提出影响决策的看法能力有较密切的关系"[②]，传统社会，青年在国家的社会生活中发声渠道相对有限，音量相对较小，当社交媒体赋予青年人编织传播结构和使用媒介的能力后，他们就有能力直接参与社会话语的生产过程，在生产的过程中完成符号象征意义构成层面上的社会关系，从而完成社会化方式的更新。社交媒体打破了社会教化是由特定社会组织向社会个体输送主导社会文化的传统过程，它将个体内化为权力行使、自我控制和参与实现的形式，在自我建构和主观认同中完成社会价值理论的灌输。社交媒体通过社会教育传输通道将青年群体的个体生存（微形式）与国家社会形成有机关联，就本质而言，这种关联是一种非制度性的关联，自发、松散、理性与非理性交织并存，是社会关系在社交媒体空间的反映，也是青年人社会关系在社交媒体空间中的确认。

（三）信息茧房功能。信息茧房（information cocoons）是由哈佛大学法学院教授、美国前总统奥巴马的法律顾问凯斯·桑斯坦在其2006年出版的《信息乌托邦——众人如何生产知识》一书中提出的。

[①] 这个定义的视角主要来自媒介研究和社会学。参见陈勇《社会化媒体的政治传播功能与影响研究》，《学术论坛》2016年第8期。

[②] ［美］加布里埃尔·A. 阿尔蒙德、西德尼·维巴：《公民文化——五个国家的政治态度和民主制度》，张明澎译，商务印书馆2008年版，第87页。

桑斯坦认为，在信息传播中，因公众自身的信息需求并非全方位的，公众只注意选择自己感兴趣的东西和使自己愉悦的通信领域，久而久之，会将自身桎梏于"蚕茧"一般的"茧房"中。① 社交媒体信息呈现、信息接收的碎片化，造成的信息内容、信息数量、信息形式的零散化，而呈现出来的"拟态环境"不利于青年人社会教育系统化。当一部分通过意义生产、交换结成的信息消费人群，生活在因符号意义固化产生的提示环境中时，这种并非真实环境的镜子式再现的"象征性的环境"无助于信息消费人群意义价值的提升、联想和认同。因为人人都只接受自己认同的并符合自己态度和倾向的观点，只与社群内或认知那些观点的人接触、交流，社群内出于群体压力等原因，容易在意见方面达成共识，形成统一，排斥那些不符合群体意见的言论。但群体间达成的共识未必是正确的共识，错误的意见在封闭的"茧房"中会不断地重复，令社群中的大多数人认为这些意见就是正确的意见和真实的故事。这种在群体内达成的共识就可能导致"回音室效应"。②"信息茧房"的出现说明使用社交媒体，可使社群内沟通更加高效，但社群之间的沟通并不一定比信息匮乏的时代顺畅、有效。由于在"信息茧房"的封闭空间内容易导致意见发酵，产生群体意见极端化，甚至会引发网络暴力和线下行动，因此越来越多的利益群体利用社交媒体参与社会并试图影响社会运作，从而实现个人的现实决定时，这种带有明显倾向的个体社会化，阻碍了不同利益群体的理性社会探讨，站在偏狭立场上的社会对立，极易引发群体突破制度边界过多地索求权威性资源和配置性资源。这种社会价值取向如果缺乏引导和梳理，容易被青年人仿效并运用于现实社会中，严重地可能会影响到社会的稳定。

（四）文化反哺功能。文化反哺是在文化传承中，年长一代向年轻一代学习的文化现象。国外学者在20世纪60年代末期开始注意到

---

① 参见［美］凯斯·R.桑托斯《信息乌托邦——众人如何生产知识》，毕竞悦译，法律出版社2008年版，第7页。

② 回音室效应是指在一个相对封闭的环境上，一些意见相近的声音不断重复，并以夸张或其他扭曲形式重复，令处于相对封闭环境中的大多数人认为这些扭曲的故事就是事实的全部。

文化传承是个双向过程，青年一代也可向年长者提供知识体系、生活范式和消费理念等，这种现象在国外被定义为"反向社会化"或"后喻文化"。[①] 文化反哺功能在文化传承过程中随时都可能发生，但在传统社会不具有普遍性和典型意义。只有到了社交媒体时代，通过社交关系网络建立起了个体关系和社群关系，这种功能才变得具有必然性和普遍性，突出表现为器物选择过程中的代际倾斜。社交媒体促进了世界性社区的形成和完善，不同的个体和社群在这个社区里自由的交流、表达情感、传递生活、阐述意见，对旧观念、旧思想重新加以改造、理解并利用，在此基础上不断地推出新的观念、新的规则，并对社交媒体现有的技术基础和技术功能经常表示各种不满以促其完善、更新。在这样的环境中，年长者与青年人原本构建的传统的、具有经典主义色彩的传播关系遭受了颠覆。青年人通过快速消化吸收新事物利用社交媒体网络结构中无数条的传播渠道，将文化反哺传递给年长一代。这种"后喻文化"视阈下"反向社会化"的过程，其实质是青年文化的传播路径"逆流"，即青年人向年长一代传承文化的社会现象。年长一代吸收青年文化的现象被视为现代社会文化急剧变化和迅速转型的产物。如图3-3所示，传者与受者是大众传播活动中一对基本矛盾，在这对基本矛盾中，中心点往往在这两者之间游移，要么是受者为中心，要么是传者为中心。青年文化的符号象征意义就在于它是以情感体验为主，社交媒体符号多元化的表现形式是青年人感知和理解世界的基础，在社交媒体世界里，符号的象征意义多是由青年人生产、创造的，年长一代要了解这种文化，就需要熟悉这些符号的象征意义，而要熟悉这些符号的象征意义，最直接的途径就是向青年人学习。因此在这种文化反哺传播关系中，青年人作为传播中心具有更多的发言权和自我决策的机会，去中心化和信息鸿沟使年长一代对青年人的"文化反哺"接受起来抗拒心理小。

"文化反哺"带来的"代际颠覆"，促进了文化双向互动、观念更

---

① Bell Richard Q., "A Reinterpretation of the Direction of Effects in Studies of Socialization", *Psychological Review*, 1968（2）: 77-84.

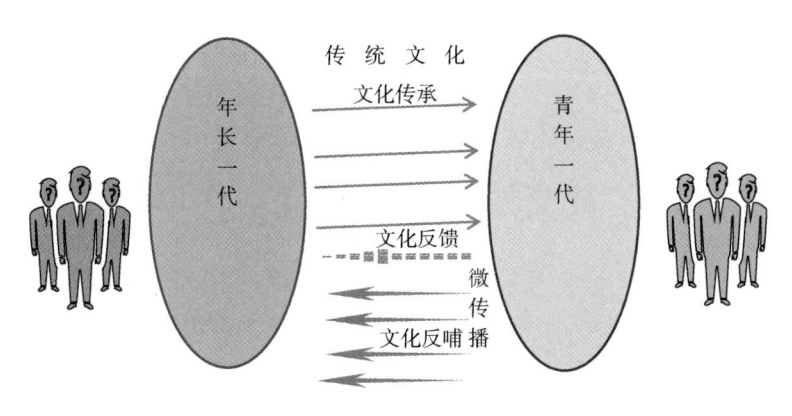

图 3-3 文化反哺示意图

新和青年文化的逆向传承。但另一方面也必须注意到，青年文化具有强烈的反叛意识，它影响着青年人社会参与、社会情感，塑造着青年人的社会品格、社会倾向，当这种反叛意识遭遇年长一代老成持重的社会经验，挑战年长一代见多识广的社会阅历的时候，冲突、碰撞不可避免地会发生，甚至会危及正常、健康的传播关系的建立，同时也会使年长一代对文化反哺的接受只停留在器物阶段，而拒斥器物文明、器物经验和器物意义。

第四章 社交媒体在青年社会化中的作用

社交媒体之所以能成为青年社会化的新型途径，除了社交功能属性外，还与社交媒体的技术形态、传播表现密切相关。哈罗德·伊尼斯[①]曾经说过，一种新媒介可能导致一种新文明的诞生。社交媒体，作为当今最热门的媒介之一，完美地诠释了新媒体技术与新思潮、新概念结合后，是如何打开互联网时代媒体发展的新局面，开创了媒体整合后新的发展集群。这个新集群展现出来的力量和价值随着社交方式快速递增，将越来越多的领域裹挟进来，必将对社会发展产生不同凡响的影响。青年社会化途径在这种情境下会出现何种推进？又该如何对这种推进的价值和意义进行评估？这不仅关系到社会化的组织方式、表达内容，更是对传统的社会化途径的影响机制、控制机制的重新认知、审度甚至颠覆。

第一节 社交媒体的技术特质，青年社会化途径的支撑

社交媒体已成为网络时代的一种主要的信息传播方式，支持其快速崛起并发展壮大的是它表现出来的卓越的技术特质。作为一种直接的双向互动传播模式，除拥有新兴媒介所共有的一切技术特性，即超媒体性、超文本性、交互性、虚拟性、消解性等外，在传播表现和传

---

① 哈罗德·伊尼斯是多伦多大学政治经济学教授，曾任政治经济系系主任、研究生院院长。他在政治经济学、文明史和传播学诸领域的成就，使他成为世界级的著名学者、多伦多传播学派的先驱。

受关系方面也表现出鲜明的技术特质。

一　独到的信息传播表现

微博、微信、短视频等社交媒体的技术基础和移动终端还处在发展过程中，与互联网门户网站和传统大众媒体相比，社交媒体是一种更为直接的双向互动传播。因此，它的信息传播有其独到的表现：

（一）信息传播圈集熟人交际与陌生人交际于一体。社交媒体通常以智能手机、PC机为载体，沟通联系功能主要有两种：熟人交际圈和陌生人交际圈。熟人交际圈主要来自现实生活中的朋友、同学、同事等。陌生人交际圈主要是通过诸如二维码、定位、摇一摇、漂流瓶等与陌生人建立起联系。社交媒体信息圈由"熟人交际"延伸到"陌生人交际"，在巩固熟人关系的同时，也与陌生人建立了联系。随着交流的频繁，一些陌生人成为熟人进入熟人交际圈，流失的陌生人可以由"陌生人交际"功能随时补充。社交媒体的信息传播圈实现了"私人订制"，只要愿意就可以无限扩展，也可以随时中止。

（二）信息传播内容私密性与公开性共存。社交媒体传播方式可分为一对一传播、一对多传播或多对多传播。根据传播方式的不同，传播内容又可分为封闭型和公开型。所谓封闭型是指普通账号发送的信息仅限于通过手机通信录、QQ（或微信）好友或者部分陌生人的账号而添加形成的"熟人交际圈"，非好友根本看不到，因此信息内容带有一定的私密性。公开型是指当用户接收公众账号信息并分享给朋友圈的时候，传播方式就转变为多对多。因为朋友可以将分享到的信息再分享给朋友，一直扩延下去，在分享的时候还可以进行简单的讨论和点赞，因此这个时候信息内容是公开的。

（三）信息传播链由线性式与交互式组成。社交媒体信息链条构成有两种，分别为线性式和交互式。当信息源推送给用户，用户接收到信息后，将其转发分享，在转发分享的过程中进行讨论，这种模式即为线性式。交互式传播链由微信、微博、短视频、移动客户端和QQ邮箱、QQ微博、QQ音乐等相关媒介链接，因此在信息生成、信息接收和信息传递方面兼容性更强，无论来自哪一个平台的信息，都可以辐射到其他平台，并接收其他平台的意见。在信息的交互过程中，每一个平台都可以为原始信息添加遗漏的内容，还可以通过语音、图片、文字、视频等方式传播信息，使信息内容、方式不断地丰富，增加了信息的积累，但也增加了信息的溯源难度。

二 平等的主客传受关系

麦克卢汉①认为，我们激增的技术创造了一整套新环境，所以人们意识到人工技术是"反环境"（anti-environment orcounter-environment）的东西，人工技术给我们提供了感知环境本身的媒介。② 在社交媒体环境下，媒体的"主体"在不断"位移"，其中心很难有一个明确的指向，传播主体与价值客体之间的价值关系具有相当的复杂性。

以微信、微博、短视频为代表的社交媒体，正在重构人们的交往方式和信息接受行为。多极传播主体改变了传受双方不平等的关系，传播者与受众的角色随时在发生变化，多极性、开放性和个性化的对话表现体现了媒介传播本质，民主促进功能得到了发挥，推动了文化传承的双向互动。

传统媒体主要是依据"传者本体论"来研究大众传播媒介在信息传播活动中以传者为中心和出发点，根据传播者的需要和利益来决定传播的内容、方式和目的。这种将"传者"置于传播过程中的主导地位，将"受者"看作孤立的、静止的、被动的、盲目的一群人，传者发出的信息能改变"受者"的想法，从而达到传播目的。③ K. E. 罗森

---

① 麦克卢汉是加拿大著名传播学家，被誉为信息社会、电子世界的"圣人""先驱"和"先知"，"地球村"的提出者。

② 参见〔加〕马歇尔·麦克卢汉《理解媒介——论人的延伸》，何道宽译，译林出版社2011年版，第12页。

③ 该理论诞生于19世纪末20世纪初，随着大众传媒的发展，尤其是第一世界中媒介宣传所表现出来的强大威力而出现的。1964年以后，随着"固执的受众"问世及使用满足理论的提出，"传者中心论"受到了批判。然而，直至今日，在传统大众传播领域，以传者为中心的实际操作模式还处处可见。

伯格等人在研究中发现，媒体对公众的影响主要体现在对事件重要性的看法并依据重要性进行排序上（即使用满足理论），但传受双方的角色划分依然明确。然而，随着社交媒体的兴起，对话上的平等、信息上的互通、阶级地位背景的模糊，传受主体的角色也发生了变化。传统媒体与社交媒体主客体的区别主要体现见表4-1。

表4-1 传统媒体和社交媒体主客体比较表

	传统媒体	社交媒体
地位	不平等，传播主体占统治地位，传播客体对信息被动接受	平等，主客体地位模糊
角色	角色明确，主客体通常不互换	角色不明确，主客体通常互换
信息流向	由主体传给客体，反馈功能弱	主客体信息互通，反馈及时、有效
传受关系	主客体传受关系分明	主客体传受关系不分明，互为变化
信息控制	由主体控制信息源，并决定信息流向和流动方式	主体无法控制信息源，信息一经产生其流向和流动方式便不受主体控制
信息元素	单一	多样，表现出融媒体特性

信息呈现方式的变化会直接影响信息的获取方式和传播方式。社交媒体主客体关系的变化，反映了社交媒体作为一种个体化的传播工具，改变了舆论的生成路径和生成根源，既赋予了公众无限的选择自由，也引发了价值冲击、异化的后果。从发生逻辑上看，社交媒体主客体间关系变化主要体现在以下几个方面：

1. 从传受关系上看，社交媒体是一种多极传播，即传受关系超越时空限制，超文本、开放性、互动性及多终端连接，使"主体"多元化，信息传播的来源不是一个主体所能囊括的。[1] 社交媒体中的受众群体，希望能够自主决定信息的接受、传播并能及时反馈意见和观点，可以根据个人喜好筛选信息满足需求，同时进行信息传播、分享。因此在社交媒体中传播主客体的角色很模糊，传播主体和传播受众关系不分明，界限不清，互为变换，传播对象不固定。"议程设置者"和

---

[1] 参见李建秋《论新媒体传播传受主体及其关系的转变》，《重庆邮电大学学报》（社会科学版）2009年第11期。

"把关人"这些传统媒体占据重要地位且必不可少的元素,在社交媒体中被消解、颠覆。

2. 从传播控制上看,在社交媒体中信息一经产生,便能被迅速地转发、复制、收藏,这些信息经过病毒式传播后,来源和最初发布者很难被查证,理论上每一个附上评论的转发者都是发布者。这种分散的、去中心化非线性的多向传播,由于缺乏把关人,因此增加了对信息的内容和流向进行控制的难度。信息最终流向及流向路径,与信息的热度和关注度密切相关。通常情况下,信息热度越高、关注度越大,信息会被更多的受众人群所接受并转发,直至下一个热点事件兴起被取代,一波一波,一个循环接着一个循环,形成了信息流的不断涌动。虽然社交媒体的信息流动相对于传统媒体,表现为公众拥有了更大的主动性和主导性。

3. 从传播影响上看,社交媒体虽然每次发布的信息容量有限,但它的即时性、便捷性及随时随地发布传播信息的特性,可以将个人观点、局部事件演绎成社会热点和大众事件。在交流、对话和冲突中通过各种民间传播力量整合成舆论中心和焦点,从而产生强大的舆论场,这种舆论场反过来又影响传统媒体的议程设置。这种影响带有很大的自发性,在市场原则下,不谈社会的社会就是社交媒体的最大社会资本。那些"热词""雷语"之所以能在很短的时间内风靡社交媒体,就是因为在一定程度上社会公共话语空间得到了释放,不同的思潮、观点通过社交媒体渠道进入了舆论场,各类被掩盖的矛盾、问题凸显了出来。

4. 从传播路径上看,在社交媒体中信息在虚拟时空中不停跳跃,无明确的方向感,个人化色彩浓烈,因此社交媒体的路径似乎无规律可循。但稍加分析就会发现,社交媒体存在着传播模式可分为一触即发传播模式、多极传播模式或多点触发传播模式。一般来说,社交媒体传播路径要么是以上几种模式之一,要么是几种模式的组合形式。[①]

[①] 参见于洪、杨显《微博中节点影响力度量与传播模式路径研究》,《通信学报》2012年第33期。

无论是哪种模式，人们在获取信息的过程中都会对此产生依赖，道格拉斯·诺思将此称之为"路径依赖"。即一旦我们做出某种选择，"惯性"力量会使这一选择不断在意识中进行自我强化，使人难以轻易逃离。[①] 社交媒体的工具特性在人际交往过程中实现的传播是典型的人际传播，因此在整个传播路径中，网络节点扮演着极为重要的角色。理论上，每一个节点地位平等，但由于受众自身属性及所处的位置，在信息传播中的作用是大不相同的。那些处于多个交往网络路径上的节点号召力较大，因此传播的路径也较远。

5. 从传播方式上看，社交媒体的传播方式可分为定向传播和窄化传播。以微信为例，摇一摇、附近的人、公共账号、扫一扫、购物支付等功能，在以一句话、一张图片或一段音视频等形式进行传播时，既提升了微信平台属性，同时也提升了微信感性传播的效力和地位。传播方式由传播工具和传播关系构成，而传播工具和社会运用是密切联系的，但技术形式和表现手段受制于决定传播价值导向的传播制度，传播制度的形成又依赖于传播公众接受的能力即公众与传播工具的关系，以及公众与公众间的关系。当信息越丰富，选择越多元的时候，受众就越容易在信息海洋中迷失。在社交媒体中，信息的传播是一种窄化的定向传播，受众只接受对自己有利或感兴趣的信息，对那些不感兴趣或关系不大的信息通常是拒绝的，订制—推送—接受—互动的方式成为社交媒体信息的主要传播方式。另外，在社交媒体中，信息采制主体"脱媒主体"[②] 倾向愈加明显，参与传播的方式更加便利，在促使网络舆论真实民意形成的同时，也在改造着当代文化的生成与存在的环境，打造社交媒体环境下的文化景观与文化情绪。

---

① 这种理论被称为"路径依赖"（Path-Dependence），第一个提出"路径依赖"理论的道格拉斯·诺思由于用此理论成功阐释了经济制度的演进，于1993年获诺贝尔经济学奖。

② 所谓脱媒主体，是指那些非民众个体、亦非职业新闻传播组织主体的组织性、群体性新闻传播主体，即"非职业新闻组织（群体）主体"。参见杨保军《"脱媒主体"：结构新闻传播图景的新主体》，《国际新闻界》2015年第7期。

第二节　社交媒体虚拟形态，青年社会化途径的拓展

社交媒体构建的虚拟形态是以虚拟社会的形式表现出来的。从形成过程来看，虚拟社会（Virtual Society）是指在网络空间中形成的一个全新的社会，是由现实和想象的虚拟化产物——虚拟实体以及它在网络空间中的组合、联系、作用、活动，并联结在虚拟世界交互作用的人及其虚拟化存在所构成的社会。[1] 迈克·海姆（Michael Heim）认为虚拟社会具有模拟性（simulation）、互动性（interaction）、人造性（artificiality）、身临其境（immersion）、远程展示（telepresence）、身体完全沉浸（full body immersion）、网络化交往（networked communication）[2] 等特性。除此之外，社交媒体所构建的虚拟社会还具有社群化、社区化、社团化等特征。

第一，社群化。社交传播本质上是社群化传播。社群代表着一种特殊的社会关系，出于共同兴趣或对某种价值观共同认同的需要，一群人聚集在一起通过相互交流、互相探讨，增进社群成员感情，升华社群精神，因此具有稳定的群体结构、较一致的群体意识，成员间具有持续的行为规范和互动关系，以及分工协作等特点。现实社会的社群行为多发生于同一地理区域内，也有少数发生于非地理区域只存在于思想上的行为。通过微博、微信、短视频等结成的大量虚拟社群[3]使传统线下社群不断向线上社群扩展，它突破了地域界限和抽象的思想边界，社群的组织、聚合成为网上的一种生活态度、生活方式、生活体验，呈现出个体生活方式的转变及对价值观、社会规范的解读。社交媒体提供了新的集聚场所，在社交虚拟空间中形成的各种群组、

---

[1] 参见裴伟廷《"网络社会"概念刍议》，《宁波广播电视大学学报》2005年第1期。

[2] 迈克·海姆主要是从行为学和心理学的角度探讨虚拟社会的特性，并认为这种社会是一种前所未有的新型社会，对应于现实社会，由虚拟人构成的社会形态。参见［美］迈克·海姆《从界面到网络空间——虚拟实在的形而上学》，金吾伦、刘钢译，上海科技教育出版社2000年版，第11页。

[3] 虚拟社群是一种互动沟通的电子网络，聚集的人们以共享的价值和利益为中心。参见［美］曼纽尔·卡特《网络社会的崛起》，夏铸九等译，社会科学文献出版社2001年版，第45页。

圈子可以在很短的时间完成"分众"过程，不同的社群有不同的信息交流习惯和浏览主题，以"共享的利益和价值"作为人们保持固定互动的根本纽带和行动核心，用特定的社群文化界定不同社群的区隔标准和活动边限，并构成了实际意义上的信息流通空间。依据内容构建社群，是社交媒体整体流量增速趋缓以及加速向寡头集中而虚拟空间社群化增速加快的深层次原因。① 通过内容粘连的方式被切分的人群，微妙地改变了社交媒体平台的流量分发模式，成为当前虚拟社会社群化的一种主要生态。

第二，社区化。在互联网时代，社区与社群作为一种自发的组织形式，时常相互借用、互相指代，甚至把这种习惯延伸到社交媒体虚拟社会中，但事实上二者之间还是具有比较明显的区别的。从组成成员上看，社区成员涵盖的范围很广，成员间的关系既有持续性、也有临时性。既可能因某种价值观和信仰结成凝固的团体，也可能因某一事件结成临时的群体，因此成员间的关系紧密程度较低，成员间的互动多是基于个人的视角，无门槛、无障碍的互动形式保证成员进入与离开自由无限制。和社区相比，社群成员的组成有相应的限制和要求，如爱好、主题、价值观等，因此成员间的关系更为密切、紧密度较高。成员间的互动有一定的要求，不同成员必须对同一事实基础上的信息有所了解。从内容形式上看，社区包含的内容广泛、多元，社区的内容不是针对某一领域，而是如同信息超市，允许成员在不同的信息版块间自由地选择、切换。社群的内容较为集中、单一，主要是围绕某一方面或某一主题而形成的。从参与目的上看，社区的"信息超市"性，使参与社区的目的性不是很强；社群单一、集中的内容，使社群的参与者具有较强的目的性。从构成边界上看，社区不存在明确的客观边界，成员可以随时自由进入、退出；社群的边界较为明确，它并非对所有的人群开放。从意见领

---

① 以微信为例，根据《2021年中国微信市场研究报告》显示，97.5%的受访网民表示拥有微信号，其中拥有单个微信号的受访网民占48.6%，拥有两个及两个以上微信号的受访网民约占48.9%；使用便利、功能全面、已养成习惯是受访网民使用微信最主要的三个原因。

袖上看，由于社区组织体基数较大，因此需要在杂乱纷呈的声音中保持主流的声音和主导的意见，出现领袖实属当然；而社群规模有限，保证了每个人的声音都能被听见，都能参与讨论，这种扁平的结构形式分散了中心化的存在。

表4-2　　　　　　　　　　社区、社群关系表

	社区	社群
组成成员	无限制、无要求	有限制、有要求
内容形式	广泛、多元	集中、单一
参与目的	目的性不明确	目的性较强
构成边界	无边界	有边界
意见领袖	有	无

社群可以看作是社区基础上的精细划分，是社区的继承和发展。虚拟社区是个体自我认同的角色扮演的社会性构造，因此它的人际关系具有现代社会和传统社会人际关系的特质，既具有如同初级团体般的亲密性，又有如同次级团体般自由选择进出的权利。[①] 虚拟社区的表现形式主要有BBS论坛、即时通信工具、网上校友录、博客平台、维基、社会性书签平台等，但社交媒体时代的来临，BBS等产品形态悄然退居二线，微博、微信、短视频等社交工具正在打造新型的虚拟社区表现形式，和传统的"教堂式"虚拟社区相比，"集市式"社交媒体虚拟社区虽然规模、数量远不如前者，但集中度更高，大有向社群化方向发展的趋势。仅从虚拟社区的分类上看，[②] 社交媒体虚拟社区和虚拟社群表现出高度的重合度和重叠性，双方在参与行为动因、共享知识行为等方面对个体的结果期望越来越接近，是当前虚拟社会两大创新性导向来源。

第三，社团化。社团是具有某些共同特征的人相聚而成的互益组

[①] 参见翟本瑞《从社区、虚拟社区到社交网络：社会理论的变迁》，《兰州大学学报》（社会科学版）2012年第9期。

[②] 虚拟社区的分类方式有多种，比较有代表性的是 Hangel & Armstrong 分类法。它将虚拟社区分为兴趣型社区、关系型社区、幻想型社区、交易型社区。Armstrong, A. & Hagel, J., "The Real Value of Online Communities", *Harvard Business Review*, 1996 (23): 134–141.

织，主要以开展文化、学术为主的公益性活动。在中国，社团具有非营利性和民间化两种基本组织特征。虚拟社团是指公民以信息为中介，在虚拟空间里以虚拟身份自愿组织的，或松散或紧密的社会群体或团体。相对于现实社团，虚拟社团具有超时空性、会员的匿名性、流动性强、无中心平面化网络结构、自治性强等特征。[①] 不同于由管理者主导形成的虚拟社群，虚拟社团完全是自发形成并由个体主导的，成员与成员间的交往是自由的，没有制度化约束；社交内容相对于虚拟社群，传播速度快，但二次原创内容少。在虚拟社区中，用户通过发布主题、浏览主题、回复主题等信息行为把相关的人和事聚合在一起，或根据自身需要在不同的社团间流动。虚拟社团提供了一种为社会组织成员解决问题的资本，青年人参与虚拟社团的积极性对应于网络问政、网络议政的热情，通常情况下，虚拟社团的层次越高，就越能吸引到现实生活中权力、地位、财富的拥有者参与其中，关系网络就越显赫、信息获取和信息输出量就越大，网络结构就越合理，参与网络社会就越能得到保证和支援。以国家和社会的关系为视角可将虚拟社团分为良性虚拟社团和不良虚拟社团。其中良性虚拟社团可以起到社会矛盾"减压器"的作用，缓冲社会矛盾和社会压力。因为良性虚拟社团代表社会积极的力量，所以能够协调社会内部的关系，制约、监督公共权力，提升公民政治意识。不良虚拟社团则可能成为青年人社会化的阻碍。

场域理论认为人的每一个行动均被行动所发生的场域所影响，而场域并非单指物理环境，也包括他人的行为以及与此相连的许多因素。由于场域是由社会成员按照特定的逻辑要求共同建设的，是社会个体参与社会活动的主要场所，是集中的符号竞争和个人策略的场所，因此个人可根据竞争策略进行多种搭配选择，不同的人会出现不同的结果，在这些结果中，一方面可以体现出选择者的意志，即个体的创造性；另一方面可体现出选择的框架要求和限制。因此构建良性的虚拟

---

① 参见何军《论虚拟社团的兴起对社会稳定的影响——以国家与社会关系为视角》，《净月学刊》2012年第8期。

交往,能够对青年社会化起到正面引导作用。

一 社交媒体虚拟社会交往促进青年社会化

社交媒体作为青年社会化途径,其构建的虚拟社会使青年人的生存方式发生了深刻变革,青年人的生存世界被一分为二,现实世界与虚拟世界的融合交汇迫使青年人必须适应在现实角色与虚拟角色之间流畅切换。然而社会媒体虚拟社会高度的开放性与交互性、用户群体结构的独特性与管理的自治性、行为的自由性与即时性等特点,以及与现实秩序交错混杂衍生的无序性、无形性、无界性,都对青年人的社会识别能力和社会主体意识能力提出了挑战。

传统社会化是在时间跨度和空间限度下按照社会施教者的安排有序完成的。社交媒体丰富和拓展了青年人的生存时空,青年人既生存在真实的物理时空,也生活在被创造出来的虚拟时空中。社交媒体的虚拟空间是青年人情感沟通、思想交流、精神交往的技术中介和媒介平台,它通过压缩物理时空构筑"第二现实世界"的方式,影响着青年人的"心理时空",并改变着他们的社会交往方式。这种交往方式,被称为虚拟交往。这种建立在人的符号化基础上并以符号为媒介的交往行为被称为"人类交往实践的革命性变迁。"[1]

本书首先通过调查大学生微信使用情况来了解青年人在虚拟社会中是如何进行虚拟交往的。

(一) 虚拟交往实证调查——以大学生微信使用为例

微信所构建的虚拟环境主要以虚拟社区的形式存在。作为虚拟社会的组成,青年人微信使用可以反映出虚拟社会中青年人的交往行为、交往心理等。虚拟社区(Virtual Community, VC)具有以下几方面特性:以互联网为中介的虚拟沟通取代了现实沟通;以群聚性的虚拟互动取代了现实中的人际互动;以固定的成员身份取代了公共聊天室中

---

[1] 孙伟平:《人类交往实践的革命性变迁——虚拟交往及其哲学批判》,《吉林大学社会科学学报》2012 年第 3 期。

不固定的成员聚合；在虚拟社区中任何一名成员的存在或离去都能被其他成员感知。①

微信作为支持跨通信运营商、跨操作系统平台通过移动互联网络快速发送免费语音信息、视频、图片和文字的新一代社交媒体，它的技术基础还仍然在发展过程中（技术平台已由2G、3G、4G发展到5G），它的功能还仍然在延伸中（当前已打通了QQ好友、手机通信录、微博、短视频用户的联系），作为一款受欢迎的社交网络工具，未来微信会发展到什么程度，现在还很难预测，唯一可以肯定的是它丰富了虚拟社区的内涵，拓展了虚拟社区的边界，提升了虚拟社区的功能，并且成为打通虚拟社区与现实社区之间的一条主通道。

表4-3　　　　　微信虚拟社区特性、功能、传播方式表

特性	功能				传播方式
	承载平台功能	沟通联系功能	把控信息功能	内容分析功能	
即时性 便捷性 广泛性	以智能手机、PC机为承体，拥有Symbian、Andrild、IOS多个版本客户端	熟人交际圈：来自手机通信录、QQ好友	通过QQ号可完成微信、QQ微博、QQ邮箱、QQ音乐等链接	支持离线消息接收，可通过语音、文字、图片、视频等形式传播信息	主要为一对一传播，也支持一对多传播
		千米交际圈：来自"查看附近的人"功能			
		陌生人交际圈：二维码、定位、摇一摇、漂流瓶、LBS			

微信虚拟社区无论从思维还是从生活方面，已对大学生产生深远

---

① 参见郭茂灿《虚拟社区中的规则及其服从——以天涯社区为例》，《社会学研究》2014年第2期。

· 87 ·

的影响。与传统的短信沟通方式相比，微信更灵活、智能，且节省资费，可以单聊，也可以群聊，可以和熟人聊，也可以和陌生人聊，带来了用户全新的移动沟通体验，极大地拓展了交际圈子、交际范围，人际沟通方式也发生了变化。

为了分析微信虚拟社区对大学生社会交往的影响，笔者设计了"大学生微信使用影响调查问卷"，试图通过数据分析探讨微信虚拟社区影响社会交往的因素和生成机制。通过随机分层抽样的形式共发放问卷480份，对象主要是杭州高校大学生，回收问卷454份，剔除无效问卷26份，有效问卷回收率94.58%，在参与调查的对象中男生占35.1%，女生占64.9%。通过数据分析，发现如下特征：

1. 文化认知方面，提升了同辈群体的亚文化认同，丰富了交流形式

调查发现，在使用微信的诸多原因中，表达意见和看法（21.32%）仅次于方便与朋友交流（55.87%），远高于娱乐消遣（16.62%），结交新朋友（1.58%）以及其他因素（4.61%）。

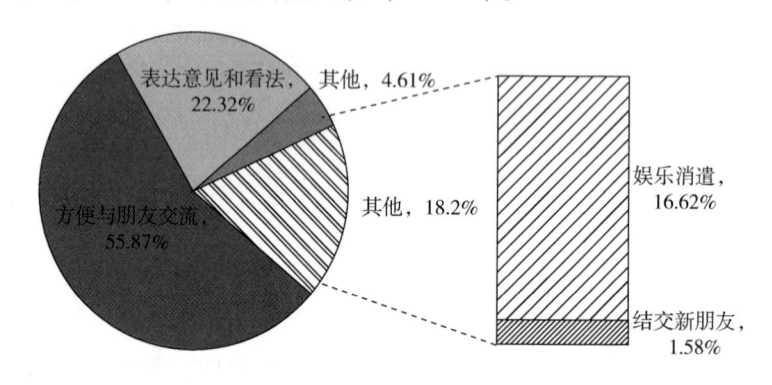

图4-1 选择使用微信主要原因

对意见的内容进一步调查发现，特有的语言符号和表达风格是微信虚拟社区的主要特征。互联网文化是大众文化，因此对亚文化具有天然的包容和接受。

亚文化是对主流文化解码后制造出来的符号体系，通常表达了青年人对社会的不满与反抗，主要表现为通过制造属于自己的文化符号，

来构建特定的文化空间以示与主流文化相区别，因此在社会文化体系中处于边缘、次要的位置。亚文化有着与主流文化不同的价值取向，对主流文化采取抵抗颠覆的态度，特别是在社会存在阶级差别和对立的情况下或者转型期社会矛盾比较突出的时候，青年亚文化会表现出更加强烈的离经叛道色彩。[①] 当前在高校微信虚拟社区中处处可见亚文化的存在，微信虚拟社区的亚文化属性容易吸引将反叛意识和前卫观念作为符号标签的大学生群体的认同，对主流社会进行批判是取得同辈群体承认的一种很流行很时尚的做法。不同成员会根据自己所处的具体社会环境和所属群体对所接触到的文化信息作出不同的理解，不同的个体、不同的群体都可以建立自己所属的文化空间，任何符号都被认为是可接受的和有意义的。人们对信息的理解不是运用价值判断和意识形态，那些新鲜、刺激性与占主导地位文化形态的强度对抗的信息更容易得到喝彩。

但从另外一个方面看，相对于主流文化背景下的交流，亚文化的文化符号体系与表达风格拓展了青年人的文化交流形式，从某种程度上看有利于青年人接触到更多的文化成果，因此也丰富了青年的交流形式。

2. 道德认知方面，通过社会交往道德认知的建构，增强了交流欲望

微信虚拟社区中社会交往道德认知的建构呈现出这样的特征：正面建构与反面建构并存。所谓正面建构，是指生活在微信虚拟社区中的大学生群体在现实社会主流价值观和意识形态的指导下进行生产和传播互动活动。所谓反面建构，亦即对抗性建构，对抗类型的身份认同源自处于不同社会地位和条件的角色。

本次调查显示，78.14%的被调查对象表示在微信交流中经常说真话，但也有20.06%的人表示经常说假话。对这些表示经常说假话的调查对象进一步调查会发现，这部分人通常只有在与陌生人交流的时候才会发生。

微信的半匿名性、隐私性和主体角色不在场提供了一个道德自我

[①] 参见杨聪《浅析网络时代的青年亚文化》，《中国青年社会学院学报》2008年第5期。

弱化的场所，许多社会调控手段如法律的、技术的、道德的难以发挥其应有的作用。另外微信虚拟社区缺乏对现实身份的约束和指认，也使部分大学生群体在微信虚拟社区参与中容易放松对自己的道德约束，道德相对主义、道德虚无主义泛化、是非观念模糊、社会责任感弱化，已成为微信虚拟社区不可忽视的社会现象。

高达63.7%的学生表示他们在与陌生人微信联系中曾受过不同程度的欺骗，其中最多来自对方身份信息（44.76%）。

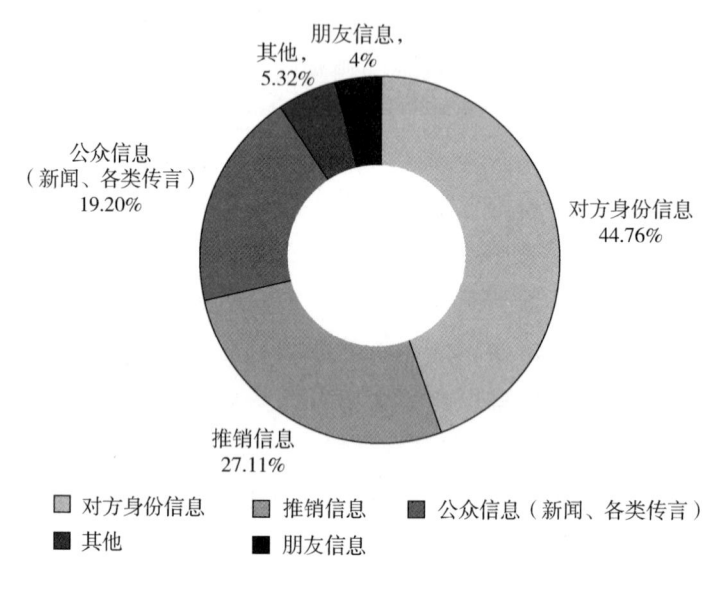

图4-2 与陌生人交往中哪些信息最可能引起您的怀疑

正是受到过微信信息的欺骗，会有学生选择以欺骗应对欺骗的方式保护自己，或以欺骗对方的方式找回自己。很难对这种"自保"意识下更多的评判，一些学生可能把被欺骗的经历当作社会实践课，告诫自己进入社会后面对陌生情形时应采取防护措施，但是这种防护也阻碍了人际间的信任以及来自陌生人群的信息与情感的支持。

高达43.10%的学生表示他们关注过炫富贴，对这类炫富的形式许多人表达不反感（34.77%）。在当今消费主义盛行的社会中，建立在消费主义基础上的身份能指需要借助特殊商品的占有和展示来确认。为了得到围观、回应和讨论，运用"炫富"等方式想方设法出风头、挣眼光，成为最直接也最快捷的方式。

以上调查这说明，微信刺激了青年人的交流欲望。青年人渴望通过微信与其他人进行交流，尤其是与陌生人之间不涉及功利的无障碍交流，虽然这种交流可能会因为信息可疑致使交流中断或交流受阻，以及这种交流多只限于表面难以深入内部。

3. 行动认知方面，不同社会关系的快速结合，增加了交往频次

波兹曼认为媒介的独特之处在于，虽然它指导人们看待和了解事物的方式，但它的这种介入却往往不被注意。从某种程度上说，媒介如同一剂麻醉品，在享受它带来的便利、适宜与愉悦的同时却在不知不觉中深陷其中无法自拔，一方面对它无比依恋，以至于愿意付出自由的丧失和它带来的痛苦不堪的折磨；另一方面却任凭任何可能的补救措施白白地流失而不愿意自我解脱，因为你的灵魂和骨髓早已无法摆脱其自始至终地如影随形。[①] 在调查中，有 30.34% 的学生表示，如果有一天不上微信他们会感到莫名的恐慌，这种微信时代人际交流移动互联网化所引发的"媒介依赖症"，又被称为"微信控"，按其发生程度可分为八个等级：只看信息和不说话为一级阶段，遇到自己喜欢的才回复转发为二级阶段，休息时间全占用为三级阶段，工作时间也在聊微信为四级阶段，双休日不休息随时都在发微信为五级阶段，熬夜都在玩微信为六级阶段，半夜还要刷朋友圈为七级阶段，日夜颠倒玩微信为重症阶段。[②] 本次调查虽然囿于条件限制无法对"微信控"等级现实发生程度进行调查，但通过对学生上微信时间的了解，发现情况不容乐观。

表 4-4　　　　　　　　每日上微信时间统计表

1 小时及以下	2—3 小时	3—4 小时	4—5 小时	5—6 小时	6 小时以上
17.86%	36.9%	20.66%	18.33%	5.35%	0.90%

通常认为，花在微信上的时间超过 6 小时，就可以被认为是四级

[①] 参见［美］尼尔·波兹曼《娱乐至死》，章艳译，广西师范大学出版社 2011 年版，第 210 页。

[②] 参见吕文静《微信对大学生的影响及应对策略》，《今日中国论坛》2013 年第 10 期。

阶段以上的"微信控",而超过12个小时,则属于"微信控"重度患者。微信成瘾与网络成瘾既有相似之处,又有明显的不同。网络成瘾类型很多,学术界基本概括有以下几种:网络色情成瘾、网络交际成瘾、网络信息成瘾、计算机成瘾。对于中国青少年来说,主要表现为对网络游戏和网络聊天的迷恋与依赖。① 微信成瘾可以看作是网络成瘾的延伸,微信成瘾也包含在网络成瘾中。微信成瘾主要表现为过分沉迷于利用微信进行人际沟通交流,而忽视、淡漠现实生活中人与人之间的沟通。70%以上的调查对象最看重微信多样化的沟通手段,除了可以利用文字、图片、视频外,转发、评论、分享的功能使交流途径多元化。然而过度依赖微信维系人际交流,在现实社会当面对真实社会关系时会出现紧张、冷漠等状况,人际关系的处理不如微信自如,形成社交障碍。

在微信虚拟社区中,人际交往方式是"人—机器—人",这种交往方式容易"速成"各类社会关系,这种因交流频次增加而"速成"的社会关系基础很不牢固,因为现实社会中伴随社会关系生成而形成的情绪、感觉、意识等被屏蔽,必然导致"速成"社会关系飘摇不定、忽聚忽散,人的主体性容易产生某种程度的扭曲和异化,主体不仅面临着如泉涌般的信息客体和作为主体的他者,而且还面对着身体与心灵同在的自我。② 一方面人们拼命而又急切地表达自己的声音,另一方面却很少有人静下心来倾听他人的意见,穿梭于各类社交平台上发表意见是在微信虚拟社区确定自我存在的主要手段。当在微信虚拟社区中遇到对立意见或交流受阻的时候,不去寻求问题的解决方法,而是通过调换平台或重新申请账号开始又一轮的表演。这种选择逃避的解决方式,投射到现实生活中是行动能力的缺失以及对现实矛盾的视而不见。

---

① 参见苏振芳主编《网络文化研究——互联网与青年社会化》,社会科学文献出版社2007年版,第186页。
② 参见教育部思想政治工作司组编《大学生网络思想政治教育》,高等教育出版社2011年版,第62页。

（二）虚拟交往是社交媒体环境中青年社会化的技术开端

通过以上调查可以发现，虚拟交往正成为青年社会化的技术开端。马克思认为，"只有随着生产力的这种普遍发展，人们的普遍交往才能建立起来。"① 交往是人的本质，自觉的社会关系正是在交往的过程中自发地建立起来的。依托虚拟社会发展起来的虚拟交往不是对传统交往的颠覆，恰恰相反，它是传统交往的延伸和补充。

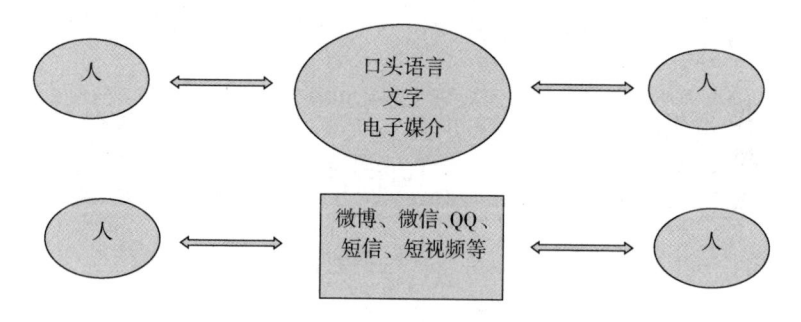

图4-3 传统人际与虚拟交往方式图

因为与口头语言交往、文字交往、电子媒介（电报、电话、广播、电视等）交往方式相比，虚拟交往的构成内容并没有发生改变。从图4-3可以看出，以社交媒体为中介的虚拟交往活动的主体仍然是现实社会中的人，它提供的只是新型的交往方式和交往空间，与现实交往一样，虚拟社会交往同样是出于对情感交流的渴望和对自由的追求的向往，尽管是建立在虚拟现实感之上的，但说到底还是强调"现实感"。然而，虚拟交往不是现实交往的简单复制和粘贴，主体意志的展现与情感互动，内化着主体对符号化互动与符号化生活的心理期待。"人不再生活在一个单纯的物理宇宙之中，而是生活在一个符号宇宙之中"，② 符号化的人在虚拟社会互动中对自我和社会的再生产，通过符号之后的隐性意义寻求对现实社会中交往主体身体自然状况和阶层地位限制的突破。符号化的人包括身份符号、人格符号两个层面，

---

① "这种普遍发展"是指在一定的物质生产实践（包括科学活动）基础上的发展。参见《马克思恩格斯选集》（第1卷），人民出版社2002年版，第86页。

② ［德］恩斯特·卡西尔：《人论》，甘阳译，上海译文出版社1998年版，第33页。

即无论从身份还是人格上都可以电子文本化，即人们运用文字和图符形式来描述自己的身份和人格，因此卡西尔认为"符号化的思维和符号化的行为是人类生活中最富有代表性的特征。"①

　　社会化是青年群体由"自然人"向"社会人"转变的必经之路。社交媒体技术手段及由此带来的思维理念影响和改变着当代青年的生活方式和习惯。集文本、图像、视频、音频于一体的新型的虚拟化的人际交往模式，消解着青年社会化的传统范式，推动着青年社会化的时空转向。传统观念认为，青年社会化的年龄段一般为14—28岁，在这长达十余年的时间里，大量的社会知识、社会技能需要经过特定的时空跨度后才能积累到应付现实社会所需的程度。不同于传统社会化的线性发展过程，虚拟社会突破了时空的局限，在"多维的时间"和"流动的空间"里参与社会互动、行使社会权力（多数情况下是一种虚拟的权力）、锻炼社会技能、谈论社会话题，多维且流动的"社会时空"使青年社会化可以保持"永远在线"的状态，"全天候"的社会参与模式随时点燃青年人的社会参与热情，世界性的网络狂欢使青年人对社会信息的接触"唾手可得"，随时随地进行的社会化大大地加快了青年社会化的进程和速度。

（三）虚拟交往是社交媒体环境下青年社会化的动力机制

　　社会化的机制包括教化机制、内化机制、反馈调节机制。其中教化机制是指社会的执行者通过社会风化、教育感化等形式对被执行者实施社会化的过程，它与个体内化是社会化的两个方面。当个体通过看、听、想等过程在认同新的思想观点的基础上与自己原有的思想观点、信念结合在一起，形成一个统一的态度体系并成为自己人格的一部分时，也就完成了内化过程。"自我同一性"是内化的最高阶段，即具有自我一致的情感和态度，自我贯通的需要和能力，自我恒定的目标和信仰。② 教化和内化是社会化的摄入和吸收，完成社会化还需

---

① ［德］恩斯特·卡西尔：《人论》，甘阳译，上海译文出版社1998年版，第35页。
② "自我同一性"也可理解为将自己众多的人格统一起来，形成一个比较稳定的人格。它是个体在寻求自我的发展中，对自我的确认和有关自我发展的一些重大问题，如理想、职业、价值观、人生观的思考和选择。

要观察实际的社会态度、社会知识和社会技能等。因此，反馈调节机制是通过实际观察和现实表现，对社会化进行适时调整。这三个机制在社会化不同的阶段上发挥的作用各不相同，教化机制是内化机制的首要条件，内化机制是教化机制的目的，反馈调节机制是二者的中介。如图4-4所示，当对青年人进行社会化时，教化机制率先发挥作用，随后内化机制产生影响，最后反馈调节机制又重新作用于教化机制，根据反馈调整着社会化进程，开始新一轮的社会化。社会化的完成和实现不是一次性的，而是反复的、连续的、曲折的。

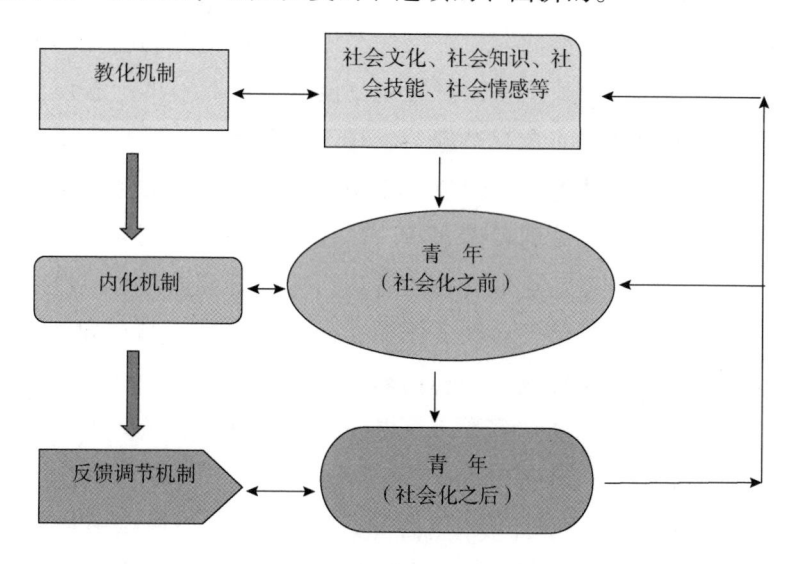

图4-4 青年社会化机制示意图

社会教化和个人内化作为社会化对立统一的两个基本方面，构成了社会化互动的动态过程。在虚拟社会中，虚拟交往主体的符号化扩大了交往的自由度和空间，"身体—身份"的缺场，使行为主体的行为模糊，这种被导致的匿名性若想被行为主体认可，并获得交往的满足且具有现实的可能，就必须依靠语言的想象来确立身份。想象使得交往在虚拟社会中变得异常自由，缺乏规约的主体理论上可以以任何一种身份、任何一种方式与任何其他主体产生交流，当交流的内容涉及社会化方面时，主体的信息来源就会变得极为芜杂而庞大，共同指向并可被感知的意义载体在很大程度上规定着社会情感和社会意识，这种感觉性的存在一旦被交流一方接受，"纯粹的"意义便通过交往的符号产生。社会化内容在虚拟交往中多大程度上真正内化为个体价值观，取决于内容的合理性和合法性以及个体的心理特征，即内容能否满足个体的尊严和荣誉。内化，不仅意味着对社会化信息的理解和个体价值观的确立，还意味着自觉的价值追求，即通过个体的行为外化为具体的方式。然而，"自我是人格中的意识结构部分，是来自本我经外部世界影响而形成的知觉系统，"（弗洛伊德）[1] 青年人正处在个体价值观稳定并成型的阶段，市场经济的世俗化与功利化不可避免地会在虚拟交往中反映出来，对感官享受和眼前利益的追求使青年人对社会化价值目标的实现越来越"实用""实在"。[2] 以现实幸福为指向、以个人为轴心的逐利性价值观作用对象和行动目标是个人之外的社会客体，因此还要受到客体本身的存在性质和主客相互关系诸方面的制约，反馈调节就是这种制约的表现形式和表现方法。经过虚拟社会的教化和内化，青年人对社会体系、社会文化由不知到知、再到意识固化，初步树立和形成了社会信仰、社会人格、社会行为，并最终通过社会价值倾向和社会参与倾向表现出来。但这些倾向在促进社会人格养成的同时是否会成为阻碍社会化的力量，还需要通过个体与社会间发生的适应性、冲突性来做出判断。通过反馈调节机制判断社会控制或道德控制的形式，并及时对教化和内化的内容、过程进行修正。

（四）虚拟交往是社交媒体环境下青年社会化的自我呈现

从社会群体角度分析，青年社会化是青年这一群体接受和内化社会文化的过程。青年社会文化的塑造是各种宏观力量借助不同的中介，以学习和实践的方式对青年群体社会认知、社会情感、社会态度、社会信念施加影响并选择、接受从而形成社会人格的过程。社交媒体作

---

[1] 周晓红：《西方社会学历史与体系》第一卷，上海人民出版社2002年版，第189页。
[2] 这种现象自网络出现后就一直存在，国内几次大型调查均支持这一观点。只不过到了社交媒体虚拟社会后，表现得更加突出、严重。

为青年社会化的重要中介，所构建的虚拟社会对"可能的虚拟"和对"不可能的虚拟"，尤其是对非现实事物的创造，物化了青年人的虚拟交往，影响着青年人的社会化在非预设的空间朝着无数个可能发展的矢量和方向运动变化。然而，真正决定青年社会化发展方向的并非虚拟现实技术和网络技术，虚拟现实技术和网络技术充其量只是技术手段、外在条件和实现平台，虚拟交往行为是由现实的人操控的，"正是在改造对象世界中，人才真正证明自己是类存在物……人不仅像在意识中那样理智地复现自己，而且能动地、现实地复现自己，从而在他所创造的世界中直观自身。"[①] 在虚拟交往过程中，全新的交往体验淡化了经验世界的感知和认知的界限，导致人的行为呈现出"我向幻觉行为"倾向，[②] 即交往主体通过符号的解读构建对方的认知，同时在这个过程中加入自我主观欲望，实现自我精神满足的需要。这个倾向是交往主体符号化后虚拟与现实的矛盾所引发的，虚拟世界与现实世界、社会平台与数字平台同时制约着人的生存与发展，其中包括青年社会化。当青年人在虚拟交往中由于主体符号化、虚拟人格与现实人格分离而表现出主体性困境[③]的时候，自我认同作为意义缺失的补充，既建构着虚拟社会中青年社会化的"原材料"，又提供着社会化表达的符号和象征。自我认同又称自我同一性，指个体对于自我稳定且连贯的认知，包括自我了解、自我实现两个部分。在个体层面上，认同是指个人对自我的社会角色或身份的理性确认，它是个人社会行为的持久动力。在社会层面上，认同是有关某个集体的共同认同，它强调人们之间的相似性以及集体成员相信他们之间所具有的某种共同性和相似性。[④] 同一虚拟社区的成员通过交往，个体的社会属性和符号价值日益突出，将互动的过程直接嵌入到建构自我的环境中，这种

---

① 马克思：《1844年经济学哲学手稿》，人民出版社1985年版，第54页。
② 参见曾国屏等《赛博空间的哲学探索》，清华大学出版社2002年版，第83页。
③ 本文所指的主体性困境是指虚拟实践活动中人的困境，即面对着我性客体、工具，主体改造客体的结果常常是自己成为客体。
④ 参见袁祖社《"人是谁?"抑或"我们是谁?"——全球化与主体自我认同的逻辑》，《马克思主义与现实》2010年第2期。

嵌入是以对某种社会文化承认、认可、赞同，从而产生归属意识获得文化自觉为原则的。

实证调查显示，自我认同感越强，在虚拟社交中自我呈现和真实呈现就越高。[①] 所谓自我呈现是指个体为使他人按其愿望看待自己而展示自我的努力，它与真实自我呈现是两种最主要的社交媒体使用动机之一。图4-5显示，在虚拟社会中，为使社会交往能够顺利进行，人们通过符号互动为自己建构一个特定的身份，通过身份的展示让交往对象相信自己的某些品质和特性是可以满足交往的需求，同时也可以满足个人自我的想象。

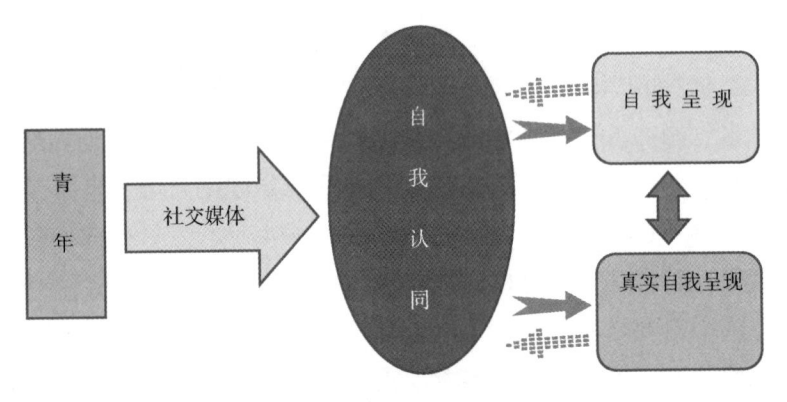

图4-5 青年社交媒体与自我认同关系图

虽然社交媒体提供了一个开放的话语平台，但技术上平等的表达机会并不能保证表达权的平等。因为自我呈现还受到人格特征——自恋、自尊、自我效能感、性别差异、国家文化等因素的影响，社交媒体环境下的虚拟空间中的虚拟社交在一定程度上能够弥补因这些因素而造成的影响。补偿心理理论认为，补偿心理是一种心理适应机制。即一个人在适应社会的过程中总会有这样那样的偏差，人往往从心理

[①] 刘庆军、孙晓军等对使用社交媒体的500名青少年进行调查问卷后发现，社交媒体上积极地自我呈现和真实自我呈现都与线上积极反馈和自我认同显著正相关，但是真实自我呈现同线上积极反馈以及青少年自我认同的相关程度更高，表明真实自我呈现更有助于获取积极反馈，也有助于青少年自我认同发展。参见刘庆军、孙晓军《社交网站中的自我呈现对青少年自我认同的影响：线上积极反馈的作用》，《中国临床心理学杂志》2015年第6期。

方面寻找出路，寻求得到补偿。① 因此，有社交恐惧的人通过社交媒体更有可能建立起亲密关系，因为对符号和象征的认同表达，对于那些性格内向的人来说，进行自我呈现时可以减少顾虑和焦虑，从而有助于与他人增进社会交往，缓解孤独和抑郁。根据自我呈现的富者更富理论认为，具有较强社交技巧和能力的外向性格的人通过使用社交媒体可以增强他们的幸福感、自尊，减少孤独感等消极影响。②

这说明，无论哪种性格的青年人的社交能力都能通过虚拟社交得到锻炼。传统制度化社会表达的低效，能够通过虚拟空间环境下的虚拟社交行为得到弥补。当青年人的自我认同在虚拟空间中得到增强，从而越来越真实地呈现出自我的时候，有助于他们从实践的困境走出，更大胆地进行社会表达、反映社会诉求，从而达到有效地参与相关社会事务的目的。另外，也有助于改善大众传媒在公共事件中的习惯性失语而造成的青年人利益缺位，致使表达意愿不强烈的困境。

二 虚拟社会治理保障青年社会化

进入互联网时代，特别是进入社交媒体时代后，人类社会关系不再拘束于传统地理关系而迈向更广阔的时代朝着更复杂的组合过程迈进，即"脱域"。③ 在脱域成功的路上，以工具的代际进化为特征的人类生活方式的创新和完善，使人类社会内在规定性发生了革命性的变化，因此马克思认为工具"不仅是人类劳动力发展的测量器，而且是劳动借以进行的社会关系的指示器。"④ 当人类的日常生活与协作方式呈现出非线性特征——人机交互与人人共生——而由实态生存向虚实兼在演化时，更需要保持自由与秩序的均衡，保持工具跃升带来社会

---

① 参见翌钟编《改变人生现状的18个诀窍》，北京工业大学出版社2007年版，第32页。
② 参见陈必忠《社交网站积极自我呈现与主观幸福感》，《心理技术与应用》2018年第9期。
③ 吉登斯认为，脱域是指社会关系从彼此互动的地域性关联中，从通过对不确定性的时间的无限穿越而被重构的关联中"脱离出来"。参见［英］安东尼·吉登斯《现代性的后果》，田禾译，译林出版社2000年版，第4页。
④ 《马克思恩格斯全集》（第23卷），人民出版社1995年版，第204页。

治理形态的演化，才不至于盲从、被动与失忆。当代中国正处于现代化治理改革的进程中，建构于移动互联网技术架构基础之上的虚拟社会作为宏观治理体系的局部，所承载的社会功能和社会功能对青年社会化途径的达成，产生的意义和作用难以低估。因此，对虚拟社会的治理，在充分考虑中国国情，在马克思主义和社会主义核心价值观引领下，能够保障青年社会化的顺利实施。

（一）虚拟社会治理的逻辑起点

技术异化是人类社会发展、科学技术进步下生产工具改善、劳动生产率提高的必然现象。综观人类社会发展史以不同方式表现出来的"异化"总在各个历史阶段出现，"无异化的技术不是人可能解决的任务或达到的目标，人能够达到目标只能是异化的技术。"[①] 对此，工具理性选择成为社交媒体虚拟社会治理的首要任务和逻辑起点。

首先，社交媒体的虚拟社会工具功能的社会属性，来自社会赋予的非技术内涵。微博、微信、短视频等所提供的"工具菜单"之所以成为社会相容的工具，是因为它对现实社会的特殊镜像作用，映射了现实社会。作为与现实社会平行存在的社会，社交媒体构建的虚拟社会与现实社会交织、互动、共存，统一于人类社会，成为人类赖以生存和发展的另一空间。社交媒体作为一种技术产物，具有明确的社会指向，这种社会指向来自建构于网络技术基础之上的社交媒体传播工具平台。社交媒体的形成看似技术进步，实质反映资本与社会控制的大众媒介的功利性与商业性垄断日益明显，传者与受者的裂缝难以弥合的现实尴尬境遇。传者与受众间的界限日渐模糊，无论是转发信息还是晒心情、感受，还是通过公众号的方式发布主题内容，抑或线上讨论和声讨走向线下的群体性行为，最终都反映了现实社会中现实个体的思想、情感和认知，是人类目的性的体现。

其次，虚拟社会的整体效用是由现实社会来选择和控制的。虚拟社会的社会效益正负兼备，对社交媒体的讨论如果仅仅注意其良性治理一面，是不完整的，如果仅注意其负向的一面，也是不客观的。社

---

① 尚东涛：《"无异化的技术"：可能抑或不可能》，《科学技术与辩证法》2004年第1期。

交媒体之所以能成为当代全新的、有影响力的、具有广阔前景的新兴媒体集群，与其短平快的信息内容和文字、图像、视频、音频等多元化的表现形式和全方位的互动传播方式密不可分。但是，病毒式传播带来的大众信息消费体验赋予人类新的生活方式的同时，大量虚假有害的信息在没有传统媒体"守门人"制约下，堂而皇之地登堂入室，破坏了传播秩序、危害了社会和谐、污染了社会空气、助长了"三俗"[1]之风，加大了主流意识形态建设的难度。如何将社交媒体虚拟社会中公共利益最大化与个人意见的习惯性随性表达相协调，将个人权利、义务、责任平衡和谐，及在治理过程中在保证社交媒体，虚拟社会中主体地位的平等并进行必要管控，都会影响到社交媒体在虚拟社会整体效用的最大体现。

再次，各种社会因素制约着社交媒体在虚拟社会的最终发展方向和演进过程。虚拟社会能走多远，社交媒体技术最终向何处发展、演变，回答这些问题不是看虚拟社会和社交媒体彼时、现时的表现与状态，而是未来对这项技术的容纳与接受。"各个经济时代的区别，不在于生产什么，而在于怎样生产，用什么劳动资料生产。"[2] 虚拟社会和社交媒体的发展，是当今社会对生产效率孜孜以求的结果与回报，社交媒体虚拟社会看似释放了人们的思想、情绪、观点与主张，实则是在后工业社会和信息社会下，人类欲求表达希望得到迅时回应的呼吁。当传统媒体无法满足后工业社会这种普遍欲求时，社交媒体的技术和社会功能不断地扩大和外延，与虚拟社会演进至当前不完善的秩序体系和多中心格局的雏形阶段形成了呼应。于是，后现代主义思潮在社交媒体虚拟社会中流行、泛滥，"与以往人们将关注的焦点集中在文本作者以及作者所说之意义上不同，后现代主义将关注的焦点集中在文本本身以及另一种文本与另一些文本之间的相互关联（互文性）上"，[3] 导致多元化的价值标准和价值取向激烈碰撞，碰撞的结果

---

[1] 三俗即庸俗、媚俗、低俗。
[2] 《马克思恩格斯全集》（第23卷），人民出版社1995年版，第204页。
[3] [美] 乔治·瑞泽尔：《后现代社会理论》，谢立中译，华夏出版社2003年版，第5页。

反过来又影响虚拟社会和社交媒体的技术进程,并加速或减缓其社会化进程,决定着其未来继续被市场体系或选择、或淘汰。

最后,中国国情决定着社交媒体在虚拟社会中社会公共事务的参与程度和属性。社交媒体在虚拟社会与现实并存的二重化结构能将现实社会中各种公共事务投射于虚拟社会中,并经过社交媒体反映出来。当我们对社交媒体在虚拟社会中的游戏主义、群氓主义、非理性主义、消费主义大加批判与挞伐的时候,不要忘记这些被批判的对象事实上首先是在现实社会中孕育出来的,经过社交媒体等网络媒介,最终在虚拟社会中生根壮大。现实在虚拟社会中的投射与反映并不是对等的,一般都会"变大""膨胀",这是因为在这过程中社交媒体和虚拟社会都会经历从工具性到自发性的深刻转变。当前处于转型时期的中国社会"利益分化和利益主张成为中国民众社会生活的重要内容,现实社会中诉求表达渠道的相对匮乏和成本收益的巨大鸿沟促使虚拟社会成为人们利益和意见表达的重要场所。[①] 社交媒体和虚拟社会的高度繁荣,与中国当前特定的时代背景密不可分,完善与健全中国国家治理体系,其中一项重要的任务就要完善社交媒体和虚拟社会的治理。中国当前在思想领域、政治领域、经济领域、文化领域发生的深刻变化,与现实社会中的个体借助社交媒体通道参与国家治理动机相掺杂,直接影响着社会治理。社交媒体虚拟社会治理作为社会治理的分支领域是推进与实现国家治理现代化的一部分,因此社会公众将社交媒体虚拟社会的治理与现实社会的治理往往视同一体,尤其在评价中国政府对社交媒体治理的方式等方面,更多是从民众的虚拟社会参与程度和参与属性方面进行判断与审视的。在现实中无法化解的矛盾,政府在多大程度上能够容忍在社交媒体中弥漫和扩散,是评价治理绩效的标准之一。

(二) 虚拟社会治理的逻辑路径

加强和完善社交媒体管理直接关系到青年社会化的进程与走向。

[①] 参见徐晓林、陈强、曾润喜《中国虚拟社会治理研究中需要关注的几个问题》,《中国行政管理》2013年第11期。

尤其考虑到社交媒体的代表——微信全球用户数达9.38亿，日均发送次数380亿，接近一半的微信活跃用户拥有超过100位微信好友，[①] 因此推进社交虚拟社会的治理环境是当前情境下推动青年社会化转型和发展的重要因素。

1. 虚拟社会的文化治理促进了青年人的社会参与自觉程度

以社交媒体为代表的"社交文化"作为网络文化的重要组成，与其他网络文化一起逐步改变着传统的社会文化，它所形成的新型文化氛围影响着青年人的民主观念与社会参与技能。当前社交媒体文化并非理性的、成熟的文化，在经济全球化、社会多极化环境中，伴随着中国社会发生的深刻变革，不同的思想、不同的文化在虚拟空间中交流、交融、交锋，及部分青年人对多元社会思潮的盲从与追随，令具有明确的民族性特征的文化背景下的青年社会化模式、途径都在发生着激烈的演进与变迁。从历史上来看，中华文化从来不是墨守成规、一成不变、僵化呆滞的文化，它在不同文化的冲撞中总是弹性十足、生气勃勃。开放与包容是中华文化的本质，马克思主义中国化就是最鲜明的例证。然而，这些发生在传统技术背景下的文化形成，进入互联网时代，特别是社交媒体时代后，文化机体需要重新经历考验。因为面对的文化空间发生的变化幅度之大"实乃千年未有之格局"。中华文化的涵融同化机制在这个历史阶段还能否如同过往未曾被外来文化削弱、销毁，尚需要经历一段时间的考量。但现时社交媒体文化本质的变异，伴随着日益严重的道德滑坡、信仰危机、情感疏离、人格沦丧等负面思潮的泛动，已容不得我们对此种文化未来的演变耐心地观察与等待，因为"文化世俗化进程降低长期以来形成和公认的价值、传统及其载体和代表者的可靠性"，[②] 因此急需以道路自信、理论自信、制度自信、文化自信的心理与态度，冷静审视、多方甄别，引导青年人在尊重差异、包容多元的理念指引下，从现实情境、现存的

---

① 以上数据截至2020年12月末。参见《2021中国微信市场分析报告——行业运营现状与未来前景分析》，http://baogao.chinabaogao.com/hulianwang/379326379326.html，2021年1月9日。

② 李艳丽：《政治亚文化：影响当代中国政治发展的特殊因素分析》，武汉大学出版社2008年版，第209页。

文化心灵中寻找民族固有文化的主体地位。只有这样，青年人才能在狂躁的文化异质洪流中重拾公共理性，以主体的身份平等地参与到社交媒体虚拟社会文化生活中。

2. 社交媒体与虚拟社会的历史治理推进了青年人的社会生活样态改变

社交媒体的主体是多元的，几乎所有的社交媒体参与者都处于"主体间性"关系中，这就决定社交媒体权力的泛滥与肆虐。与有法律法规、规章制度为保障的有序社会治理的现实社会不同，无外部强制约束力的社交媒体中话语权滥用与行为主体权力的无限，常常导致虚拟社会的无序。从历史上来看，社交媒体自诞生之日起，对虚拟社会治理的呼吁总是不绝如缕。然而，无论是国家干预、政府管理还是制定法律法规，都遭遇了"合法性危机"。造成这一困境的关键在于虚拟社会治理的关键难点和重点不清晰，[①] 尽管越来越多的人认同政府在社交媒体中的作用，但作用的边界和底线在哪里，又陷入众说纷纭中。人类历史上出现的新技术总会促成社会生活样式的变革，因为"正是在改造对象世界过程中，人才真正地证明自己是类存在物"。[②] 虚拟社会的治理对青年人生活样态的改变体现在人类生活基本向度的时间和空间上，表现为流动空间代替地方空间、碎片化时间代替实时时间，流动性成为虚拟社会的支配性逻辑，信息流动和社会互动、人际互动在流动性的支配下形成的流动性的生活样态。大众传播学者施拉姆[③]认为"媒体一经出现，就参与了一切意义重大的社会变革——智力革命、社会革命、工业革命以及兴趣爱好、愿望抱负和道德观念的革命。"[④] 在这种生活样态下生活的人群接触的信息数量、速度、便

[①] 关键问题包括虚拟社会的基本属性、虚拟社会中个体的身份属性与个体权利问题、虚拟社会的治理与保障公民权利关系、网络暴力和犯罪行为的界定和属性、虚拟社会中群体性事件和干预等。

[②]《马克思恩格斯全集》(第1卷)，人民出版社1995年版，第163页。

[③] 威尔伯·L. 施拉姆（1907—1987），美国人，传播学鼻祖。他建立了世界上第一个大学传播学研究机构，编辑出版了世界上第一本传播学教科书。

[④]［美］威尔伯·施拉姆、威廉·伯特：《传播学概论》，何道宽译，新华出版社1984年版，第18页。

捷度、互动度前所未有，对各类事件、热点了解的程度和过程及快速反应的能力也大大增强，更重要的是增强了对信息获取的主动性，主体性凸显，但同时也带来了不确定性的风险。我国当前在虚拟社会中发生的频繁的线上运动同现实社会的运动呈现出越来越紧密的关联性，虚拟社会与现实生活相交叉使社会运动跳入社交媒体，脱离二维时空约束，成为社交媒体在虚拟社会生活中的另一表征。作为公民、社会与社会间的纽带，健康的虚拟社会对于构建健全的公民社会、促进青年社会化的良性发展意义重大。

3. 虚拟社会的意识形态整合治理培育了青年人对社会主体认同意识

社交媒体流动空间的全球性增强了意识形态领域的风险，西方对中国社交媒体社会治理行动持续干预、批判的同时，加紧利用社交媒体输出意识形态且不遗余力。"民主输出""民主动员"加大了社交媒体虚拟社会的西化、分化的严峻性，因此对意识形态进行整合成为治理过程中急需面临的问题。所谓意识形态整合是指主流意识形态对分散而相近的意识形式进行转化、聚合，对异质的社会意识形式进行批判、分化、瓦解。① 整合的目的就是将不同的利益冲突控制在合理范围内，实现最大程度的价值认同。一个健全、民主的社会决非没有利益冲突，马克思认为"每一既定社会的经济关系首先表现为利益"，② 市场经济的内在要求首先体现在对利益多样化的承认，在这个前提下统一人们物质利益和精神利益方面的诉求，才能凝聚、团结广大的社会成员。然而，社交媒体主体成分复杂、数量庞大，现实社会阶层的分化加速在虚拟社会中被放大、扭曲，因此，无论使用哪一种整合方式③必须有意识地提升青年人的社会主体自觉性，在各种主流非主流的价值观念交织影响下，求同存异、凝聚共识，自觉地发挥自己的主体地位、主体能力和主体价值，通过对自身的不断反省能动地、自觉地在社会活动过程中表现自己的观念力量。正确的社会主体意识是社

---

① 参见曾长秋、聂智《虚拟社会的意识形态整合及其路径》，《人民日报》2012 年 7 月 5 日第 7 版。
② 《马克思恩格斯全集》（第 3 卷），人民出版社 1995 年版，第 209 页。
③ 虚拟社会中常见的整合方式有分层整合、沟通整合和舆论整合等。

会文明的主要力量来源和支撑。实证研究显示，16—24岁青年人是在网上发布不真实信息、说脏话、参与人肉搜索的主要群体。他们愤世嫉俗，但缺乏解决问题的能力和地位，他们热情且冲动、盲从且偏激，他们在网络上的活跃性、煽动性使得当前虚拟社会参与主体总体上表现出非理性特征。① 社会主体意识影响着社会认同感和社会责任感的生成，社会认同感和社会责任感又制约着社会制度有效性的获得。因此，加强社交媒体中正确的社会思想观念和主流意识形态的引领，对各类价值观进行整合治理，不仅关系到对青年人社会主体自觉意识和社会主体自觉性的培养，更关系到现实社会社会文明成果的继承与发展。

（三）虚拟社会治理的逻辑效应

虚拟社会作为人类的数字化生存状态和第二社会空间，作用力来自社交媒体舆论场。社会化的媒体功能，赋予话语权在公众间流动、转移的自由，令个体可以以结网、群聚的方式创造并传播内容。这种媒介场域改变了传统的传媒生态，成为青年社会化的新型途径之一并日渐壮大、成长，影响越来越深刻。作为青年社会化的一个新领域、一种新方式，它包含着极其丰富的社会化的原则和方法。它的产生不仅是对传统青年社会化理论的延伸、扩展，更是批判、检验。因此，考察当前青年社会化新途径，必须考察社交媒体的文化影响和社会影响，而文化影响和社会影响又直接来自舆论场。

"在全世界一切民族中，决定人民爱憎取舍的绝不是天性而是舆论。"② 由舆论形成的舆论场产生的强大作用力影响着社会方方面面。所谓舆论场是指包括若干相互刺激的因素，使许多人形成共同意见的时空环境。③ 社交媒体时代存在着两个舆论场，④ 即现实生活中实际存在着的老百姓的"口头舆论场"和新闻媒体着力营造的"舆论场"。⑤

---

① 参见杜智涛、付虹、任晓刚《中国网络政治参与主体的特征——基于多项式回归模型的实证分析》，《北京航空航天大学学报》（社会科学版）2014年第9期。
② [法] 让-雅克·卢梭：《社会契约论》，杨国政译，上海译文出版社2018年版，第352页。
③ 参见刘建明《社会舆论原理》，华夏出版社2002年版，第36页。
④ 此观点由新华社原总编辑南振中1998年率先提出。
⑤ 陈芳：《再谈"两个舆论场"——访外事委员会副主任委员、全国人大常委会委员、新华社原总编辑南振中》，《中国记者》2013年第1期。

这两个舆论场分别对应着民间舆论和官方舆论，同样的事件在两个舆论场中产生的认知、评价可能会截然不同，出现的舆论后果也可能会大相径庭。这种在特定时空条件下人们表达方式、意见、态度的相互抵触、冲突甚至错位，说明舆论场的环境对共同意见的形成具有决定性的影响。舆论场的环境主要是指舆论得以形成的内外在环境，其中外在环境是舆论场得以产生的时空环境，内在环境包括媒体场、社会场、心理场等复杂、交互的环境因素，是舆论场效力得以发挥的内在机制。

当前社会复杂多变的舆情与社交媒体"多样化""碎片化"的舆论表达和传播构成了社会现时的舆论生态。社交媒体舆论场作为媒体舆论场的重要组成部分，与传统媒体舆论场最大的区别在于传统媒体舆论场的话语习惯和表述模式更多地受到官方影响，因此不可避免地带有政府行文的色彩。传统媒体舆论场存在着如下问题：一是舆论引导形式陈旧、单一，内容"唯上不唯下"，过于"高、大、上"脱离社会现实，不易受到普通民众的理解与接受；二是话语方式"官气十足"，不由自主流露的命令性口吻与居高临下的姿态，虽然容易集中议题，但不容易推动普通民众的理解与支持；三是社会参与和诉求表达不通畅。传统媒体信息流动以单向灌输式传播为主，缺乏反馈互动，来自社会底层的普通民众的声音的长期缺失，使一般民众对此敬而远之。

社交媒体舆论场的强大，一方面得益于传统媒体舆论场影响力和影响范围下降，另一方面则因为它适应了现代社会的发展，体现了技术民主、技术平等、技术自由。早在2013年，社交媒体集聚的强大的场域效应就已经引起了关注。人民网舆情监测室《2013年中国互联网舆情分析报告》指出"以微信、微博、新闻客户端为代表，移动互联网在一些突发事件或公共议题上开始形成新信源，我国移动舆论场已初步形成。"[1] 社交媒体舆论场冲击着传统媒体的话语垄断地位和议程设置能力，与传统媒体舆论场相互并存、相互对立，并在一定程度上取而代之，成为社会舆论的新引擎。话语权尤其是民间话语权的转移

---

[1] 刘鹏飞：《2014：移动舆论场初长成》，《中国报业》2014年第3期。

凸显社交媒体舆论场既是意见的集散地，又是事件演变的推动力和公众情绪的宣泄口。在社交媒体舆论场中，社会不同阶层对话语资源的占有消解了社会管理者对话语权的垄断，话语平权使一般民众有机会"围观"较高的社会阶层，他们的行为、语言被舆论场聚焦放大后，一旦言行不当就有可能引起舆论喧哗。

仅仅几年的时间，社交媒体舆论场由成形到成熟再到愈发脱离管控，正在驶入一条高速车道。社交媒体舆论场意味着"突发事件增加焦虑情绪，公共安全成为舆论热点，短视频发展催生新格局"，① 上网浏览和表达的门槛降低，网民结构日益向中国总人口结构还原，其话语形态、触角和指向渗透进社会的方方面面，几乎影响每个阶层的每个群体，因此它表达出来的舆论动向更接近于真实舆情。在青年社会化的成长过程中，不同利益主体在舆论场里多元化意见的展示，对议题的引导会产生极大的不确定性。在社交媒体领域，议题的传播也同样遵守着二级效应，② 即大众传播只有通过"意见领袖"才能发挥影响。但社交媒体的二级效应相较于传统二级传播效力更强、控制力更大，为"强二级效应"。由于社交媒体的传播模式是典型的节点传播模式，因此它形成的舆论场确定的目标受众更为集中，受众的质量更高，信息路径与信息流向更为精准，人们对议题的设定与态度和核心节点、次级节点有很大的关联。然而，处于核心节点、次级节点上的意见领袖是不固定的，流动性大，意见领袖的扮演者随着议题的不同而始终处于轮换中。作为青年社会化的传统途径，广播、电视、报纸等大众媒介在社交媒体舆论场面前，由于权力资本的缺席、行动策略的异化和人的主体性的激活从而产生了先验性的困境。这种困境又因转型期间中国各种矛盾的集中、累积、叠加而愈发在社会化主题生成和议程传播方面沦为配角，丧失主导性的地位。

随着社交媒体的兴起，一个全新的社会化途径出现了。社交媒体

---

① 人民网舆情监测室：《2020年互联网舆情形势分析与展望》，http://yuqing.people.com.cn/n1/2020/0917/c429609-31865663.html，2020年9月17日。

② 也称之为二级传播理论，是拉扎斯菲尔德在《人民的选择》一书中最早提出来的。

对青年社会化的影响，主要是通过虚拟社会；虚拟社会作用的发挥，取决于场域的功效；场域功效的力度与强度表现则来自社会化过程中社会能量和文化能量。[①] 其中社会能量的表现形式是微社会，文化能量的表现形式是微文化。社会场域和文化场域在其自身"游戏规则"[②]的支配下，其基本对立面与整体结构二元对立，反映并折射着统治阶级内部以及统治阶级与被统治阶级之间的矛盾等。社交媒体在发展过程中形成的这种场域，作用于社会中的个体并对个体的身份确立和再生产形成代际延续。

社交媒体舆论场对青年社会化的影响首先体现在社会文化方面。社会文化作为一种主观的价值体认归属于社会范畴的一部分，具有相对的独立性。社会文化的存在、发展有其自身的逻辑性，反映了一定社会经济社会条件下人们社会生活的价值取向。它比表层的社会制度、社会理论更能反映社会认知、社会态度、社会感情以及社会价值观等社会心理层次诸要素。社会文化的表现形式体现为社会理想、社会信念、社会理论、社会评价等社会思想意识，与物质的社会系统通过互动实现平衡达成相对一致的关系，主要包括社会认知、社会情感和社会评价三方面。在社交媒体舆论场中，社会主导性社会文化受到以个人为中心的价值选择和社会评判的挑战而消解，统一的社会文化内容因传播主体地位的变化和社会情感的多元化而丧失主体性。

其次，社交媒体舆论场对青年社会化的影响还体现在社会能力方面。社会能力与"拥有关于社会问题和社会过程的有效信息，与运用这些信息分析问题并且提出决策的看法能力有较密切的联系。"[③] 在传

---

① 还有经济能量。布尔迪厄在场域理论研究中提出了两种不同的社会资本：经济资本和文化资本。但考虑到社交媒体使用的青年人群中，受经济资本的影响远不如社会资本，如当前高校手机普及率达到95%以上。亨廷顿认为，就解释社会经济发展的不同模式而言，关键性的独立变项是文化，亦即流行于社会上居支配地位的一些集团的主观态度、信仰和价值观。参见［美］塞缪尔·亨廷顿《发展的目标》，何道宽译，上海译文出版社1993年版，第352页。因此本书在分析时主要考虑社会和文化两种资本的影响。

② 例如受到经济、宗教、文化生产、社会场域影响等。

③ ［美］加布里埃尔·A. 阿尔蒙德、西德尼·维巴：《公民文化——五个国家的政治态度和民主制度》，张明澍译，商务印书馆2008年版，第142页。

统社会化过程中,青年人社会能力的培养与锻炼的途径有限,多为间接的学习,缺乏直接的经验和亲身的感受,这种方式越来越受到质疑。当前中国正在进行的改革,涉及利益关系的调整,传统社会化的平台已不能满足个人意见的表达,社交媒体虚拟社会作为新型的社会参与渠道,为基于共同社会诉求的青年人提供了更多的机会和途径,并在这一过程中进一步形成并强化了社会意识和社会意愿。

第五章 微文化与微社会：青年社会化社交媒体实践

场域理论认为，人的每一个行动都受到行动所发生的物理环境、他人行为及与此相关联的诸多因素的影响。在众多影响社会化的要素中，文化和社会两大要素最令人关注。因此，研究社交媒体环境下文化、社会的范式变革与创新，特别是与青年社会化的关联耦合，不仅可以透视青年社会化途径面临的挑战，而且将直接关系到社交媒体环境下青年社会化实际成效的提升。

第一节 微文化，社交媒体领域的文化表征

2006年3月21日，Twitter创始人杰克·多西（Jack Dorsey）发布的第一条推文"just setting up my twttr"（设置一下我的推特）后，谁也没有想到，这个由美国Obvious公司开发的，每次仅能容纳140个字符的、并不针对某一特定人群的发布的方式奇特的小小的应用软件，竟然改变了世界，更确切地说是改变了这个世界的文化。在此之前从来没有人认为，140个字符就能发布一条新闻、传达一种见识、叙述一段经历、流露一份情绪、交流一个见地、剖析一项诉求、阐释一些意见。但Twitter做到了，混乱、独特的交流模式，[①] 改变了信息传递

---

① Twitter的发布方式比较奇特，因为用户发布的推文并不针对某一特定人群，理论上存在着所有人都可以看到从而引起关注的可能。人们既可以关注别人，也可以选择是否被愿意关注。

的标准，从而对现有的文化特质和要求进行了颠覆和改写。

　　2009年8月14日开始内测，同年11月3日上线的门户网站中第一家提供微博服务的新浪微博，不到一年的时间用户数就突破5000万，每天发布的微博内容超过2500万条。如果参考报纸、广播、电视的订阅率、收听率和收视率会发现，这种基于用户关系的信息分享、传播及获取，用户可以通过网页、WAP页面、手机客户端、手机短信、彩信发布消息或上传图片的平台，它的成长速度是多么可怕，多么惊人！更令人吃惊的是它对社交文化的改造。尽管微博只是社交媒体，只是利用了microblog这种形态而已，但简洁的信息内容、严格的反时间信息排序、双向的关注关系和平等的传播节点引发的链式传播机会加速了信息流动，成为一个透明、开放的人类言论搜集器。

　　社交文化改造的好戏才刚刚拉开帷幕。当学界对微博的研究正意犹未尽、劳心焦思之时，另一石破天惊的利器又裹挟而至，它就是当今深入社会生活各领域、成为日常生活一部分的微信。这个由腾讯公司2011年1月21日推出的为智能终端提供即时通信服务的免费应用程序，它的影响远远超过了社交媒体的初衷，在短短的几年时间里就争夺了微博的大部分用户，在青年人群中开辟出更广阔的市场，拥有了比任何一种媒介都多得多的用户人数。仅仅433天的时间（到2012年3月29日）微信用户就突破1亿，其支持跨通信运营商、跨操作系统平台通过网络快速发送免费（需消耗少量网络流量）语音短信、视频、图片和文字及共享流媒体内容资料，基于位置的社交插件等服务功能，被视为新潮、时尚的消费符号。

　　2016年9月，抖音上线。作为一款主要面向35岁以下青年人的短视频社区平台，月活跃用户达5.18亿，月人均使用时长1709分钟（截至2020年3月）。除抖音外，快手、火山小视频、西瓜小视频等一批短视频平台的崛起，将社交媒体文化带入新的表现阶段。短视频是指在各种新媒体平台上播放的、适合在移动状态和短时休闲状态下观看的、高频推送的视频内容，几秒到几分钟不等。2017年，随着微博入局短视频，围绕着短视频市场的竞争进入到白热化，也预示着社交媒体信息影音化、沟通视频化、内容影像化的未来走向和趋势。

使用微博、微信等社交媒体进行的传播,被称之为社交媒体传播。它的核心特征是"微",即传播的内容是"微内容"(一句话,一个表情符号,一张图片等);传播体验是"微动作"(通过简单的按键操作、鼠标点击就能完成选择评价、投票等功能);传播渠道是"微介质"(手机等介质);传播对象是"微受众"(小众、对象化传播)。微博、微信等社交媒体对现代人量身定制的服务内容以及碎片化、快餐化、多样化的信息特点,正悄然地改变着现代人的文化观,演绎出一种新型的文化型态——微文化。

一 微文化概念特征与阅读表现

文化,即"人文教化"。"文"是基础和工具,包括语言和文字;"教化"是这个词的真正重心所在:作为名词的"教化"是人群精神活动和物质活动的精神规范(同时这一规范在精神活动和物质活动的对象化成果中得到体现),作为动词的"教化"是共同规范产生、传承、传播及得到认同的过程和手段。微文化作为文化的一种,同样承担着教化的功能,在社会化中扮演着重要的角色。

(一)微文化概念

何为微文化?对于不同的人群认知是不同的。笔者在与部分青年进行访谈后,发现每个人眼中的微文化都带有鲜明的职业属性、身份属性、年龄属性等。[①]

> 个案一:地点:杭州某工地;访谈对象:小李;年龄:21;职业:钢筋工
> 我不知道什么叫"微文化",是不是就是那种看起来很小的东西。对,微电影之类的。它对我有什么影响?我不知道,好像没啥影响吧。微信用的比较多,微博少。下班后没事儿就聊,但我们这里没 WIFI,开流量费钱。微信里面看的最多的就是朋友转

---

① 本节所涉及访谈对象基本情况均参见表 5-8。

来的笑话，前两天看了一个社会笑话，是拜登的，我不知道该不该说。噢，我记起来了，我刚下了部小说，这个是不是你说的那个微文化啊？用手机看呗，挺方便的，没事掏出来看两眼，老板来了往口袋里一放他发现不了。我不爱看书，一看书就困……

个案二：地点：绍兴某高校；访谈对象：小黄；年龄：22；职业：学生

我是学广电（广播电视学）的，微电影拍过两部。一部是期末作业，内容有点科幻，还有点恐怖，反正拍完之后老师说拍得不好，没太看懂。说句实话，那个片子我自己都没太弄懂，完全是为了应付作业。还有一部是我在（绍兴市）《柯桥日报》实习拍的，刚作完，主要反映的是"五水共治"。① 本子不是我写的，我主要负责拍摄和编辑，时长大概两分钟，我觉得拍得比作业应该好吧，毕竟拿人家钱了。

个案三：地点：上海黄浦江外滩；访谈对象：小林；年龄：27；职业：美容师

微文化？你看这个算不算。对，我现在还在用微博，现在我周围的好多人都不玩这个了，但我还玩。我一般只看，不写。要写嘛，也只写写心得啊、感想啊，主要针对美容和电影。我对电影也蛮懂的，一般上映的电影我都看。社会的？社会的我从来不写，也不喜欢。我昨天有个小姐妹在微博上写了个东西，喏，就是这个啦。这个也算是吧，那这样的东西我经常看，她们（朋友们）也会转，也会写。不管怎么样吧，国家大事还是要关心点吧，是吧。

个案四：地点：吉林某街道办事处；访谈对象：小关；年龄：31；职业：公务员

我现在就在做一个微公益项目，它可以看作是我大学（志愿者）活动的延续吧。我在这里主要负责民政这部分，我们这个街

---

① 即治污水、防洪水、排涝水、保供水、抓节水。浙江省委十三届四次全会提出，要以治污水、防洪水、排涝水、保供水、抓节水为突破口倒逼转型升级。"五水共治"，吹响了浙江大规模治水行动的新号角。

道经常有人会来问，能不能把旧衣服之类的东西捐过来，再由我们帮他们捐给那些贫困家庭。这个活动我原来在大学的时候也做过，就是把旧书之类的捐给贫困山区的小学。那个时候我就发现，有捐献意愿的人挺多的。所以在这里，我成立了一个微信公众号，想捐（助）的人都可以联系到我……

个案五：地点：南京某书店；访谈对象：小赵；年龄：34；职业：主管

我在这里主要负责微信公众号（内容）的推送。每次来新书，都由我这里先写个小书评，类似于小广告吧。你看过"逻辑思维"[①]没有？我们的内容主要也就是对书里的内容进行凝练，然后再提些观点或看法。效果还可以，刚才他们业务部告诉我业务额有增加。不好做，真的不好做，你别看就那么点东西，有时候得想好几天。我记得刚做的时候，总挨骂。

为何以上5位访谈对象对微文化的看法存在着如此明显的差异呢？其中一个主要的原因就是"微文化"是2010年才出现的词语，[②]它的内涵与外延都处在变化流动之中，目前其定义主要有如下几种：（1）指由于微博这一网络平台的产生和普及而衍生出来的注重向个体和微观发展的文化现象；（2）指以微博等为新传播载体，通过信息传播与所处的社会文化背景相互影响而形成的一种微观文化形态；[③]（3）是一种进入个人互联网时代后逐渐形成并随着科技迅猛发展的，注重个体与微观，以主体性、平等性为核心的价值观念和行为模式的精神现象。[④]（4）以现代互联网技术为支撑，在短时间、细容量、小渠道中

[①] 目前影响力较大的互联网知识社群，包括微信公众订阅号、知识类脱口秀视频及音频、会员体系、微商城、百度贴吧、微信群等具体互动形式，主要服务于80后、90后有"爱智求真"强烈需求的群体。

[②] "微文化"经国家语言监测与研究中心等机构专家审定入选2010年年度新词语，并收录到《中国语言生活状况报告》中。

[③] 参见游惠敏、袁晓凤《"微文化"传播对当代大学生价值观的影响及对策》，《青年探索》2013年第4期。

[④] 参见石裕东、邢启龙《微文化内涵初探》，《湖北工业大学学报》2013年第3期。

传播的，注重个体与微观的观念模式与行为方式的精神现象。[①]

以上五种关于微文化的概念都有几个共同点：（1）指出这种文化现象依托于某种技术支撑，比如微博；（2）点明了这种文化表现是"微观化的"；（3）划分了这种文化形态属于"精神领域"或"上层建筑"。尽管（1）、（2）两个定义明确地将微文化的产生归属于微博的出现，但却未指明它的传播途径与传播对象；（3）虽然指出了微文化的价值理念与传播特征，但"个人互联网时代"这一说法过于笼统，指向不明。自互联网出现之后，到互联网被普及、推广及大面积应用，这个时代就带有鲜明的互联网特性，被称为"互联网时代"。互联网时代具有十大特征：在线化、小众化、透明化、故事化、娱乐化、平民化、平台化、数字化、直通化、廉洁化。其中"小众化""娱乐化""平民化"就说明这个时代具有鲜明的"个性化"特色，互联网释放了人性的自由带来了个体思想的解放，在这个情境下还需要在互联网时代前面添加"个人"定语吗？（4）概念提到微文化"以现代互联网技术为支撑"，然而现代互联网技术已经历了几代，从时间上可大致划分为四个阶段：1960年代，互联网起源；1970年代，TCP/IP协议出现，互联网随之发展起来；1980年代，NSFnet（美国国家科学基金会主干网络）出现，并成为当今互联网的基础；1990年代，互联网进入高速发展并向世界普及时期。产生于2010年后的微文化是伴随着通信技术与互联网融合，移动便捷显示终端日益完善、普及的情况下发展起来的，因此此种表述不能准确地反映出社交媒体时代互联网技术的发展。

综合以上分析，本书尝试为微文化作如下定义：建立在移动互联网技术社交网络平台如微博、微信等基础之上的，以小众为对象，注重个体与微观表达的一种新兴媒介文化。此处的新兴媒介文化是相对于传统媒介文化而言的，可以看作是传统媒介文化在新的技术背景和社会背景下发展出的新的文化创造方式和延伸体。

[①] 参见于安龙、刘文佳《微文化对大学生社会主义核心价值观教育的影响及对策》，《中国青年研究》2014年第11期。

（二）微文化特征

基于以上分析，可以发现微文化具有以下特征：

第一，信息碎片化。它是由微文化的载体的技术特性决定的，有限的字符数量不可能做严格的推理与演绎，也不可能提供翔实的数据与深层的背景分析，更不可能进行严谨的阐释与严肃的讨论，晒心情、晒生活、晒表情、晒幸福，似乎更适用于大众日常。这主要是因为社交媒体体量小，对欲投入内容贡献的专业作者来说，施展的天地未免狭窄了点。微文化上的内容表达，多是源自于业余兴趣爱好和表达欲望，三言两语而且文本多不成系统，没有文体、语法的要求，不强调版面布置，只要意思表达清楚就可以了，这种低门槛的言说方式适应了当今社会不同社会阶层的文化需求。因职业、收入、地位不同而形成的不同社会圈子和阶层有着不同的文化需要和文化表达方式，以及社会分工日益精细和专业化，人们活动的领域越来越大，工作的范围却越来越小，这一切都呼唤着一切新的文化表现方式的出现。而碎片化[①]则能实现文化传播利益最大化。碎片化的信息在文化上"赋予我们生活以意义，给予我们自身同一性，并从芸芸众生中理出秩序。"[②]自守其小，坚持小而美使得微文化的表达方式没有固定的风格和格式，一切随机而变、随物而安，虽然传播的内容没有太多深义，但却迎合了大众表达自我、分享生活的内在需求。但长期接触碎片化信息会使人思维变得狭隘，难以进行复杂的思考和推理。因为碎片化信息说到底是一些事实的集合而非逻辑，因此大大地简化了推演的过程，不够严谨、全面，为了达到易于习得的目的，通常会降低认知成本，将复杂的事物简单化，告诉你表面上的东西，却不告诉你背后的原理以及与其他事物的联系。

第二，主题个性化。它是微文化中最有特色和生命的部分，它挑

[①] "碎片化"一词是描述当前中国社会传播语境的一种形象性的说法。所谓"碎片化"，英文为 fragmentation，原意为完整的东西破成诸多零块。我们也可将"碎片化"理解为一种"多元化"，而碎片化在传播本质上的整个社会碎片化或者说多元化的一个体现。

[②] ［美］罗伯特·F. 墨菲：《文化与社会人类学引论》，王卓君译，生活·读书·新知三联书店1988年版，第35页。

战着传统知识体系与认知，争夺着价值引领话语权。社交媒体内容革命的变化，形成了多元化、多样化的主题内容，内容的发布与制作不再有固定的角色扮演，由单纯的受众到传播者和受众双重角色的转变，以及以受众为主体的信息传播形成了多元化的传播内容。在一个即时动态、开放自由的世界里，个人的日常生活、爱情婚姻、喜怒哀乐的细微变化产生的倾诉愿望和闲暇追求，以及出于各种顾虑、欲言又止的表达和情绪，在微文化里都以文字或图片、视音频的形式展示出来。主题个性化是大众个性的自然发挥，大众的个性通过不同的程式和风格以不同的主题通过不同的栏目传达给不同的受众，以适应不同的圈子和不同的阶层间不同的口味和需求。微文化主题看似"微"且"散"，但却代表着步入后工业化社会人类的归宿，"宏大的叙事和传播是启蒙运动的结果，是现代社会秩序化之后的宿命，也暗示着某种空洞。"[1] 从生活层面上看，主题的个性代表文化上的自由，更多游戏精神较少功利色彩，选择面和选择权更加多样自主。在微文化主题中，理想主义和物质生活并举、英雄主义和平民生活同在，它将关注的眼光与审美的触角伸入社会生活的每一个领域，在任何一处看似极不经意的地方也许就能发现你想获知的内容、想谈论的话题、想分享的经验。但主题的个性化在给予无微不至的关怀与会心的微笑同时，也将人们带入了一种无所适从的境界。迷恋于私人生活、私人空间的"小物件""小玩意"之类的主题可能很难再让人们专注于人生的深思和未来的展望。过分聚集于"主题化"，可能会让人们眼界变得狭窄、心胸不太开阔，丧失大的格局与视野，以及大的情怀与责任。

第三，内容精练化。它代表着一种新的阅读体验和写作感受。精练化的内容看似是社交媒体技术要求（字符数量限制）迫不得已的选择，实则反映文化样态新的动向与表现。微小说、微评论、微广告、微电影、微信用等一系列无"微"不至的文化外延形态，代表着人们信息获取方式的改变与递进。这种文化方式便于当今快节奏下的信息接受，即将时间打碎利用各种时间片断来接受信息。"碎片化"的时

---

[1] 雷启立：《"微传播"时代的文化特质》，《编辑学刊》2011年第7期。

间，对文化的改造是潜移默化的、水滴石穿的。首先是对文化生活方式的改造。"微博了一年，没怎么看电视，把放那儿的时间变成了刷屏，觉得时间被浪费，其实是换了个地方挥霍而已。"著名电影导演何平[①]在微博刚问世不久，曾发出这样的感慨。这种感慨可能不止有何平一人，几乎刷微博、微信的人都有过这样的焦虑和惶恐。调查显示，"工作间隙/休息时间"是微信用户浏览公众号的主要时段，其次是晚饭后、睡前。在碎片化的有限的时间里用简洁、短小的内容获取关注，需要以精彩的亮点吸引人。最富感染力或煽动力的一段话、一张图片或一段视频，是为了寻找到知音或认同，为了完成某次报道或传播，为了记录生活中的种种点滴。从表达方式上来看，微文化内容可分为生活类、资讯类、评论类、新闻类等。以微信公众号文章阅读人数排名为例，生活类（情感、养生、旅游、烹饪等）内容发布和阅读比重最大，其次为资讯类，再次是新闻类，最后是评论类。这说明，微文化内容主要是为了满足民众"快餐式"的阅读需要，因此在表达方式上没有太多的要求，这也在一定程度上降低了信息发布的门槛同时又创造出新的表达方式。除了传统的记叙、描写、抒情、议论、说明外，隐喻、戏仿、对比、引用、谐音等修辞手法和表达方式也被大量地运用，其中戏仿和谐音是用得最多的修辞手法。[②] 但过于精练化的内容虽然方便了阅读，但难以形成完整的、有纵深感的知识体系，更难以形成系统化的、能进行层层推进和演绎的理性思维。

（三）微文化阅读表现

阅读是文化接受和文化理解的中介，是通往文化之域的关键。微博、微信、短视频作为新一代移动社交媒体的代表，其影响远远超出了社交范畴，正在向其他领域扩展，影响着人们的思想意识和生活状态。以社交媒体为代表的新型传播特征——社交传播是当前最重要的媒介表现，阅读是其传播路径的重要环节，研究其传播阅读行为，能

[①] 身为第五代导演代表人物，与陈凯歌、张艺谋一样，享有极高的国际赞誉。代表作《双旗镇刀客》等。

[②] 参见翟亚夫《微传播时代的文化特质与发展思考》，《戏剧之家》2015年第15期。

够为青年人提供一个认知这个时代社会文化意义和社会事件组织方式的视角，也能够为青年人提供一种社会化的持续建构力量。

手机、平板等移动媒介，作为社交媒体的媒介表现在当今阅读行为中扮演着越来越重要的角色。第十七次全国国民阅读调查报告显示，2019 年我国成年国民人均纸质图书阅读量为 4.65 本，人均电子书阅读量 2.84 本，合计 7.39 本。调查报告还显示，我国成年国民中，11.1%的国民年均阅读 10 本及以上纸质图书，此外还有 7.6% 的国民年均阅读 10 本及以上电子书。城镇居民不同介质阅读率和阅读量远远高于农村居民，城乡差异明显。成年国民和未成年人有声阅读继续较快增长，成为国民阅读新的增长点，移动有声 App 平台已经成为听书的主流选择。2019 年有三成以上国民有听书习惯，选择"移动有声 App 平台"听书的国民比例较高。①

随着移动终端和移动互联网技术的发展，通过社交媒体技术进行阅读已经成为阅读新常态，它与数字阅读、电纸书阅读、云阅读等，被称为"泛在阅读"，即无所不在的即时阅读，人们在任何一个地方可以进行任何一个文本的阅读。② 然而微文化阅读在技术特点上表现得更加鲜明，是专门借助社交媒体进行的阅读，阅读内容包括文字、图片、语音短信、视频链接，诸如微新闻、微小说、微知识、微美文等。与数字阅读、电纸书阅读、云阅读等阅读行为相比，具有明显的特征。

表 5-1 数字阅读、电纸书阅读、云阅读、微文化阅读关系表

	载体	内容表现	阅读方式	阅读过程
数字阅读	带屏幕显示的电子设备	数字化的方式	动态化，阅读的对象是动态的文字、图像和其他符号	交互化，可实现读者与作者双向互动、即时交流
电纸书阅读	基于电子墨水最新显示技术的类纸阅读器	使用 E-ink 显示技术，能够提供类似纸张阅读感受	如同纸本阅读的顺序线性阅读	单向化，强调读者的自我感受

① 《第十七次全国国民阅读调查报告显示：有声阅读成为国民阅读新增长点》，https://news.gmw.cn/2020-04/21/content_33755306.htm，2020 年 4 月 21 日。
② 莫启仪：《从国外阅读社交网站看泛在阅读》，《新世纪图书馆》2015 年第 5 期。

续表

	载体	内容表现	阅读方式	阅读过程
云阅读	手机或平板电脑	资讯、个性化杂志、图片、报纸、博客、社区、微博、公开课	可实现个性化定制,为用户提供RSS、微博搜索等多种内容添加入口,不同的用户可按照不同的使用方式和需求度,随意添加内容	阅读社区化,读者与读者、读者与作者间互动交流、发表意见、观点
微文化阅读	平板电脑、电子书阅读器、手机、MP4、PSP	文字、图片、语音短信、视频链接	碎片化、浏览式、跳跃式	个人性、即时性、互动性

微文化做阅读表现主要体现为:

第一,在阅读材料方面,社交媒体去中心化的裂变式多极模式,在一定程度上解决了信息孤岛问题,通过获取、发布和整理,将零散的信息汇集起来。随着基于智能搜索、个人化空间、用户兴趣模型信息处理技术的发展,一定程度上解决了由于传播信息碎片化所带来的信息杂乱无章的情况,但由于社交媒体环境下的信息聚合是"微聚合",其服务核心是围绕着目标文献主题进行的聚类、集成,而不涉及目标数据集具象内容的定位获取,因此聚合的内容缺乏延展性,无法进一步深度挖掘信息,将杂乱的信息实现词义的标准化、结构化。未来随着通信技术的发展,也许能够实现杂乱信息之间的互动和内容之间基于语义的链接,扩展人与数字交互的资源服务空间,并基于用户个性化偏好进行信息服务整合,从而在一定程度上改进阅读方式。

第二,在阅读体验方面,一些实验表明比较适合社交媒体的阅读内容材料是漫画、小说、视频作品等,比较不适合的是学术著作或具有学术型的科普类作品,或者可以认为需要进行逻辑思辨和深入理解的作品。[1] 罗伯特·达恩顿曾经说过,数字移动阅读改变的是形式,不变的是阅读,与其说人们喜欢技术,不如说人们更喜欢读书本身。传统纸媒内容相对稳定,书写顺序、版式等文本格式也相对稳定,形成的阅读习惯很

---

[1] 参见王四新《微博隐忧:公共事务的平台别被娱乐化》,《中国经济导报》2011年1月11日第B07版。

难改变。社交媒体的阅读内容都是数字化的，数字化信息有着强流动性，一般情况下，如果文本的呈现方式是流动的话，信息冗余程度相对高，阅读特征是无序阅读，理解特征明晰度低。要改变社交媒体的阅读特征很简单，只需由流动的文本定型为固定的文本，呈现线性的结构特征，内容稳定不可改变，在阅读体验方面也同样能取得近似于纸媒的效果。

第三，在阅读心理方面，新式传播方式的使用，为人们表达方式、表达内容、社会文化和社会事件的组织方式等多个方面带来深刻的变化。通常情况下，阅读行为分为积极阅读行为和消极阅读行为，积极阅读行为追求阅读的愉悦性、视觉性、快速性和深刻性，通过阅读获得满足和释放，构建共同知觉和信念，借助心理传染和模仿以及情绪感染，增强自我认知、形成优势意见。消极阅读行为追求的是阅读的感官享受以及阅读过程的无障碍性，强调阅读内容的娱乐性和浅表性，通过类似于一"瞥"的行为完成阅读过程。因此阅读感受不如积极阅读行为深刻，阅读节奏较积极阅读行为快，但阅读中断发生的时间及其间隔较多。社交媒体产生的消极阅读行为远高于积极阅读行为，这从阅读内容材料的呈现便可见一斑，社交媒体的内容材料组织形式为非系统、非线性、零散状的，具有"零编辑、零语法、零文采、零形式"等特征。[1] 从知识层面来说，以知识拼图出现的微文化阅读经过一段时间的积累与沉淀，也可以形成内容上的完整构建知识全图。

一直有种看法，认为微文化阅读就是"浅阅读"，相对于深阅读，表现为阅读方式快餐化、阅读内容碎片化、阅读时间零散化、阅读体验个性化。由于系统性阅读遭到拆解，不仅不利于阅读内容的消化吸收，而且通过信息的零散传达，信息摄取的方式是点滴式的，阅读情境是不断变化的，阅读体验很难保持连贯性，因此情感不是稳定的，而是跳跃的，具有很大的随机性和偶然性，往往游移于情绪两端，很难保持理性持中、反省专注的态度。它不断刺激读者的注意力的转换，

---

[1] 参见张海涛、杨琛《"微阅读"时代大学人文教育的困境与出路》，《煤炭高等教育》2015 年第 5 期。

促使读者单纯地追求短暂视觉快感。由于生活类、时尚类、隐私类内容诱惑力大，因此容易吸引受众眼球，但营养价值不高，容易养成"阅读惰性"，不利于独立思考能力和判断能力的培养，读者零散化阅读习惯的形成势必会导致传统纸媒深阅读甚至是电子文本长阅读无人问津。[1] 因此，人们认为这种阅读方式"缺失了手捧书香的沉淀、缺失了边读边批注的沉静，批量的转发复制，使阅读者无从筛选，带来便利的同时也带来浮躁，带来阅读个性的缺失。"

这种将微文化阅读与浅阅读简单地画等号，并将浅阅读的特性简单套用于微文化阅读的做法本身就值得商榷。不可否认，作为数字阅读的一种，微文化阅读亦具有信息生产与信息接收的共时性，这种共时性容易对文本产生分解支离，使阅读无法向纵深度开展，对文本的平面化阅读方式破坏了文本的整体性和浑融性，了解只停留于表面，而无法掌握文本的隐喻意涵。但是，认为这种阅读方式会导致阅读选择的盲目性、阅读习惯的单一性、阅读内容的肤浅性，进而丧失了深入思考能力、观察能力和分析能力的论调，低估了受众的能动性和阅读过程中占据的主导性，忽视了任何一种阅读中阅读者创作主观化的能力。这种创作主观化，能将读者变成创作者，从旁观者变为当事人。

阅读是一种个性化的行为，手机等移动终端更是将这种行为无限放大，人们通过阅读事实上要达成一种情感诉求。非线性式阅读是社交媒体时代阅读行为的主要特征。"与传统阅读先生产后阅读不同的是，数字阅读环境下，数字信息快速生产，可以被读者快速地获得并阅读，生产与阅读几乎同时发生，从信息生产和信息接收的及时性看，数字阅读具有阅读过程的共时性。"[2] 在微文化阅读中，读者对文本内容的影响不仅体现在内容理解方面，更体现于阅读内容的把握上。读者不再被动地接受作者的思想表达和知识设计，而是成为文本创作除作者之外的另一主体，在文本创作过程中读者也可以对文本进行评论、补充或再创作。在阅读中，读者对所阅读的文本进行信息（评论、回

---

[1] 参见柯平《数字阅读的基本理论问题》，《图书馆》2015年第6期。
[2] 王培环：《微阅读时代高职生阅读能力的培养》，《南昌教育学院学报》2014年第6期。

复）添加又常常成为其他读者的阅读文本，文本生产与文本接受产生重叠性，造成了原始文本的改变，偏离了当初设想的创作意图，使文本关系变得复杂多变。任何人都可以在阅读的过程中表达观点、倾诉意见，这种非线性、碎片化的阅读方式有利于阅读者主观构建表达思想的时空。在阅读诉求层面上，这种文本形式表达阅读者的思考要大于创作者的观点。作者可以根据反馈随时改变文本框架，并结合读者的喜好设计情节、脉络、结局，也可以根据读者的意见决定是否中止或继续创作，或以何种方式创作。读者阅读的主导性与在文本创作中的决定性，一定程度上颠覆了作者与读者的关系。

阅读实质上是一个心理过程，它能产生一系列的心态、效应和情感。根据技术接受模型（TAM）假设：使用者对一项新技术的使用态度越强烈，其行为意愿就越强烈，对该项技术的使用行为就越高。它包括两个核心变量：感知有用性（使用者认为使用这项技术能够提高其工作绩效的程度）和感知易用性（使用者认为使用这项技术的难易程度），实验结果表明：感知易用性显著影响感知有用性，进而显著态度；感知易用性对态度有弱影响，态度显著影响用户的行为意愿。[①]

微文化阅读的对象是微博、微信、短视频等，这些对象以文字、图片、语音短信、视频链接等形式呈现，文本内容短小精悍，阅读时间和阅读地点受限制少，持有移动终端的用户可以随时随地进行阅读，阅读材料和阅读内容的丰富性使得微文化阅读便捷有趣，更重要的是，这种阅读形式可随时轻松营造出只属于一个人的阅读空间，阅读内容的实效性满足了人们社交、娱乐、资讯获取的需要，使微文化阅读的性质朝着享乐化、实用化的方向发展。微文化阅读的互文性，打破了传统以作者和作品为中心的概念，其以文字、声音、图像、动画等形式通过"超文本"等综合为一体的文本，消解了形式主义的文本中心论，把任何文本都纳入作品、作者、读者和社会的语文链中，强调作

---

① 参见甘春梅、宋常林《基于 TAM 的移动图书馆采纳意愿的实证分析》，《图书情报知识》2015 年第 3 期。

者与读者的沟通,任何人都可以介入文本创作,与文本进行反复的对话与交流,进行压缩、加工,重新制作出新的文本,留给阅读者巨大的创作空间。

传统阅读文化已无法适应当前快速多变的社会,受限于载体和阅读时间碎片化等因素,微文化阅读对内容的要求主要表现为"浅显""简短",艰深晦涩和需要计算推导的文章很难成为阅读的对象。阅读行为碎片化、跳跃化,"泛读""浏览""随机"等阅读方式在微文化阅读中表现比例较高。微文化阅读平面化、零散化、即时化的阅读方式,不可控性和多变性的阅读行为,冲击着传统媒介文化的纵深度、系统度和历史感。面对着被消解的困境,传统文化与微文化阅读文化是携手联合,以应对新媒体技术飞速发展?还是独善其身,将微文化阅读拒斥于外?对此,必须联系当今消费主义的意识形态和青年亚文化进行思考。

尼尔·波兹曼认为,每一种媒介都带有意识形态性,并引导着社会文化向特定的方向发展,指导和看待了解事物的方式,但这种介入往往不被人关注。[1] 媒介变化带来了人们思想结构和认知能力的变化。阅读媒介的改变带来阅读方式的转变,改变了人们的阅读心理和碎片化时空环境下对阅读行为的要求。利用社交媒体进行阅读,行为本身表现为对当前技术媒介环境的适应,社交媒体载体上承载什么样的内容,更多考虑的是载体的匹配性,无论微博、微信还是短视频,虽然内容表现形式多样,但容量有限,有限的容量不可能将鸿篇巨制作为传送内容,而只能选取短小精悍作为其内容构成。我们不能依据载体来衡量浅阅读、深阅读,应根据阅读内容为依归。难道说短小精悍就不能发人深省、掩卷长思,令人阅后余味犹存吗?

微文化阅读的出现来势汹汹,直接改变着人们的阅读习惯、阅读时间,进而潜移默化地影响了阅读主体的阅读兴趣,影响着青年社会化的进程。作为新一极的阅读主流和社交媒体的重要表现,所带来的

---

[1] 参见[美]尼尔·波兹曼《技术垄断:文化向技术投降》,何道宽译,北京大学出版社2007年版,第169页。

深刻变化不仅体现在表达方式、表达内容，而且在社会事件、社会文化组织方式等多个方面正在取得支配性的权力和地位。在微文化阅读的冲击下，青年个体对微文化阅读的识别和理解能力、对微文化阅读信息的判断和质疑能力、对微文化阅读的参与和使用能力、对微文化阅读技术的创造和传播能力亟待加强。随着微文化阅读成为与纸质阅读同样重要的阅读方式，并成为一种阅读时尚，微文化阅读产品早已供过于求。为了不断刺激人们的微文化阅读欲望，需要不断开发、生产所谓的"稀缺"产品。为了人为地增加微文化阅读信息产品的"稀缺性"，往往不惜牺牲信息伦理。在微文化阅读中，信息伦理作为阅读行为的认知准则，贯穿于微文化阅读的信息生产、信息传播、信息处理和信息利用等一系列过程中，根据PAPA理论框架，信息伦理范畴包括信息隐私权（privacy）、信息准确权（accuracy）、信息产权（property）、信息资源获取权（accessibility）。

所谓信息权利，是指人们在信息活动中合理地生产、组织、拥有、传播和使用信息的权利，具体包括信息发布权、信息获取权、隐私权、知识产权、知识权、信息产权等。信息权利有消极权利和积极权利之分，消极权利指自由从事或自由信仰某种事物而不受干预的权利（自由权），积极权利指从他人处接受具体的行为、福利、服务的权利（受益权）。① 信息权利的主体不仅包括信息使用者，还包括信息生产者、信息拥有者、信息发布者等一系列群体，他们在行使信息权利的时候，必须通过主体的权利实现和对他人权利的承认体现出来，这种体现应以权利的正当性为基础，强调权利分配时应遵循公平正义的原则，将最不利者的地位置于优先地位。

信息隐私权，即个人有权保守自己的个人信息并不被他人侵犯的权利。这种权利在传统媒介时代，行为界定较为明确，但在互联网时代，特别是随着微文化阅读的发展，对于隐私侵犯行为越来越难以界定。因此，个人的自由和尊严、个人的隐私被采集和公开的案例屡见不鲜。信息隐私权被侵犯不仅存在于信息生产、传播中，比如除了

---

① 参见沙勇忠《基于信息权利的网络信息伦理》，《兰州大学学报》2006年第5期。

"人肉搜索""名人炒作"等早已颇受争议的侵权行为外,注册用户信息被有意无意地泄露、出售,目标客户群体受到推销广告无尽的骚扰,还有更为隐蔽的一些专门针对某一群体发布、包裹在"心灵鸡汤"软文中的有意识地迎合与投其所好从而实现潜在式引诱兜售的微文化阅读文本。对信息隐私权的侵犯还存在于信息处理、利用中,如在用户注册时,将重要信息淹没于大量的默认条款中,利用微文化阅读"浅阅读""泛在阅读"的特性,巧妙地将隐私权的保护转嫁,即只有要求才保护用户信息,不要求就认为允许使用的默示,诱使个人部分或完全放弃隐私权。

信息准确权,即所提供的信息内容真实、数据准确、出处可靠,经得起检验。然而,建立在互联网移动通信终端基础上的微文化阅读,由于信息是以声、光、电磁、代码等形态存在的,容易遭到窃取和修改,也容易被非法传播和使用。作为微文化阅读的主要载体,微博、微信等为表述观点提供了自由的空间,在这个"意见的自由市场"里,理性的光芒与智慧的真谛伴随着无从证实的流言、传闻、诽谤和谎言,在网络空间恣意蔓延,无时不在、无所不在。另外,无用信息、虚假信息在开放性和共享性的信息系统中铺天盖地,带来的无尽的信息污染,占用了网络空间降低了网络运行效率,信息真伪与时效难辨。与信息准确权相对应的信息异化,即人是信息的生产者、创造者,是信息的主体,但由于人们对信息的过分依赖和盲目崇信,使主体丧失了控制信息的能力反被信息所奴役、控制。[①]在微文化阅读中,人们经常就阅读内容发表意见、交流感受、分享观点、提供评论,相当部分意见、感受和观点、评论都带有强烈的个人化的、情绪化的,缺乏理性、客观,如果阅读者缺乏辩证性、批判性的思维就容易受个人化、情绪化的内容左右,丧失独立、公正的立场。

信息产权,即信息所有人和其他信息权利人对相关信息在采集、使用、转让、存储和修改等活动中所享有的人身权与财产权。在微文

---

① 参见安宝洋《大数据时代的网络信息伦理治理研究》,《科学学研究》2015 年第 5 期。

化阅读领域，如同互联网其他领域一样，信息产权受重视的程度建立在被侵害的程度日渐加深的基础之上。网络行为主体的匿名性面具化，在以数字化信息为中介的人与人关系中，道德自律越来越难以维持，在道德他律一时还难以跟上的环境下，信息网络数字技术具有的大批量复制的能力对他人知识产权的借用、复制、转载以及剽窃变得越来越司空见惯。造成这种情况一方面是网络环境中的信息所有权存在颇大争议，用户和网站谁该拥有文件所有权？如果内容所有权属于上传用户，那么用户就有权使用这些内容；如果内容所有权属于网站，那么上传用户是否还有权使用这些内容呢？微文化阅读内容除了转载外，还有相当部分来自原创，网站和用户在这部分内容上拥有什么样的权利，目前尚未有行业标准。信息所有权认知上的模糊加重了剽窃和信息误用的可能性，微文化阅读带来的复杂的内容归属关系，生产内容的组织和个人、拥有内容实际控制权的微文化阅读载体提供商，在内容法律归属上的模糊与歧义使得对微文化阅读内容产权的保护束之高阁，无法进行实际操作。尽管服务提供者会列出服务协议，但复杂的协议内容和专业性过强且隐晦的解释条款，合法而自由地迫使用户放弃一些权利而将之让渡于提供商。

信息资源获取权，即公民平等的访问和利用信息的权利。信息获取权主要体现在各种信息传播的透明度上，信息交往与物质交往最大的不同在于信息的表现形式是具有一定意义的符号和图景，在一定的媒介传播过程中信息输送具有双向作用，即理论上生产者生产出来的信息可以以无偿或有偿的形式被消费者获取，但在现实生产力条件下，信息的价值合理性交往原则不能简单地套用等价交换原则。相对于传统阅读甚至数字阅读、电纸书阅读，微文化阅读需要移动信息技术的使用能力，对于那些连使用智能手机都觉得困难的一部分老年人来说，微文化阅读还从未进入过他们的生活，因此微文化阅读中的信息鸿沟首要因素是年龄，经济因素次之。年龄差异导致的信息获取权的差别，虽然数字化生存的隐喻已被普遍接受，但由于年龄（包含经济）差异加剧的信息富人（中青年）和信息穷人（老年人）的分野，导致了一部分人群无法公平地获取信息、占有知识，从而在现代信息活动之知识权力结构中，始终处于弱势。如果说经济地位上的弱势可以依赖于社会对信息基础设施的投入和公众文化素质及收入的提高而有效地弥补，年龄上的弱势更考验社会对解决信息获取权不公的耐心和智慧。

现实中，相当大一部分青年媒介素养能力还处于空白，需要补课；还有一部分青年即使具备一定媒介素养，但只停留在传统媒介时代，要由传统媒介素养升级到新媒介素养，对于个人的意愿和能力都是考验；少部分已具备新媒介素养的青年公众，能够客观地对待、认识微文化阅读，但如何运用与表现于社会化实践还有待培养。对于教育机构来说，数字信息时代的新媒介素养与传统媒介素养有很大差异，因此如何开发与传统媒介教育不同的新媒介素养教育，引导青年养成良好的微文化阅读习惯，使微文化阅读联系深阅读形成智慧型阅读，需要与社会各方积极联动，多视角探寻微文化阅读动向，客观评价微文化阅读效果，才能校偏纠误，促进微文化阅读的健康发展和良性循环，从而促进青年人的社会化成长。

二 微文化的社会化功能与价值

在讨论微文化社会化的功能和价值之前，我们有必要设问微文化是如何能够改变青年人的社会观、影响青年人的社会态度和社会情感，从而提高青年人的社会参与度、锻炼了他们的社会技能。

（一）微文化的社会化样态分析

社交媒体的发展促进了微文化的进步，微文化的进步又影响着中国社会发展的进程，促进中国社会文化的进步，推动着中国社会文化向参与型文化、社会过程文化和公民社会文化方向发展。青年对微文化的价值理解不同，导致目的、动机各异。本书尝试通过与来自不同领域的青年进行访谈，了解并展现青年微文化生活的多种样态，以及带给他们的社会收获和内在体验。

1. 微文化对青年公民能力的影响

"公民能力与参与是民主定义的核心。"① 所谓公民能力，是指公民的社会参与能力，即公民对一项政府决策的社会影响和参与的程度。公民能力的素质高低一直被视为谋求自身发展、参与社会公共生活、维护社会稳定的关键，积极和正确的社会参与是成功扮演公民角色的主要因素。公民能力作为"主权权威的参与者"② 是追求个人目标与社会目标价值统一的功能的组合，是一个国家特别是这个国家的青年民主进步的标志和象征。否则，"如果一个国家的人民……还没有从心理、态度、行为方式上都经历一个向现代化的转变……再完美的现代制度和管理方法，再先进的技术工艺也会在传统人的手中变成废纸一堆。"③

公民能力包括认知能力、民主能力、参与能力、批判能力等。汪茵老师 2010 年对浙江不同领域 18—35 岁的青年调查后发现，各行业的社会参与度因经济社会的发展带来的社会利益分化和新的利益群体的形成而呈现出相当程度的不均衡性，青年社会参与意识与参与行动之间也呈现出分化。其中大（中）学生、机关青年、科教文卫领域青年参与相关选举的意愿最高，企业青年意愿最低，两值相差 20% 以上。大学生通过参加志愿者实现社会参与的意愿最高，农村青年最低。④ 在对其他地区的青年进行调查后发现，这种情况普遍存在。⑤ 十年的时间过去了，在社交媒体大行其道的今天，当我们把社会参与的场所由现实空间转向虚拟空间时发现，不同青年群体社会参与的意愿与 2010 年相比，有了相当程度的改善，其中最高值与最低值仅相差 10% 左右。⑥

---

① ［美］加布里埃尔·A. 阿尔蒙德、西德尼·维巴：《公民文化——五个国家的政治态度和民主制度》，张明澍译，商务印书馆 2008 年版，第 192 页。
② ［法］让-雅克·卢梭：《社会契约论》，何兆武译，商务印书馆 2003 年版，第 26 页。
③ ［美］英格尔斯：《人的现代化》，殷陆君译，四川人民出版社 1985 年版，第 4 页。
④ 参见汪茵《当代浙江青年政治参与的现状、问题及引导》，《山东省青年管理干部学院学报》2010 年第 3 期。
⑤ 从 2009 年开始，学者们对江苏、安徽等其他地域的青年实证调查后，所得出的结果与以上结果类似。
⑥ 本次调查共发放问卷 1000 份，回收问卷 936 份。被调查者年龄从 18—34 岁，即本书所界定的青年。职业涵盖农民（含进城务工人员）、国企工人、公司管理人员、学生、教师、政府机关工作人员。本节所涉及的问卷调查对象基本情况，详见表 5-7。

表 5－2　　　　　您认为以下哪条途径最适合个人参与

	微博、微信	门户网站	报纸、杂志	广播、电视	民间社团、青年组织	其他
学生	36.1%	21.9%	7.2%	8.7%	15.9%	10.2%
农民（含进城务工人员）	30.7%	17.3%	11.6%	7.3%	13.5%	19.6%
教师	36.2%	22.4%	11.7%	4.8%	21.5%	3.4%
国企工人	39.8%	18.1%	9.6%	7.4%	8.7%	16.4%
政府机关工作人员	40.2%	23.6%	15.3%	8.9%	11.7%	0.3%
公司管理人员	41.4%	18.5%	14.8%	9.3%	5.9%	10.1%

为什么二者之间有如此大的反差？笔者就"您愿意选择什么样的媒介对某个社会事件（或人物）进行评价？"这个问题与几位被调查者进行了面对面访谈。

个案一：地点：杭州某酒店；访谈对象：小张；年龄：24岁；职业：服务生；来自安徽农村

当然是手机啦。我们酒店有WIFI上网挺方便的，前两天我一个朋友给我转来一张图片，拍的是我们家那里污染的事件。说句实在的，我家那里污染真的很严重，可能是农村吧，没有人管，后来我就把图片和（我写的）评论又发给我其他朋友了。这样转下去，可能会引起政府的关注。

个案二：地点：绍兴某面料厂；访谈对象：小曾；年龄：27岁；职业：流水工；来自广西三线城市

我经常在微信上发评论，主要（针对的是）社会热点。（还有别的方式吗？）没有了，就是微信。我没有微博，如果要往报纸投（稿）什么的，像我这样的身份，估计没有哪家报纸会用。写在微信上，起码我那些朋友还可以看得到。另外，我也不想让更多的人知道我写的，我们这些出来打工的，主要是为了赚钱，有些时候太抛头露面老板不会喜欢的。

　　个案三：地点：吉林市某中学；访谈对象：小赵；年龄：22岁；职业：体育老师；本地人

　　其实我觉得发表内容，微博比微信更方便。（为什么？）因为微信看到的人的有限，不像微博一发全知道了。（主要发哪些方面的内容？）社会和社会方面的。咱们东北为啥经济不上去？主要思想（意识上）太落后了。我大学是在广东念的，你看人家南方，社会上有点事侵害到咱老百姓的利益，那声势造的。咱这儿不行，干啥都没人管。所以我就通过微博发送，星星之火嘛。

　　个案四：地点：南京某外企；访谈对象：小沈；年龄：26岁；职业：职员；来自河南新乡

　　微博、微信我都会选择，传统媒介肯定不会。（为什么？）你觉得有作用吗？媒介都是有（社会）属性的，很多时候有些东西是会被守门人①卡掉的，微博、微信就没有这种情况。因为我是作企宣的，从我的经验来看，微博、微信的传播效果比传统媒介好很多，如果要是利用微信公众号，你的观点不但能够很快打出去而且还能吸引很多人。

　　除了微文化具有传播效果好、传播成本低廉、匿名化传播等特点外，中国网络社会的兴起和发展赋予了青年一种新的社会参与途径。以社交媒体为载体，去中心化、碎片化的微小外显形式的微文化体现了传统社会文化的变迁。"当一种文化类型发展到一定阶段后，延续性可能会造成这种文化的僵化与迟滞，从而对这种文化的发展产生负面影响。"② 微文化通过对传统社会文化的转换，使传统社会文化在延续中实现了新的发展。所谓社会文化是一个民族在特定时期流行的一套社会态度、信仰和感情。这个社会文化是由本民族的历史和现在的

---

① 指媒介中有权选择新闻、控制新闻进入下一个传播渠道，最终达到受众的角色或职位。
② 熊光清：《中国网络政治的兴起与政治文化的变迁》，《社会科学》2012年第1期。

社会、经济、社会活动进程所形成。① 微文化体现出来的后现代性与后现代主义，正在激活传统社会文化特定的表现模式，而没有"破坏留存在人们思想观念深处，不可能完全消失或根本不会消失原有的社会文化内涵"。通过对"你会用不同的标准来判断从微博（微信）上获知的社会新闻（信息）吗？（假设这条新闻消息是完全真实的）"的调查发现，选择"不会"的高达47%左右。这说明青年人头脑中养成的社会文化经验不会因载体的不同或文化表现形式的不同而出现偏差。

在对"如果你对某个社会事件有看法并想表达意见的时候，通常会选择以下哪种媒介？"时，微信、微博分别以77.3%、65.2%高居前两位。从技术角度上看，微博、微信有限的单位信息容量并不适合社会表达、社会讨论，为什么青年人愿意选择微信、微博作为社会意见表达和社会情绪释放的途径？成为青年人的社会表达工具呢？

> 个案一：地点：上海某高校；访谈对象：小陶；年龄：21岁；职业：学生；来自四川绵阳
>
> 方便啊，随时都可以用。（有没有考虑到字符限制？）没有，本来也没打算过（发表）长篇大论，几句话，点到为止。
>
> 个案二：地点：绍兴街头；访谈对象：小郑；年龄：30岁；职业：快递员；来自河南信阳
>
> 主要没人知道。说句实在的，有些事情看的挺来气，虽然跟自己没太大关系，但看到还是想骂人。不过我不想让别人知道，也算是保护自己吧。如果你要是记者的话，我肯定就不会理你，你说是搞学术调查，我才同意。
>
> 个案三：地点：杭州四季青商场；访谈对象：不肯透露姓名；年龄：33岁；职业：个体业户；来自浙江丽水
>
> 不是不想写信，关键是写了也没人用。我文化（程度）不高，写东西费事，有时候自己都看不懂，还要麻烦别人改。再

---

① 参见［美］加布里埃尔·A.阿尔蒙德、小G.宾厄姆·鲍威尔《比较政治学：体系、过程和政策》，曹沛霖等译，上海译文出版社1987年版，第26页。

说像我这样身份的人,就是给报纸写,报纸也不会用。(过去给报纸写过吗?)写倒没写过,但是打过电话,就是反映乱收费的事情,报纸、电视、电台都打过,结果就电台一家来了,转一圈最后在广播里面说一下就完了。

当代青年的成长环境与他们的父辈最大的不同在于,他们没有经历过计划经济,没有经历过物资短缺的时代,他们从一出生就处于中国经济高速发展的时期,他们身上没有太大的历史包袱、社会压力,他们更愿意发表社会意见和社会看法。[①]传统媒体因其一维式、线性式、单向式的传播模式和作为精英文化的表征有其局限性,对每一个人的价值、信任和尊重的文化形式及所产生的社会文化价值,成为影响青年公民能力的重要因素。

2. 微文化对青年社会价值观的影响

社会化是通过各种媒介来进行的,也只有通过一定的途径才能实现。核心价值观社会化的途径在社交媒体时代正面临着创新。当前微博、微信等社交媒体载体"已成为舆论生成的策源地、文化传播的集散地、思想交锋的主阵地,并形成一种独特的微文化生态"。它包括红、灰、黑三色地带,其中红色地带是指主流意识形态,黑色地带是指负面言论构成的地带,灰色地带是指介入红色与灰色地带之间,具有模棱两可的不确定性,包括各种社会思潮、社会情绪和社会舆论。[②]早在2009年,《人民论坛》杂志发起"未来10年10个最严峻挑战"的问卷调查,通过询问调查100位专家和对8128位网友网络调查并投票等方式,选出2009—2019未来十年十个最大的挑战,其中"主流价值观被边缘化"以36.3%的投票率排在第十位。[③]现在回过头来看当年的调查会发现,对"主流价值观被边缘化"的思考早在社交媒体兴

[①] 对"如果你有社会方面的意见和看法,会不会表达出来?"这个问题,高78.3%的受访者选择了"会"。

[②] 参见张春美、陈继锋《微文化生态下的社会主义核心价值观培育》,《安徽师范大学学报》(人文社会科学版)2014年第1期。

[③] 参见高源、马静《"未来10年10大挑战"调查报告》,《人民论坛》2009年第24期。

起之初就受到了重视。为何"主流价值观被边缘化"这个问题会受到专家、网友不约而同的关注?其中一个很重要的原因就在于网络媒体的出现。当个体与传统社会关系交往弱化并对技术产生一定程度依赖且形成批判的时候,以社交媒体为技术基础的微文化必然会因主流价值观的认同而产生冲击和影响。

在本书调查中,对"你认为现在青年人中以下哪种价值观最盛行?"这个问题进行选择时,有 21.6% 选择了拜金主义价值观,有 19.8% 选择了享乐主义价值观,29.7% 选择了个人主义价值观,24.2% 选择了权本位价值观,只有不到 5%(4.7%)选择了集体主义价值观。[1] 在对"你认为哪些因素导致青年人价值观发生转变?"这个问题进行调查时,48.6% 选择了媒体环境。

个案一:地点:杭州某高校;访谈对象:小丁;年龄:19岁;职业:学生;来自福建漳州

肯定是受媒体的影响嘛。因为现在网上信息那么多、那么杂,天天看,网上告诉你的事情又和学校、家里教的不一样,不受影响是不可能的。

个案二:地点:绍兴某高校;访谈对象:小王;年龄:21岁;职业:学生;来自湖北天门

我在学生会工作,主要负责的就是新媒体这块。新媒体现在太厉害了,我们那里也订报纸,但没什么人看,你要通过微信发点东西,就有很多人看,而且反馈也挺快。价值观这东西嘛,我认为必须要有人呼应,如果五个人中有三个人认可的话,那两个人也马上会认同。

个案三:地点:南京街头;访谈对象:小黄;年龄:21岁;职业:快递员;来自云南思茅

我不知道怎么样理解价值观?不过前一段时间微信上说有去

---

[1] 如果被调查者选择了集体主义价值观(单选题),不用回答原因。如果选择了其他选项,则需要回答原因。

扶跌倒的老人，结果怎么样怎么样的。像我们做快递的总在外面跑，什么事都会遇到。上个月我送快递在电梯里就遇到一个阿姨吧，岁数挺大，可能是心脏病然后就坐地上了，我本来想管，但一想到微信上传的那些事，就走掉了，事后想想，心里挺愧疚的。幸好电梯里还有一个人，他（给120）打的电话。

（二）微文化的社会化功能

社会化是一个复杂的、多层面的社会、社会、文化、经济空间等多因素综合作用变迁的动态过程，文化资本承担和扮演着关键的角色。布迪厄将以学衔、文凭、作品为符号，以学位为制度化形式的文化资本①划分为三类，分别表述为具体化的文化资本、客观化的文化资本和体制化的文化资本。布迪厄认为，文化资本是与经济资本（以金钱为符号、产权为制度化形态）、社会资本（以社会头衔、社会声望为符号，以社会公约为制度化形式）相对的一种重要资本，它是指一种标志行动者的社会身份的、被视为正统的文化趣味、消费方式、文化能力和教育资历等的价值形式。布迪厄通过对文化资本的剖析揭示了以文化形式存在的资本权利是如何在社会结构和社会阶级分化资源配置中的功能。

在社交媒体虚拟社区中存在的并以微文化的形态体现出来的文化资本，同样包含着复杂的、隐秘的以利益逻辑的形式存在的权力运作。这种权力能够生产和再生产社会等级结构，并以所谓"正当的""合法性"的方式通过各种符号体系的灌输，促使接受者在"集体无意识"和"潜意识"下完成社会化，巩固不同社会阶层的"界限感"和"位置感"，生产和再生产相应的"区隔"。在社交媒体环境中，微文化不同于主流传播媒介的舆论传播体系，社交媒体对主流价值观的塑造会形成一股舆论效应。价值观表达的偏差会由初始的小范围悖论表达，随着传播主体的去中心化和病毒式传播迅速增殖，导致偏差越来越大，直到对主流价

---

① 1989年皮埃尔·布迪厄首次在《资本的形式》中提出了完整的文化资本理论，可以看作是他对马克思资本概念进行非经济学解读的结果。

第五章　微文化与微社会：青年社会化社交媒体实践

值观产生质疑、否定等难以预料的后果。2013年12月23日，中共中央办公厅印发了《关于培育和践行社会主义核心价值观》的意见指出：社会主义核心价值观①是社会主义核心价值体系的内核，体现社会主义核心价值体系的根本性质和基本特征，反映社会主义核心价值体系的丰富内涵和实践要求，是社会主义核心价值体系的高度凝练和集中表达。因此要强化媒介管理，不为错误观点提供传播渠道。

然而，当前各类社会思潮此起彼伏、各种不良的社会情绪和社会舆论风起云涌，它们以文化的形式通过各类社交媒体在青年中弥漫开来，动摇了青年对主流价值观的拥抱和支持。社会化是普及并传播社会文化的过程，而社会文化是对社会结构主流方面的反映。如果非主流的东西增多，在社会文化中以断裂的方式进入青年一代成员中，则无疑会引起社会系统与社会文化间的矛盾与冲突。② 核心价值观的学习、接受、认同的过程，本身就是理解和掌握社会知识过程。只有在理解和掌握相应社会知识的基础上，才能训练和养成一定的社会技能。因此，核心价值观作为一个社会结构的社会文化精髓，需要被更多的人接受和认可。一种价值观如果不能真正转化为民众言之于口、践之于行、刻之于心的价值认同，终究是没有生命力的。③ 那么，哪些因素影响了核心价值观的传播，妨碍了青年人对核心价值观的接受呢？对这个问题，在本调查中有22.2%的受访者选择了社会思潮，有67.5%的受访者选择了社会舆论。④

为了准确清晰地了解社会思潮变化特点，人民论坛问卷调查中心采用关注度、活跃度与影响力三个主要指标监测评价2015年度思潮的变化。调查首先通过征集300余位专家学者意见，确定候选思潮20个；其次通过对中国知网、百度等搜索引擎进行关键词搜索，了解

---

① 社会主义核心价值观内容为：富强、民主、文明、和谐，自由、平等、公正、法治，爱国、敬业、诚信、友善。
② 参见［美］加布里埃尔·A.阿尔蒙德、西德尼·维伯《公民文化》，徐湘林译，华夏出版社1989年版，第204页。
③ 参见柯缇祖《社会主义核心价值观研究》，《红旗文稿》2012年第2期。
④ 本题为多选。

2015年各种思潮的活跃度;最后在人民论坛网、人民网等网站推出调查问卷,进行思潮关注度调查。这些主要基于学生自评的调查,事实上并不能全面地反映当代涌动的各类社会思潮对青年潜在的影响。

在传统社会中,社会思潮的传播层次可分为三级:专业学术界→一般知识界→社会公众,传播的渠道主要是报刊书籍、课堂教学、影视、同学朋友、课外活动、专业学术讲座、学术会议、文娱活动等,进入互联网时代后,网络成为青年人获取社会思潮的另一主渠道,[①]社会思潮走进网络是为了摆脱现实空间的制约,扩大受众群体、延伸发展空间的现实选择。不同于现实社会存在形式的网络社会思潮,通过特定论坛、特定网站等显示自我存在、抢占网络空间。随着社交媒体的发展,各类社会思潮又迅速盯上了这个新型的传播媒体,纷纷"跑马圈地",抢班夺权。

社交媒体时代,微博、微信等作为社会思潮交锋的主阵地,通过微文化的形式进行传播,因此它的传播模式也发生了很大的变化。由于微文化的内容容量有限,不便于表达更深层的价值体系,但它可以通过链接的方式和超文本的形式,使微文化用户快捷方便地找到自己感兴趣的内容,从而加速符号的生产能力,刺激了社会思潮在微文化空间的膨胀与发酵。在本书的调查中,就"如何看待各类社会思潮在微信(博)上盛行"这个问题进行调查时,有14.6%的被调查者选择了"这是社会发展必然",41.3%的被调查者认同"社会风气不正",29.8%的被调查者选择了"具有较强的现实指导性",14.3%的被调查者选择了"具有广泛的社会基础"。了解社会思潮的原因主要是"觉得好奇想了解""觉得这些理论有道理",接受的原因是"社会针对性强"。

个案一:地点:上海某高校;访谈对象:小林;年龄:19岁;职业:大二学生;来自江苏南京

[①] 余双好在实证调查中发现,网络(49%)已成为仅次于报刊书籍(53.6%)、课堂教学(51.5%)学生了解社会的主要渠道。参见余双好《社会思潮对高校学生核心价值观形成的影响研究》,《思想社会教育研究》2011年第6期。考虑到调查的时间是在2011年,因此可以肯定网络的渠道作用已超过报刊书籍,这在笔者作的非正式调查中初步得到了证实。

还是觉得（有些社会思潮）有意思吧。很多文章都是别人通过微信发给我的链接，他们提出的观点我觉得很多还是针对我们国家的现状，很有借鉴意义的。（你会同意他们的看法吗？）有些同意，有些不同意，但大部分都同意。

个案二：地点：绍兴某4S店；访谈对象：小郑；年龄：29岁；职业：职员；来自浙江台州

我认为自己是个民族主义者，所以我经常把强国论坛、铁血论坛上看到的一些文章转发给我的朋友。（通过什么途径？）一般微信吧。（为什么？）因为我认为它能鼓舞人啊，现在中国强大了，不是别人想怎么样就怎么样了。它上面的一些东西看了特别提气，觉得中国就应该这样，大不了打一仗呗。

个案三：地点：吉林市某国企；访谈对象：小冯；年龄：33岁；职业：工人；本地人

我挺喜欢一些人的观点的。我自认为思想偏"左"，但好像还没有那么"左"。（那为什么还喜欢？）我外公外婆是南下干部，很晚才生的我妈妈。我丈母娘做过知青。我爸爸、妈妈、我老婆的爸爸、妈妈，还有我和我老婆都在国企，所以我觉得自己的价值观还是挺正统的。

（三）微文化的社会化价值

微文化是基于互联网技术而形成的一种新型的文化形式，是信息传播方式转型、升级的产物，即信息由点对面的线性传播向点对点的网状传播转型而出现的。[①] 微文化作为一种当代文化景观，提供了社会认知的经验与价值判断，带来全新的话语交流平台，提升了整个社会话语权的新突破。其移动传播的特性、去中心化的属性、广泛分享和深度参与的个性，呈现出鲜明的文化特色并给整个社会带来深刻影响的同时，还通过思想观念和价值观的传播为每个个体建构以自我为中心的文化图景，扩大了民众的文化权力。因此微文化同样也能形铸

[①] 参见刘莉萍、孙杰《大学微文化资本的构建研究》，《高教发展与评估》2015年第1期。

青年人的社会交往方式和社会认知模式,为青年人社会治表达和社会参与提供了新的可能。

产生于社交媒体平台上的微文化,表面上看是扩大了人们信息的获取和接收的数量,但事实上关注的内容完全由自己决定。这就导致人们只关注自己感兴趣的内容,而对那些与自己利益不大或不感兴趣的内容,则有意识的屏蔽。这种完全由个人制造的"信息茧房"[1]带来的感情上和意识上的归属感,造成了与其他部分世界的分裂。当人们越来越沉浸于文化小圈子的时候,各种错误的、片面的想法和有害的社会思潮也会发出它最响的声音,传播出它最大的威力。

知识与权力具有不可分割的联系,某种话语的历史角色不仅取决于概念,也取决于概念的行为。[2] 社会未定性是青年社会化的一个重要特征,由于青年人社会社会意识和社会行为能力尚未定型,社会知识、社会阅历欠缺,使得青年人在接受各类社会思潮影响的同时,也可能接受与主导社会文化相反的社会文化。

实证研究发现,各种社会思潮对青年的影响存在着显著的正相关关系,也就是说各种社会思潮尽管观念不同,但是它们对青年的影响是一致的。即青年人受一种社会思潮的影响会增加对另外一种思潮的影响,各种社会思潮在本质上存在着内在联系,[3] 但与其形成核心价值观念影响度呈负相关关系,即各类社会思潮影响越大,青年人对核心价值观的认同度就越低。这说明,社会思潮作为引导青年社会化的重要内容,加强对各类社会思潮的管理和教育及对多元社会思潮的评论,就显得尤为重要。

---

[1] 之所以会出现这种情况,是因为人们在社交媒体信息领域里会习惯性地被自己的兴趣所引导,从而将自己的生活桎梏于像蚕茧一般的"茧房"中。它说明,虽然社交媒体等信息技术提供了更自我的思想空间和任何领域的巨量知识,但一些人还可能进一步逃避社会中的种种矛盾,成为与世隔绝的孤立者。社交媒体社群内的高效交流,并不能说明社群之间的沟通一定比信息匮乏的时代顺畅和有效。

[2] 参见刘禾《跨语际实践——文学、民族文化与被译介的现代性》,生活·读书·新知三联书店2008年版,第157页。

[3] 参见佘双好《社会思潮对高校学生核心价值观形成的影响研究》,《思想社会教育研究》2011年第6期。

第五章　微文化与微社会:青年社会化社交媒体实践

社会文化是一个主观范畴,是人们对社会生活的社会价值取向模式,作为潜在的模式影响人们的心理因素,所涵盖的范围非常广泛,主要包括三个基本成分,即社会认知性成分、社会情感性成分和社会评价性成分。它是社会上层建筑中维持社会体系有效运转的极其重要的部分,它对青年的社会情感、社会信仰、社会态度、社会认知都会产生重大的影响。因此,阿尔蒙德认为,每一种社会体系都根植于社会行为倾向的特定方式中,用社会文化来指代这种现象是很有解释力的。据此,他将社会文化分为地方性的社会文化、臣民式社会文化和参与式社会文化三类。

社会文化作为人类文化的一项重要内容,是人类在改造自然的过程中改造自身的本质的体现,因此同样具有延续性和变迁性。微文化作为一种新兴的文化样态,通过文本、图片、视频的方式使信息的交流更加方便、快捷的同时,也在促进资源的共享、信息的公开与全员的参与。微文化在推动传统社会文化改造的同时,也在发展和创造新的社会文化。这种社会文化相对于传统社会文化具有鲜明的阶级性,社会文化的阶级性表现为社会性的形式,如奴隶社会社会文化、封建社会社会文化、资本主义社会社会文化等,它反映着社会实践的社会化规模、水平和价值取向,并受生产社会化的规模、方式决定。因此,社交媒体时代的社会文化也必然带有微文化的某些特质与属性,因为"我们判断这样一个变革的时代也不能以他的意识为根据;相反,这个意识必然从物质生活的矛盾中,从社会生产力和生产关系之间的现存冲突中去解释。"[①] 在社交媒体时代,人们在使用微博、微信的过程中形成的对现实社会体系的态度、情感和评价,正遭受着微文化碎片化的信息内容、多元化的价值交流、去中心化传播互动等影响,微文化的草根性、平民性、底层化在削弱着传统社会文化的阶级性,抹平传统社会文化中的精英品质,冲淡了传统社会文化中的理性成分。

社交媒体社会文化作为社会文化的亚形态,不仅是现实社会文化的投射与反应,更代表着现实社会主体利用社交媒体对社会体系的主

---

① 马克思:《政治经济学批判序言》,人民出版社1999年版,第33页。

观反映和情感表达。在本文调查中，回答"你是否利用过微博、微信对某些社会事件、社会人物等发过牢骚、编过段子以表达过不满？"这个问题时，87.1%的受调查者回答"没有"，只有12.9%的受调查者回答"有"。尽管回答"有"的调查者数量占的比例不足两成，但通过对年龄段的研究会发现，年龄越大，这种可能性出现的频率就越高。

表5-3　　　　是否利用过微博（信）对某些社会事件、人物等表达过不满

选项＼年龄段	15—19岁	20—24岁	25—29岁	30—34岁
没有	91.6%	89.3%	86.1%	81.5%
有	8.4%	10.7%	13.9%	18.5%

这说明社交媒体时代的社会文化，会随着年龄段的增长，越来越成为一种释放情怀、表达情绪、缓解压力的渠道。相对于传统社会文化，社交媒体社会文化在传播内容与价值内核上并无实质上的差别，它同样代表着一种现实社会的动向，内容指向依旧是"线下"的社会文化，是内化于微文化用户内心的现实社会体系的映射。作为社交媒体"虚拟社会场域"和"虚拟社会"塑造的社会意识产品，虽然包含了丰富的社会文化素材，但由于实践的虚拟社会不是社会生活的主要形式，因此它产生的社会文化在整个社会文化中所占的比例偏小，从目前情况来看，社交媒体社会文化尚未成为社会文化的主体，但如果仅将其视为虚拟社会实践本身或作为现实社会文化的转型而忽视其作为一种主观层面的社会感知的话，很可能会忽视社交媒体社会文化的深层意义和属性。因为社交媒体社会文化作为网络社会文化的一部分，既具有网络社会文化种种特质，又具有独有的特性。首先，社交媒体社会文化是参与型社会文化，[①] 即它的社会人格是具有强烈民主性质

---

① 阿尔蒙德将社会文化分为参与型、地域型、依附型三种类型。每一种社会文化分别对应着一种社会结构，但一切的社会文化都是混合文化。他指出，社会文化并不与给定的社会体系或者社会完全一致，而是超越于社会体系的界限之外。参见［美］加布里埃尔·A.阿尔蒙德、小G.宾厄姆·鲍威尔《比较政治学：体系、过程和政策》，曹沛霖等译，上海译文出版社1987年版，第69页。

的自主人格,这种人格"意味着视自己为一个自由的、负有责任的人,而不是无意志的受控于他人的期待或冲动的工具。"① 微文化与生俱来的开放、互动、直接、平等、多中心等文化基因,事实要求(甚至强制)每一位主体都应具备独立、自主的个性,这也可以看作是某种程度上人性的释放。作为一种非主流文化,微文化表现出来的影响社会文化的"主导文化"特质,经常呈现出以小搏大的趋向,必须借助"社会人"这一生物实体才可实现。由于参与型社会文化具有较强的沟通、协商和制衡机制,存在于真实的公民社会中,因此社交媒体社会文化突破了以往传统的社会交往方式,消除了统一的社会控制方式,极大地增强了参与者的热情和兴趣,并且改造着参与者的社会态度和社会认知,培养出一种理性、宽容和合作的精神,通过信任积累出各类社会资本,从而有利于参与者交流社会经验、社会体会,学习社会知识,掌握社会技能。

三 微文化对青年社会化的亚文化影响

社会环境因素会对青年社会化产生冲击,而文化变迁和文化养成又对青年社会化形成过程产生影响。青年社会化的过程始终处于动态平衡中,游离于主流文化外的亚文化所构建的"小"社会背景具有较强的约束力,它控制着群体成员的群体行为规范,要求个体采取与群体成员相一致的行为。亚文化对青年人社会化的规范和引导作用形成了青年人对同辈群体的良好适应,即个体会采取与大多数人相一致的行为,从而表现为顺应的特点,否则就会面临群体抛弃和惩罚的危险。亚文化表现出来的强大的一致性和凝聚力并不与亚文化本身的多元化、异质性、强调以个人为本位,尊重个性发展的特质相违背,因为青年人对亚文化的遵从是由其心理层面决定的,② 它体现了在社会化过程

---

① [美]乔兰德:《健全的人格》,许金声、莫文彬译,北京大学出版社1989年版,第15页。
② 参见刘春雪《同辈群体对青少年道德社会化影响的心理机制研究》,《湖北社会科学》2008年第9期。

中亚文化强有力的控制作用。亚文化在变迁、流动、接触中生发出来的相似性主导着不同群体、同化着同一群体的青年文化特质，青年在社会化过程中的从众行为并不都是自愿的选择和简单的模仿，文化凝聚力越强大，成员会自觉地服从群体规范，维护群体的一致，这是自身归属的需要。文化的凝聚力越弱，成员间疏离感越强，群体规范越不容易得到遵守，说明群体压力没有产生效用。亚文化的同化功能免于青年被群体拒之门外，但由于"亚文化的规范和价值标准可能与传统社会的价值标准相符合，也可能不相符合甚至背道而驰，"[①] 导致亚文化还具有分化的功能，即不同青年群体选择的亚文化发生了冲突，造成价值观对立，这种分化不仅出自于群体内部，也会造成群体和群体间隔绝。因此在整合同辈群体的亚文化引导它们向健康有益的方向发展的同时，需要扩大主流文化观念的影响力，调整主流文化的传播方式，确立同辈群体亚文化的核心，形成青年人可欣赏共享的亚文化内涵和新的文化模式。

（一）微文化的亚文化属性——青年社会化的权力视角

公共权力的全面发展是青年社会化的根本追求。公共权力的配置和实现方式直接关系到文化的组织和结构。从权力的视角看待文化属性，是对公民在公共领域应该享有的社会生活和社会资源调整重构的理性认知。文化是无数个体的经验沉淀和相互影响经由习惯而定型的趋于稳定的集体性共同反应，是一种整体的生活方式。在微文化中，文化的草根化意味着微文化打破了传统的广播、电视等信息以官方或某一些人为中心的特点，体现出强烈的文化多中心特点，实现了信息的充分交流、融合，给予大众更广阔的语言表达空间。[②]

在现代社会，日常空闲时间被快节奏的工作、生活方式划分的支离破碎，因此碎片化的信息呈现和互动方式能够满足人们对某些文化内容的需求。拥有庞大使用人群与使用规模的消费群体的微文化尽管

[①] 尚会鹏：《中原地区青年同辈群体"把子"研究——以西村为例》，《青年研究》1998年第2期。

[②] 参见唐登芸、李瑶《网络微文化初探》，《重庆邮电大学学报》（社会科学版）2015年第3期。

从文化形式上来看，还具有相当浓重的草根化特征，相对化、碎片化的文化体系在一定程度上消解了传统文化的厚重性，但基于信息认同和信息共享，用户根据个人喜好自主生产的内容突破时空限制而建立起来的社交媒体交往群体，随着沉浸与虚拟程度不断升级，在一定程度上反倒强化了对传统文化的认同。

在社交媒体构建的虚拟空间中，强调个体价值、注重独立存在意识和权力意识的个体化进程，从来就是这个部落里所有成员的价值诉求。部落的存在依托于现实生活又脱离于现实生活，部落成员关系间的平等与自由，以及开放性、多元化的精神特质，个性化、大众化、集群化的主题特征，充分体现了微文化的审美和文化理想。相对于主流文化而言，微文化属于非主流文化，但它在某种程度上在某种范围内又体现出文化引领作用，因此在非主流文化中占有非常重要的地位，拥有非主流文化条件下的"主导文化"特质。[①]

微文化以其"微"形式契合了当前生活方式和信息获取形式，在现代人群特别是青年人群中具有较强的号召力。微文化在不同程度上分化和细化了以社交媒体为中介结合起来的不同群体，不同群体因为兴趣点不同，对信息获取的侧重面各有差异。随着微文化成为信息传播的主要形式，追求个体艺术表达和审美理想，更具人性化的文化风格的表现形式成为一种时尚流行。由于微博、微信、微电影、微广告、微小说等社交媒体载体受众，几乎所有的阅读体验都因审美趣味、消费方式、价值观念、生活方式的不同而对信息需求呈现出巨大的差异时，这种差异可能会导致媒介信任危机，这种危机"更根本的还是源于某种控制体制"，即文化权力控制，因为权力控制"使得媒介汇聚的拟态环境以及个体的头脑中的想象与真实的现实环境存在很大的差别"，因此就包含"许多非理性的臆想式言论形态"。[②]

福柯认为，权力是从无数的点出发，在不规则、不一定的诸关系组成的游戏中发挥机能（不是可用眼看到、可以捕捉的、具体的实

---

① 参见刘莉萍、孙杰《大学微文化资本的构建研究》，《高教发展与评估》2015年第1期。
② 刘军茹：《论记者的职业素质及权力控制》，《国际新闻界》2006年第10期。

体，而是在支援的诸多关系中形成的)。① 作为一种由文化生成的权力，微文化的权力展示为一种柔性的力量，这种柔性的力量经常被解读为"软权力"。软权力不同于硬权力，后者主要是通过奖励或威胁他人而达到自己的目的，表现为诸如军事和经济力量等具体资源相关的"硬性命令式权力"；前者主要是通过吸引他人而达到自己的目的。约瑟夫·奈认为软权力就是文化的力量，它是一种同化式的权力。微文化权力之所以能崛起并引起关注，最重要的背景莫过于权力主体多元化。除了商业组织、新闻媒体外，公众个体掌握的资源越来越多，使得全民参与的"在线民主"能够为集体民主提供又一种可能，微文化对中心话语、权级话语的解构重构了公共空间，构筑的平权意识实现了微文化的平民化和民间审美意识的言说立场。

微文化权力的崛起并非是传统文化权力的让渡与转移，它反映了文化性质的变化，随着互联网的普及和手机等数字通信工具的普遍使用，权力变得越来越缺少强制力，它的象征意义越来越大于实际操作。作为一种"象征性权力"，微文化通过语言符号表达一种权力关系，微博、微信、短视频等简单、快捷的书写话语促进了文化向民间意识回流，草根话语成为一种新的语言，微文化的书写者与阅读者的关系从主客分立转化为本体论的"你我同一"，这种"同一"是微文化软权力化的基础，主要体现为同化。

青年要成为合格的社会成员，要想被他所生存的社会群体所接受，他首先必须自觉地接受该社会的文化，如思想、习俗、思维方式、价值观念、行为规范、制度、法律等价值体系中的某项技能。② 要成为现实的合格社会一员，首先必须自觉地接受社会文化，使自己的行为合乎按照一定社会文化塑造的社会规范的要求。社交媒体环境下产生的文化其以小博大的主导性文化趋向，在社会某些阶层或群体的日常生活中起着重要的文化引领作用。微文化权力的教化不仅限于主导文

---

① 参见［日］樱井哲夫《现代思想的冒险家们：福柯——知识与权力》，姜忠莲译，河北教育出版社2001年版，第210页。
② 参见高桐杰、李相久《文化教化、文化涵化与青年的社会化》，《青年探索》2002年第2期。

化所传递的知识体系，以及某些具体的知识与技能的传授，更重要的是通过文化启蒙，将植根于社交媒体环境下的文化内化为个体的文化心理素质。从内容来看，它是一种生活方式的反映，生活类、娱乐类、情感类主题构成了这种文化的内容主体。碎片化的自言自语与"晒心情"的个性表达、刷"存在感"的自我展示与网络流行热词的此起彼伏，构成了一幅蔚为壮观的微文化图景。浸淫在这样的海洋中，文化的接受首先来自于理性的体认，即从情感上的认同和接纳，慢慢地融入自身的文化意识中，形成自身内在的精神存在。这个教化过程与多元化的现代社会推崇的尚微崇简、注重个性诉求、追求平等关系自由化的碎片语言与反叛表达的情结密切相关。微文化权力的教化角色扮演，与当代社会的文化倾向紧密相连，强调差异、追求自我，希望在分歧与共识间达成平衡等为主要特征的行为方式和价值观念，很大程度上满足了现代人对思想解放的吁求，促进了每个个体的主体文化自觉，认识到只要发挥主观能动性，就能参与到新的文化形态的改造中。

　　文化不是静止的，而是以不同的方式交往互动的。微文化的形态唤醒了个体的平等意识、自我意识和自由意识，在微文化的世界中，全民创作的参与，使各种形式的网络流行语、迷恋文化、段子文化、热词文化、圈子文化、趣缘文化、吐槽文化成为微文化多元的生动剧本。[①] 不同的文化形态，削平了文化的专业门槛，跳出了精英文化的狭窄性与局限性，将不同个体依兴趣、爱好，围绕着专门的"微圈"结成"微友"，随着"微圈"的分化与细化，又构建出更多不同的小群体。在社交媒体领域，不同文化间的交往，一方面促进了文化整合，另一方面又带来了文化冲突。主体权与话语权的平等，个体对自我价值的张扬，强调自我感受与自我实现，成为推动微文化发展的持续动力。

　　微博、微信、短视频等一系列的微文化外显话语符号构筑的时代文化意义平台，在不同文化的交流、交融过程中，由符号生产和消费基础建构的"真实虚拟文化"影响着微文化最终文化品性的生成。作

---

① 参见蒲清平、张伟莉、赵楠《微文化：特征、风险与价值引领》，《中国青年研究》2016年第1期。

为一种非主流文化,标准的相对性在一定程度上为评价带来了困难。主要原因在于,我们无法从传统文化视角去追问、审视,"文化误读""文化缺失"是如何煎熬着微文化品性的建设?由于背负草根文化、亚文化、异质文化的认知重负太沉,以至微文化品位从未被认同。我们不能简单地对"灌水""扔砖""抢沙发"及"吐槽"等网络行为作出或对或错的评价,这些行为存在着不可小视的文化消费群体。社交媒体文化对传统主流文化的解构,改变了整个社会的文化生态,冲击着传统文化秩序,个人价值被放大,文化创作力以全新的方式得到释放,弥补了个人关怀在东方文化中重视程度不够的缺憾。微文化实现了自主化的存在与变革,成为人们"生活方式"的一种文化样态。另外,作为一种互动文化,微文化中充斥着大量的垃圾信息。为了融入社会交往的小圈子,人们不得不以媚俗的取向表明自身存在与发展的合理性,为了迎合社交媒体中弥漫的浮躁氛围,不得不放弃个人思考与文化创新,以功利化的思考指导和原始的反省能力为自己的存在与发展辩护。

(二)微文化的亚文化生存——青年社会化的技术视角

青年社会化的过程就是青年社会人格形成和发展的过程。社会人格的形成和发展离不开相应的技术支撑。从技术的角度来看,以微博、微信为代表的个性化媒介终端,虽然信息内容由个体生产,传播内容体现个性化的使用习惯,但由于媒介信息网相互交织,作为反映和表达公共事务、社会热点、焦点问题、社会问题的平台,其中必掺杂、流露着不同个体的情绪、态度和意见。在这个来自社会不同阶层、不同年龄、不同背景的人群构成的部落中,人们以匿名的方式交流信息、交换意见、传递情绪,致使现实社会中的约束机制失效。

微文化创作的动力是自我需求,这是一种只代表自己的自主性言说,用平民化的视角和情感表达对生活的感受、对生命意义的感知和对自我认同的感触。因此罗伯特·F.墨菲认为:"文化赋予我们生活以意义,给予我们自身同一性,并从芸芸众生中理出秩序。"[1] 作为一

---

[1] [美]罗伯特·F.墨菲:《文化与社会人类学引论》,王卓君译,商务印书馆1988年版,第25页。

第五章　微文化与微社会：青年社会化社交媒体实践

种现代社会典型的大众型文化，微文化多重话语性背后都体现文化语境的复杂性及解读的多义性。微文化虽然是一种个体性行为，折射着个体的理性功利性计算，微文化作为"社会的文化"[①]的特殊生活方式一种，正在建构一种新的文化范式，它裹挟着社会心态、个人情绪正在深刻地影响着青年人的社会态度、社会情感、社会行为。

微文化带有很浓烈的亚文化色彩，体现出浓重的亚文化品性。亚文化是展示青年人集体行动和社会动员的要素，是对抗或疏离主流文化的工具，是在成人社会中寻求主体意识的努力。随着传统媒介式微，新媒介技术的兴起，当今青年亚文化的生成与生存的环境已发生了根本性的变化。社交媒体作为新一代媒介技术，不仅改变着青年人的人际沟通模式，而且影响着青年人对社会和文化的认知、态度和意识，其中包括青年亚文化和整体文化的相互关系的事实。

亚文化是与主流文化相对而言的，是指由特定社会群体发明、信奉和推行的一种特有的文化价值体系、思维方式和生活方式。"青年亚文化"作为以青年期这一年龄段为界而划分的亚文化，其本源性的依据在于这一人生发展阶段的生理、心理特点。[②]青年亚文化代表的是处于边缘地位的青年群体的利益，它对成年人社会秩序往往采取一种颠覆的态度，所以，青年亚文化最突出的特点就是它的边缘性、颠覆性和批判性。[③]

传统社会生活中，青年群体缺乏发声渠道，对主流文化、主导价值体系的反抗主要通过制造出属于自己的符号体系，表达对主流文化的抵抗颠覆，特别是在社会存在阶级差别和对立的情况下或者转型期社会矛盾比较突出的时候，青年亚文化会表现出更加强烈的离经叛道色彩。[④]当今社会随着经济的发展，贫富差距悬殊，各类潜在的社会

[①] 雷蒙德·威廉斯认为文化包括"理想"的文化，"文献"的文化，"社会"的文化，其中"社会的文化"指的是一种生活方式，包括社会成员之间交流的独特形式。

[②] 参见张高云《后现代主义思潮对青年亚文化的影响》，《当代青年研究》2007年第1期。

[③] 参见[美]迪克·赫伯迪格《亚文化：风格的意义》，陆道夫、胡疆锋译，北京大学出版社2009年版，第94页。

[④] 参见杨聪《浅析网络时代的青年亚文化》，《中国青年政治学院学报》2008年第5期。

矛盾相互纠葛，各种不同价值观念、文化形态争夺社会人群以扩大影响面，社会断裂致使不同世代话语交流阻隔。在这纷繁喧嚷的社会图景中，当代青年文化表达的热情尽管风格千差万别，但依旧可以找寻到相似之处，即制造并拥有属于自我的文化符号在青年群体中构建特殊的审美趣味。

微文化的技术特性特别适合后现代主义思潮生存、繁衍与发展。去中心化、碎片化、离散性、随意性与后现代主义反主体性、反理性、反权威、通俗化、大众化等特性契合，同时后现代作为青春、叛逆与颓废、浪漫的矛盾体，利用社交媒体环境优化其内部因子重新配置的同时，也暴露了技术理性下文化价值的非常规取向。社交媒体环境下的后现代思潮对青年亚文化的影响主要通过主体范围层面、价值需求层面、言语表达层面表现出来。

主体范围层面。当我们谈到青年亚文化时，事实上已经忽视了创造一个个亚文化的主体。因为后现代反中心主义的哲学思潮，消解了青年亚文化主体的存在。青年亚文化的主体身份隐藏在社交媒体环境中，这种环境提供了青年亚文化消解与重构的土壤，在这块土壤上生成的青年亚文化适合后现代主义反中心主义的哲学观。在社交媒体环境中的青年亚文化群体，他们的面目是模糊的，他们的身份是游离的，尽管不同主题的亚文化产品是经来自世界各个角落不断聚合并壮大的自发社群不遗余力的修整建造，并加以不断地完善，成为某个群体共有审美趣味的表征，并呈现出带有强烈特质的文化风格，然而社交媒体环境为个体提供了选择与转换角色的自由，每一个亚文化参与个体都有多重身份，这种多重身份可能会与现实角色相冲突或隐匿于现实角色中，致使主体特性模糊，身份的庄重性与责任感被消释。

价值需求层面。一般认为，社交媒体为青年提供了一个自由宣泄和表达欲望的平台，给青年人以在场的感觉和参与的自由，当青年人使用社交媒体为公共事务和自己感兴趣的事情发表意见、发起讨论的时候，也为青年人建构身份、寻找价值认同制造了一个经验和交往的场所。这种看法忽略了社交媒体同时也是一种价值需求，是个体逃避和逃离外界喧嚣复杂的世界，寻找内心的归宿的场所，尽管这种需求可以看作是"逃离主义需求"。后现代主义思潮所具有的怀疑主义、虚无主义，在青年人的精神世界中产生一种"逃离意识"。如近年来广泛关注的小清新亚文化事实上就是这种"逃离意识"的最好诠释，在一些极富煽动性的文字背后，是青年人在现实压力面前无所适从的精神"逃兵"。[①]

言语表达层面。语言是时代和文化的反映。当代青年受到后现代生活方式的影响，喜欢休闲与简单的生活，因此言说方式呈现简约性、生动性、新异性、隐晦性等变异性特征。[②] 后现代化的语言风格是随性的、自由和平民化的，鄙视甚至嘲笑高贵、博雅、文学色彩过浓的表达方式，把这种表达方式看作是一种贵族化审美情趣，与他们所倡导的世俗化格格不入。应该注意到，当前亚文化的积极推动者和生产者是青年人，这一代青年人受教育的水平和掌握高科技的能力，是以往青年人远远不及的，当今青年亚文化的产品种类、风格样式和内容形式也是以往亚文化产品所不可比拟的。正是建立在亚文化产品数量、种类极大丰富的基础上，当前青年亚文化言语的主要任务就是"祛魅"，越是凡夫俗子式的表述越受到追捧，当这种对通俗的追捧走向极端，便是混乱、零碎、低级趣味和无政府。

（三）微文化的亚文化效应——青年社会化的价值视角

从价值层面上来看，青年社会化中民主意识、责任意识、权利意识的养成，需要相应的社会文化氛围的培育。"我们的媒介是我们的隐喻，我们的隐喻创造了我们的文化内容"。[③] 在社交媒体的推动下，微文化的发展促进了青年亚文化的发展并促成了亚文化的转向与变异。因此通过社交媒体就可以洞察青年亚文化的发展动向以及文化构建方面的集体意识，对文化参与的热切渴望与民主意见表达的急迫诉求。

1. 亚文化2.0版对青年社会化的正指向

青年已经成为社交媒体使用最为活跃和庞大的群体。随着微文化

[①] 行超：《"逃兵主义"的现实困境——小清新文化分析》，《南方文坛》2013年第3期。
[②] 参见张高云《后现代主义思潮对青年亚文化的影响》，《当代青年研究》2007年第1期。
[③] [美]曼纽尔·卡斯特：《网络社会的崛起》，夏铸九等译，社会科学文献出版社2006年版，第107页。

种类、风格、内容构成等的不断变迁，以及亚文化生存环境的变化，青年亚文化风格样式、传播模式、消费形式等也发生了变化，这种变化被学者们称为"青年亚文化2.0版"。

青年亚文化2.0版与社交媒体的发展密切相关，是以社交媒体为技术平台形成发展而建立的，因此带有"工具特性"，即话语特征必须满足社交媒体的传播特征，社交媒体的传播渠道多向、传播主体多元，既可以接收信息又可以发表意见及时反馈。① 因此，青年亚文化2.0版是移动互联网技术发展到一定阶段的表征，它与前几代亚文化最大的不同在于它的承载平台，移动互联网技术构建的虚拟空间跨越时空界限，传播主体客体角色日益模糊，主体间性传播成为主要传播形式，青年群体利用掌握社交媒体的技术优势争取话语权，而这在传统大众媒体时代是难以实现的。以智能手机为代表的移动媒体终端信息传播的便捷性、即时性与广泛性是传统大众媒体所无法比拟的，当前青年亚文化2.0版类型可分为：网络同居亚文化、同性恋亚文化、恶搞亚文化、搜索亚文化、御宅族亚文化、语言亚文化、播客亚文化、粉丝亚文化以及青年写作亚文化，② 还有近来比较流行的小清新文化。通过对这些类型梳理可以归纳出青年亚文化2.0版对青年社会化具有如下几方面正向所指：

第一，温和式表达取代对抗式行动。青年人表达欲望强烈，虚拟空间为青年人提供了必要的社会参与情景，这种参与情景很容易让参与者陷入"群聚狂欢"，在这里表达什么反倒是其次，关键是它所具有的风格特征使每位参与者拥有了一种"仪式感"。③ 为了证明存在以及控制他人，青年人必须对公共事件或感兴趣的事情发表意见观点，表达的方式通常有两种，一种是对抗式表达，通过制造出只属于自己的符号体系保持与主流文化的距离，以叛逆的姿态和怪异的风格如吸

---

① 参见浦颖娟、孙艳、征鹏《大学生与网络青年亚文化关系研究》，《当代青年研究》2008年第5期。
② 参见马中红《国内网络青年亚文化研究现状及反思》，《青年探索》2011年第4期。
③ 蒋建国、化麦子：《网络"小清新"亚文化的展演与魅惑》，《现代传播》（中国传媒大学学报）2014年第7期。

毒、滥交等显性姿态抵抗占统治地位的主流文化和道德评价。这种表达形式目前在青年亚文化2.0版中发展式微,其有悖于伦理道德的行为正被越来越多的青年人所唾弃。反之,作为另一种主要表达方式温和式表达正成为当前青年亚文化2.0版主流,这种表达方式是通过肢解、恶搞、借用、转换等形式,将激烈的对抗转向温和的、内在的、含蓄式的表达,将外显的仪式性抵抗转化为以隐性的方式张扬个性、表达意见,唤醒青年人文化独立意识。

第二,公共参与取代自我抒写。通常情况下,青年亚文化2.0版和以往的青年亚文化一样,它的文化行为被看作是一种个体表现,是个体的自我倾诉、自我表达,更多的时候还是自我沉醉、自我迷恋。例如近年来兴起的小清新亚文化,表现的是很个人的情绪和心情,虽然其审美趣味简单、干净、透明、清爽,但这种表现是"独白式"的,更多的时候是个人情绪的阐释,缺乏广泛的传播互动,因此即便虚拟空间存在众多的"小清新"群体,并且把这些"小清新"群体聚合在一起,但互动仅限于相对封闭的圈子,推动社会文化生产力量有限,只被视为个体的简单相加。除了自我抒写的文化参与方式外,亚文化2.0版与以往青年亚文化最大的不同在于社会参与和公共参与的力度前所未有。社交媒体提供了思想表达的自由,通过对传统符号体系的解构,青年人使用"比特语言"解码公共议题,参与公共事务,表达个人意见,反映个人情绪。随着移动通信技术的发展完善,参与的方式更加便捷,渠道更加顺畅,成本更加低廉,青年人投身社会事务和公共事务的热情必将进一步点燃。如果说以往亚文化对社会表达、社会事务表达的声音通常被认为是微弱的、边缘的,没有引起更多重视的话,那么青年亚文化2.0版更多地反映是青年群体的真实舆论,这种现象前所未有。青年亚文化2.0产品的内容不仅只限于娱乐消遣,也并不仅限于自娱自乐自说自话,近年来出现的一些带有象征意义表达社会权力和社会关注的亚文化2.0产品更是青年群体渴望参与社会和公共事务、寻找失落的价值理念的挣扎体现。

第三,商业收编取代文化排斥。青年亚文化2.0版用文字、声音、图像创造出独有的符号体系表达自我的价值标准和行为方式,以此作为探索人生的手段和工具,集中体现了与成人社会和主流价值观的冲突,因此一些国内学者谈到青年亚文化2.0版的时候,直接将青年亚文化2.0版与反文化画等号。这种认知其实并不陌生,任何一个时代的青年亚文化在成长过程中,都经历过这样的误读阶段,比如伯明翰学派谈到青年亚文化抵抗时,大多将其视为威胁社会的越轨行为,而强调其负面方面,将其阻止在成人社会之外。[①] 青年亚文化2.0版与传统青年亚文化相比较最大的不同不仅在于媒介技术和媒介手段这种新的呈现方式和表达方式,更在于其精神本质。传统青年亚文化正常表达渠道在传统大众传媒时代难以实现,因此只能借助于摇滚、狂欢等行为方式确定自我身份和自我认同。然而到了数字时代,青年亚文化开始出现被主流文化收编的势头,青年亚文化的表达方式更加温和、理性,文化群体不再限于充满迷幻色彩的小圈子,文化行为不再偏执于暴力,文化特点不再只具有反抗与颠覆,青年群体利用掌握社交媒体的能力,创造出有别于以往的亚文化景观,通过创造新文化来构建新的文化认同。这种文化认同在社交媒体时代主要表现为商业收编的形式。一些诞生于网络上的青年亚文化的新词汇很快被传统媒体使用于商业行为中便可见一斑。这种收编看似妥协,实质上是借助消费行为完成对主流文化的反哺。鲜明的价值主张和文化理想是青年亚文化的表征,当这种主张和理想被转化为极易识别的消费符号的时候,亚文化的风格表达也就被认为是消费社会特有的文化现象并转而成为主流文化的发展内驱力。这种反哺促成了文化的互动,亚文化2.0版不再因为商业收编而产生道德恐慌,青年人在创造亚文化的同时也在推动着主流文化的发展壮大,尽管其反抗性、独立性有被完全消融的可能。

2. 亚文化2.0版对青年社会化的负指向

虽然青年亚文化通过社交媒体实现了丰硕的文化价值,但也应该看到在复杂多变的社交媒体环境中青年亚文化非理性和过激行为,不仅加深了公众对亚文化的传统刻板印象,而且也将青年亚文化引入歧途。在社会文化转型的关键时期,对青年亚文化存在的不和谐因素要

---

① 参见刘婷《微传播环境对青年亚文化的影响》,《学术探索》2014年第10期。

保持清醒的认识并注意加以引导防范。青年亚文化2.0版对青年社会化的负向所指主要表现为：

首先，从表述内容来看，相较于传统媒介，社交媒体每次传播中有限的信息载量使得内容碎片化，对信息的接触停留于浅表阶层，加速了现代社会个体原子化的生存，建立在这些个体原子化共同体之上的共同体，基于"本质意志"能够提供温暖、亲密、认同的社会交往越来越少，传统聚合动因被削弱，因此由不同的亚文化组成的不同的共同体也呈现出原子化状态。原子化状态折射出来的异质行为加重了个体与个体、共同体与共同体之间的彼此隔绝、疏离，缺乏认同感，使得个人主义弥漫。消费经济时代的青年亚文化2.0版碎片化的信息内容，大多呈现出一种"娱乐至死"的风格，当初以戏仿、反讽为风格的滑稽、无厘头的表达内容，越来越走向极端，一些带有色情的低俗化的内容在青年亚文化2.0版中异军突起，变得很有市场，导致亚文化在发展过程中呈现一些盲动状。对亚文化中娱乐特质的追求使当前亚文化的表述不时地陷入暂时的人生体验和极致享受中，缺乏当代人所应具有的生命深度和意识。

其次，从文化主体来看，去中心化消解了亚文化主体的存在。社交媒体虚假空间中活跃的一个个小团体结构松散，团体成员的身份多元且存于流动中，隐匿在虚拟空间中的文化主体在所谓言论自由的保护下，摒弃秩序与规范，在主流文化对现实社会适应性弱化的情况下，自我约束、自我调适的意识薄弱，导致行为偏离、道德失落，甚至借亚文化产品煽风点火，制造混乱和恐慌。

最后，从价值观念来看，青年亚文化历来鼓吹前卫、时尚与先锋，作为这种观念的倡导者，青年亚文化高举反主流的旗帜，追求鲜明的个性与风格，但这种个性与风格越来越有被同质化、单一化的可能。微文化全球化的特征促使在其基础上生成和传播的青年亚文化不再坚持抵抗任何单一社会体系、主流阶级和成人文化，他们甚至不同程度地弱化抵抗的特质，也不再囿于某种鲜明而固化的文化风格，[1]当一

---

[1] 参见马中红《国内网络青年亚文化研究现状及反思》，《青年探索》2011年第4期。

种亚文化形态出现的时候，被迅速地模仿、复制，并乐此不疲，丧失了自主思考与行动的能力。

（四）微文化的亚文化走向——青年社会化的发展视角

青年社会化的发展是处在矛盾发展过程中的。在不同发展时期，青年社会化具体内容和实现方式都有所侧重。但无论如何，追求和谐是青年社会化的根本。社交媒体的亚文化命运何去何从？在某种程度上关系到当今以社交媒体为技术支撑的微文化的命运走向。因此了解微文化的亚文化的未来，也能够借以管窥微文化的明天。对于微文化中的亚文化当前学界存在两种相反的思考。一种思考认为，"从对抗到缓和，从抵抗到收编"是所有亚文化必然经历的演化周期。将亚文化进行收编无非是用温柔而缓和的方式使其失去抵抗能力而被重新收回到主流文化中。① 亚文化会随着主流文化日复一日的浸润，成为主流文化的帐下一员，青年人创造的抵抗成人社会的文化工具最终反过来成为约束青年人的规范与价值。另一种思考认为，社交媒体中生存的青年亚文化仍将并行不悖，在与主流文化的较量中或者"被死亡"或者在商业资本和营销理念的注入下向"快餐化""商业化""娱乐化"的方向发展。② 社交媒体环境中的亚文化暂时性、分裂性、无深度感等特性在全球化时代无法抵抗主流价值观、主导意识形态和成人文化的围剿，喧哗之后便是寂寂廖廖，很快被遗忘，归于无声无息中。或者与商业结盟，成为商家开疆拓域讨好青年的利器，然而市场的风云转向，使得这种利器多只具一次性功能，用完之后还是免不了"被死亡"的命运。

亚文化是青年文化中非主流的文化，是一种需要被理解、被引导、被接受的另类文化，它与主流文化既趋同，又相互对抗。互联网促进了青年亚文化的发展，建立在互联网之上的社交媒体对青年亚文化的发展又起到了推波助澜的作用。当主流社会的理论话语试图解读青年

---

① 参见秦莹《媒介技术与青年亚文化转向的价值判断及调适》，《山西高等学校社会科学学报》2015年第1期。

② 参见李晔、张冠文《网络亚文化的后现代主义趋向——从校园多版本的江南Style网络风靡谈起》，《青年记者》2013年第3期。

亚文化的时候，亚文化也在试图解读主流社会。传统的芝加哥学派和伯明翰学派青年亚文化理论形成的时代背景、文化背景与今日相比大异其趣。对当今青年亚文化的理解，必须结合后现代主义思潮，以及媒介技术环境特别是与社交媒体相联系才能消解青年亚文化的负面干扰，重新认识在社交媒体的土壤里生长壮大的青年亚文化结出的文化价值。

随着使用社交媒体的青年群体人数的增加，社会阶层不同、教育背景不同、生长环境不同，这些都成为不同群体的青年对不同类型的微文化追逐的理由，微文化在滋润青年人成长的同时，也在潜移默化地培养着青年人社会表达、社会行为、社会情感、社会认知。作为促进青年社会化发展的一极（场域），微文化对青年人发展为合格社会公民的培养还有赖于对另一极（场域）的认识，它就是微社会。

第二节　微社会，社交媒体领域的社会动员

综观国内外近些年来发生的大事件，多起源发酵于微博、微信等，经过传统媒体的介入，信息外延得到进一步拓宽，全方位、多维度把事件现场和真正的声音呈现出来的同时，也让人领略到了社交媒体沟通、传播的强大力量，而掀起这股力量的多来自青年人。更加"生活化、草根化"，以用户为核心的具有高黏性微博、微信等社交媒体正以一种高昂的姿态和更加个性化的方式表达着个人的社会见解和社会诉求，影响国家的社会生活，实现公民的社会价值，体现个人的社会尊严和社会地位，回应青年人对社会参与的渴望与热盼，悄然地改变着他们的社会表达、社会参与和社会行动。

一　社会媒体的社会动力、属性和形态

我们今天生活的时代与以往最大的区别在于，个体的面目在大时代的背景下清晰可见，散乱无度的自我需求在经过层层传递后可以进

行穿行式的阅读和分享。"我"成为可以调度的资源，在飞快的微粒运动中加速产生爆破性效应。之所以认为社交媒体所产生的社会形态（简称微社会）已成为当今青年社会化的动力来源，是因为"今天的社会已经与曾经很长时间主导人们社会生活的对理念、信仰、制度、权威等价值和相关命题关切渐行渐远，而更多地表现为对民众日常生活的关注，或仅仅对民众具体、细小甚至琐碎诉求和问题的回应"。[①]由于社交媒体已成为人们表达情感的重要载体和讨论社会热点事件的重要场所，因此可视为青年社会化的衡量指标。

（一）社交媒体的社会动力

实践证明，群体事件、社会运动的发生，从表面上看是利益纷争、社会矛盾被激化所产生的，实质上反映的是民众（特别是青年人）社会情绪的释放。综观近年发生的"推特革命"[②]，总是先有不满情绪的蓄积，而后经推特等社交媒体的助力，演化为实质上的"线下行动"，社交媒体在其中扮演的是催化剂的作用。社交媒体在公共事件中宣泄出来的个体的意见表达和意志选择，起到的不是化解、抚慰的作用，而是将众多情绪汇合，形成一股力量实现群体决定。

克莱·舍基[③]将来自于社交媒体的这种动力称之为"无组织的组织力量"。这种组织力量主要凭感情、缘分、兴趣快速聚散，是一种基于话语的、短期的、临时的、当下的组合，它既可以在短时间内快速地聚合起来形成强大的力量，又可以立刻烟消云散、了无痕迹。因为缺少了长期契约的存在，它产生的临时速配的关系恰似一种"无组织的组织"，它在行动中产生的力量就来自这种"无组织的组织力量"。这种新型的组织和力量迎合了后现代社会人与人之间关系的多变性，将每个个体基层治理的决心和责任结合在了一起。实践证明，社交网络中非中心成员的参与程度，才是决定一场运动成功与否的决

---

① 王丽萍：《微政治：社会情绪的文化演变》，《民主与法制》2011年10月17日第A06版。
② 如2010年末发生的席卷中东、北非的"茉莉花革命"，2011年发生于伦敦的街头骚乱，以及2012年日本发生的"包围首相官邸"的行动，参加者都是通过推特组织起来的。
③ 被誉为"互联网革命最伟大的思考者""新文化最敏锐的观察者"，从事有关互联网的社会和经济影响的写作、教学与咨询，特别关注社会网络和技术网络的交叉地带。

定因素。① 而非中心成员的参与程度，又取决于他们对运动的认知。通常情况下，成员的参与程度可分为三种类型：

1. 主动式参与。这部分人群属于社交媒体的高感知人群，他们是各类话题的制造源，同时也是议程设置的积极参与者。当一场运动出现苗头而未真正地爆发时，他们占据话题高地，或者作为信源的见证者和广播者，积极地分享信息；或者作为信息的核心转发者，大范围地传播信息；或者作为舆论引爆点的意见提供者，在转载信息的同时加以评论，以表明个人态度、观点和意见。在运动中，他们的意见领袖地位不受现实环境中真实社会地位、职业、社会阶层的影响，他们的意见通常都是通过粉丝而得到进一步传播。

2. 动员式参与。这部分人群数量极大，占到了群体事件中参与人数的大多数。当事件发生时，他们的反映是从最初的漠不关心（关切度不大）——主动了解（置身其中）——投身运动（线下参与）这样一条路径发展的。随着对事件关切度的提高，感同身受的体验就越来越强烈，这种情结在外界的鼓动下，终于使这部分人的情绪演化为现实的行动。其中一部分人群会随着事件的发展，成为意见领袖中的一员，影响更多的人参与进来。从总体来看，动员式参与原创信息较少，大多转载分享，在转载的过程中很少附加个人评论、意见、观点。因此如果仅从传播内容来看，很难认定这部分人群的态度。但如果分析他们转发动机角度会发现，在大量转发的背后，包含了对信息内容的认同、认可，呼吁推动事件的发展等心理因素。② 这说明，事件的发展往往影响了这部分人群的态度，这种态度虽然来自动员，一旦被发

---

① 加州大学圣地亚哥分校的博士 Zachary C. Steinert-Threlkeld 在考察了 16 个中东和北非国家 2010—2011 年每天发生的抗议数量和推特用户的言论之后，发现普通用户（而非大 V）转发和抗议相关的信息越多，第二天在该国爆发的抗议数量就会越多。

② 胡珑瑛、董靖巍在对微博用户转发动机进行实证分析后发现，微博用户的转发动机共有 16 种，分别为：缓解压力、发泄不满；信息幽默、快乐、趣味；打发无聊时间；参与活动；对信息认同、认可，产生共鸣；呼吁推动事件的发展；对生活或事件的感悟；自我形象塑造；与好友交流互动；与名人虚拟交往；帮助好友；建立交往圈子；与专业兴趣相关；了解新闻动态；学习知识；发生的事与己相关。参见胡珑瑛、董靖巍《微博用户转发动机实证分析》，《中国软科学》2015 年第 2 期。

动起来，会迅速地成为影响事件走向的力量。

3. 消极式参与。并非社会运动或社会事件中的每一个参与者都表现的积极主动，其中相当一部分人群是在被裹挟的情况下，担心受冷落被打击的考虑而参与进来的，他们对运动的参与抱持一种抵触和不作为的态度。从他们在活动中的表现来看，他们参与的热情度不高，对相关信息转发、分享数量极低，更遑论意见表达、观点流露。这种现象不仅出现在与他们关联度不大的运动或事件中，就是与他们直接相关并被迫涉及其中的运动或事件也多是抱怨、口头议论而已，真正参与其中并试图向他人影响的行动很少。在社会事件中，消极式参与是一种常态，因为真正活跃于公共事务中的人在成年人中所占的比例不大。[①] 从某种意义上来说，消极式参与也是一种正能量，作为社会事件或运动中的另一端，消极式参与是对主动式参与的抗衡与抵消，尽管运动爆发后，组织者希望有越来越多的参与者加入进来壮大力量、提高声势，但因为有了消极式参与的存在，使得运动能够控制在合理范围内，而不至于走向毁灭。

（二）社交媒体的社会属性

社交媒体作为人际沟通的媒介以外还兼具另一个重要功能：控制功能。社交媒体不仅可以突破信息封锁、信息垄断和信息控制，而且在传达信息的同时还可以挟带社会观点、社会态度和社会意识，因此它的社会属性正在受到关注和重视。2009年伊朗大选后发生的社会动荡，让美国人看到了推特可以成为检验借助信息技术实施"E外交"[②] 乃至"信息战"等诸多理论假设的试验田，时任美国国防部部长罗伯特·盖茨认为，推特等社交媒体是"美国的重要战略资产"。在中国，社交媒体的影响力愈来愈大，类似于推特的微博、微信在一定程度上影响和改造着社会文化生活。为了解社交媒体与当前中国青

---

① 参见［美］罗伯特·A.达尔《现代政治分析》，王沪宁、陈峰译，上海译文出版社1987年版，第131页。
② 指在信息化时代背景下，国际行为体利用网络媒体、手机等现代传播通信工具，依靠政府与公众对外宣传外交政策、传播舆论信息、开展外交活动，以期显示国家战略目标的新型外交手段，是奥巴马就任美国总统后，提出"转型外交"新理念的一部分，时任国务卿希拉里是其大力推行者和倡导者。

年社会表达意愿间的关系，笔者特意设计了一个实验。首先，选取了三个2018—2020年发生在国内的重大时事社会新闻事件，分别为"第一届中国国际进口博览会在上海举行130多个国家和地区的3000多家企业参展""美国和以色列于2019年1月1日00：00正式退出联合国教科文组织""中国将全面建成小康社会，实现第一个百年奋斗目标"，调查对象为大四学生，问题采用开放式，要求至少150字，谈对以上三个事件的看法。问卷发放采用微信，问卷回收要求可以采用电子邮箱、QQ、微信、微博和书面递交等形式，结果80%以上的学生选择了微信。

表5-4　　　　　　　　使用不同媒介回答问题频率表

针对人群：大四学生	使用人数（人）	所占比例（%）
微博	21	7.7
微信	217	80
QQ	14	5.0
E-mail	18	6.6
书面	2	0.7

从上表可见，使用微博、QQ和微信表达看法的分别占到7.7%、5.1%和80%，共计92.8%，这表明社交媒体已越来越成为青年人社会表达的渠道。其中微信使用人群高是因为虽然智能手机也具有发送、接收微博和QQ信息的功能，但大部分青年人已经习惯了用它们来接收信息而非发布信息。但是我们将同样的问题对大二学生进行调查后发现，他们使用微博、微信、QQ进行社会表达的比例接近。

表5-5　　　　　　　微博、微信、QQ社会表达频率表

针对人群：大二学生	使用人数（人）	所占比例（%）
微博	95	28.8
微信	94	28.5
QQ	103	31.2
E-mail	33	10
书面	5	1.5

这是因为相对于大四学生,[①] 大二学生在校时间较长,桌面台式PC机和智能手机使用的频率较为均等,相对于智能手机,PC机操作更顺手,因此在发送信息的同时,首先会考虑PC机,因此微博、微信、QQ使用人群接近。但尽管如此,仍在28%的学生使用微信(这部分学生中有57人表示是使用PC机上的微信发送的,比例达61%)。这说明,在媒介接近均等的情况下,不同类型的社交媒体使用频率是接近的,其中使用习惯是选择何种类型社交媒体的主要因素,这也恰恰体现了青年人参政议政方式的改变。作为基层民主的试验场和民意力量的外在表现,社交媒体民意与现实社会的互动,可以改变事件的性质、还原事件的真相、提升社会文化传播力、再造社会行动主义。

【案例】

浙江海盐新建垃圾焚烧发电厂惹众怒　民众集聚冲击管委会

据海盐发布微博消息,(2016年) 4月12日,浙江海盐县政府发布在西塘桥建造垃圾焚烧发电厂选址公示。20日以来,西塘桥街道及周边部分人员采取非法集聚、封堵道路等方式,造成交通中断。公安机关迅速依法处置。4月21日,在海盐县政府公布停止该项目后,仍有人员集聚。

4月20日,一些群众因对海盐垃圾焚烧项目规划选址持不同意见,先后到海盐县政府门口和东西大道海港大道十字路口聚集,严重影响了社会公共秩序。4月21日,在海盐县政府公布停止该项目后,仍有人员非法集聚。当晚,出现冲击海盐县经济开发区管委会大楼、打砸公共财物、扰乱公共秩序的行动,造成执勤民警和围观群众受伤。公安机关迅速派出警力,依法查处。对俞某某、周某某因涉嫌利用微信、微播进行网络谣言散布、扰乱公共秩序的行为予以刑事拘留;对王某等2人因扰乱公共秩序的行为

[①] 调查期间,大部分大四学生在外实习,很多学生囿于条件,基本依靠智能手机进行信息接发、传送。

图 5-1　海盐垃圾焚烧厂

予以行政拘留处罚。截至 22 时，事态已基本平息。目前，该案件正在进一步调查之中。

结合以上案例，可以发现社交媒体的社会属性具有以下特征：

1. 获知基本政务（突发事件）信息，增强自我效能感。在信息来源和真实性得到可靠保证的情况下，通常一个人掌握的信息越多，就越能增强自己取得成功的信念，即自我效能感。它是个体对使用诸如社交媒体等网络信息资源等能力的一种主观判断，是一个人怀有的认为自己能掌控形势并获得良好结果的信念。它能够增强个体应对外界压力、人际交往和解决问题的能力。通常情况下，应对困难坚持的时间和努力都和自我效能感有关。

2. 理解社会生活，关注公共服务。掀起了一系列社会风波的推特的社会属性和在社会运动中的扮演的角色备受关注。教育、房价、医疗、食品卫生多年来一直排在老百姓最关注问题的前几位，虽然如腐败、社会不公等也排在关注榜的前列，但由于影响面小且国家近些年加大了打击治理力度和制度建设步伐，因此这些与社会密切相关的问题虽然今后还会受到关注,但关注度会越来越低。这说明,与民生有关的社会和公共服务问题才是当前老百姓所关切的,这种关切也同样反映在微博、微信中。这代表着我国社会工作的重心、资源配置正逐步地转向民生,回应人们对民生议题的关注。民生社会虽然是个社会问题,但这种社会不是权力社会、斗争社会、利益社会,而是以改善民生为目标,以民众生活质量提高作为考量社会发展标准的社会。

3. 参与内容微观化,议题设置细琐化。与传统的宏大的社会议题不同,社交媒体的社会议题由于与公民的具体生活、直接诉求相联系,因此其社会语境越来越与公民的切身利益休戚相关。与微观的民生诉求、公民生活利益相关的诸多公共生活议题是社交媒体空间中被参与讨论最多的议题。除了特殊情况下,如抗震救灾、慈善救助、战争爆发、国内外重大突发事件外,教育、卫生、医疗等民生议题始终是公众参与讨论的热门议题。以2020年1月20日至2020年2月19日期间与新冠疫情相关的154个微博热闹话题及770条评论为例,此时正值新冠疫情暴发期间,体现了微博用户普遍关心疫情进展,最为关注病毒传播途径、确诊人员表现等信息,而此类热点话题微博叙述较为平实、以陈述事实为主,立场相对客观,情感方面无导向性,评论内容也表现为有克制的担忧情绪。[①]

表5-6　　　　　　新冠微博公众热门讨论议题表

榜单	内容	热点主题分类	时间
第一名	境内确诊217例新型冠状病毒病例	数据通报	2020/1/20
第二名	广东发现6起家庭聚集性疫情	疫情现状	2020/1/23
第三名	武汉未来三天将开放5000张病床	防控措施	2020/1/26
第四名	双连黄可抑制新型冠状病毒	科研开展	2020/2/1
第五名	武汉封城后的市民生活	疫情影响	2020/1/23
第六名	近万包卫生巾运抵武汉	慈善行动	2020/2/18
第七名	钟南山:新冠病死率远低于SARS	病情比较	2020/2/10

---

① 《关于新型冠状肺炎154个热闹微博话题》,https://zhuanlan.zhihu.com/p/109651280,2020年2月8日。

续表

榜单	内容	热点主题分类	时间
第八名	李文亮仍在抢救	人物事迹	2020/2/7
第九名	卫生局副局长泄露患者隐私被查处	其他	2020/2/17

这说明,即使在特殊的时刻,民生问题也依然是社交媒体的主要社会议题。细琐化的议题、微观化的内容,并不影响对宏大的制度框架、价值规范、社会正义、经济改革等宏观社会议题的关注,如在同时期的新浪微博排行榜上,呼吁合理进行资源分配,加大医护防护供给,控制物价涨幅,及对慈善组织监管,政府效率提升,公众信任,医患关系等仍为热门话题。这表明在社交媒体时代背景下,人们对宏大议题的关注更愿意从个体的视角出发,关注对个体公民生活世界和对自身利益及他人民生命运的影响。

4. 参与过程休闲,监督主体大众。在新浪微博话题排行榜中生活类、休闲类、娱乐类话题更受一般公众的欢迎。本书调查在对"80""90"两类人群进行调查后发现,"视频"在两个人群之中都是提及最多的娱乐话题(22%与29%)。"购物"排在"80后"话题榜的第二名(20%),而"星座"是90后提及第二频繁的话题(18%)。以"玩"的心态在休闲娱乐的状态下围观、表达、参与、行动,使用社交媒体参与社会,在无组织的组织力量中进行社会活动,利用闲暇时间以娱乐化的精神推动社会议程、社会事件的发展,弱化了传统社会参与仪式感、严肃性和组织严密性。这种休闲化的参与过程,铲平了因经济地位、知识背景不同而形成的鸿沟,人们可以自由选择适合的方式和手段,在不受到体制约束的情况下,以简单地接入渠道,发表自己的主张、思想和见解,转载、分享别人的意见、观点和看法,从而吸引更多的普通个体投身其中。

(三) 社交媒体的社会形态

社交媒体所孕育的社会形态我们可以将其称之为"微社会"。它体现了当前公民社会参与形式正在发生着转变。当前社会已悄然地经历着转型,曾经长时间主导人们社会生活的宏大叙事主题被以往社会领域很少受重视的具体、琐碎诉求所代替,公众观察社会的视角"内切",社会议题越来越日常化,社会回应越来越平民化,昭示着"微社会"时代的来临。这是个全新的时代,社会活动重心和社会议程程序被改变,社会似乎从遥远的天边降落人间,使每个平凡的个体都有机会成为真正的"政治人",[①] 从权力功能到责任主体,微社会对传统社会治理格局的影响令人关注,尤其对当下青年社会化会产生何种效应,这些都值得我们去认真研究和探讨。

1. 微社会的考察指标

在选举参与、人民团体与群体自治组织参与、政策参与、接触式参与等众多参与领域中出现了一些重要变化,调查数据显示,民生问题是参与度最高的领域之一,排在前几位的分别是物价、住房、教育和就业。从世界不同国家的社会现状和发展趋势来看,人类社会似乎已经进入"微社会"时代,[②] 这是一种全新的社会发展态势,传统一贯的社会概念与丰富的社会实践之间出现了抽离脱层。[③]

微社会不是微观社会。微观社会与分析和观察社会现象的层面和角度有关,而微社会更多地表现为对民众日常生活的关注,如对民众具体、细小甚至琐碎诉求和问题的回应。从社会变迁的角度来看,社会情绪成为考察微社会的重要指标。因为现代社会越来越表现出情绪社会的特征。作为社会情绪的文化演变,微社会正在塑造当下的社会生活,改变着社会活动以及政策活动的程序与中心。社会情绪是指能够在社会上引起共鸣,使绝大多数人心态发生变化的反应特征。它能从深层次上影响社会共识、行为选择和价值形成,反映了个体与社会的互动和联系。一般情况下,社会情绪的强度除了与社会主体认知能力和水平有关外,还与环境因素呈正比。外界环境因素越强烈,社会情绪就越高亢。民主社会,回应公众的社会情绪并及时给予疏导是政府的题中之义,关照公众的社会情绪并及时予以安抚是政府主要的一项议程设置,照顾公众的社会情绪显然已成为了国家重要的社会日程。

[①] 王丽萍:《微政治:社会情绪的文化演变》,《民主与法制》2011年10月17日第A06版。

[②] 参见陆士桢、潘晴《当代中国青年网络政治参与基本状况研究报告——全国范围内的基础调查》,《中国青年社会科学》2015年第1期。

[③] 参见左广兵《"微政治"蔓延挑战中国治理生态》,《人民论坛》2012年第6(下)期。

社会情绪包含个体情绪、集体情绪和更为宏观的社会成员共有的情绪。社会需要、期望和社会认知共同影响着社会情绪,作为社会转型和社会变迁的动力因素,它以情感能量来体现。[①] 按照情感表现形式,可将情感能量分为二个维度:积极情感能量和消极情感能量。情感能量通过社会互动作用于社会运行,积极的情感能量能够促进社会团结,消极的情感能量会形成社会疏离。从当前情感文化的表现来看,在微社会中消极情感的表达远远高于积极情感类型,这种局面的形成,与社会结构的变迁、公民意识的觉醒和公共性的需求提高相关。一般认为,情感主体有两个我,一个是日常的我,这时的情感体验表现为爱、恨、怒、感激等;另一个是日常中道德的我,体现为同情、理智等。[②] 公众微社会的参与热情是"运动式"的,伴随着不同的议题时聚时散,缺乏持续的投入与关注,因此社会情绪波动极大,许多议题带有强烈的情绪化色彩。情感主体在现实环境的刺激下,"日常的我"战胜了"道德的我",由于诸多社会问题和社会矛盾中包含了大量的负面社会情绪,这种情绪被酝酿和发酵后,有时会通过非体制化行为的方式——群体性事件表达出来。

高亢的社会情绪需要通过一定的途径宣泄,一般而言,宣泄者往往希望选择那些既能宣泄自己情绪又能保证自己人身和财产不受侵害的渠道,最好是也能够实现自己社会诉求和愿望的宣泄渠道。[③] 波兹曼认为,每一种媒介都带有意识形态性,并引导社会文化向特定的方向发展,指导看待和了解事物的方式,但这种介入往往不被人所关注。[④] 技术实践上,微社会亦可视为在微博、微信等平台上形成的社会博弈。在微社会时代,微博、微信等社交媒体为传统意义上公民

[①] 参见王俊秀《社会情绪的结构和动力机制:社会心态的视角》,《云南师范大学学报》(哲学社会科学版) 2014 年第 9 期。

[②] 参见李慧、潘涛《公共情感:当代大学生情感社会化的根本旨向》,《淮海工学院学报》(人文社会科学版) 2014 年第 2 期。

[③] 参见杨嵘均《网络空间公民政治情绪宣泄的刺激因素与政治功能》,《学术月刊》2015 年第 3 期。

[④] 参见[美]尼尔·波兹曼《技术垄断:文化向技术投降》,何道宽译,北京大学出版社 2007 年版,第 201 页。

社会参与提供了全新的方式和途径。当前社交媒体对虚拟社会剧场的形成起到了不可替代的作用。建立在现代移动通信技术基础上的新兴社交平台作为一种社会情绪的表达工具,以全新的交流、分享、传播以及获取信息的形式,影响着公众的信息认知和信息接收,新一代社交媒体使得普通个体可以以可控的风险性、较高的私密性参与社会。

哈贝马斯认为,主体通过社会交往而认识自身。① 社会话语伦理学的基础是交往合理性理论,所谓交往行为是指至少两个具有语言行为能力的主体通过语言与其他媒介所达到的相互理解和协调一致的行为,实质上是主体之间以语言或其他符号为媒介通过没有任何强制的诚实对话而达成共识和谐的行为。② 人们利用社交媒体的强大功能,沟通信息、交流意见、寻求共识,获取持续的关注,这种带有浓郁技术色彩的社会实践,将国家富强和个人解放此种宏大的叙事主题转向以保障个人的自然权力为中心的目标。

社交媒体的技术基础和移动终端与互联网门户网站和传统大众媒体相比,是一种更为直接的双向互动传播。信息传播链由线性式与交互式组成,当信息源推送给用户,用户接收到信息后,将其转发分享,在转发分享的过程中进行讨论,这种模式即为线性式。交互式传播链由微信、微博、移动客户端和QQ邮箱、QQ微博、QQ音乐等相关媒介联接,因此在信息生成、信息接收和信息传递方面兼容性更强,无论来自哪一个平台的信息,都可以辐射到其他平台,并接收其他平台讨论意见。在信息的交互过程中,每一个平台都可以为原始信息添加遗漏的内容,还可以通过语音、图片、文字、视频等方式传播信息,使信息内容、方式不断地丰富,增加了信息的积累,但也增加了信息的溯源难度。

因此近些年来发生的诸多热点,大多遵循着微信(博)—门户网

---

① 参见[德]尤尔根·哈贝马斯《交往行为理念——行为合理化与社会合理化》,曹卫东译,上海人民出版社2004年版,第36页。
② 参见王凤才《霍耐特与批判理论的"政治伦理转向"》,《现代哲学》2007年第3期。

站—传统媒介（广播、报纸、电视）的传播途径，这种平行化的传播体系消解了威权体制信息控制管理体系，将原本由各级政府自上而下控制的信息转为人人共享，原先封闭的权力运行体制被打破，社交媒体以"微动作"通过"微介质"向"微受众"传播"微内容"。[①]

从信息变迁的角度观察，这些新技术都在昭示着一个不断加强的趋势，现代社会的信息构成变得越来越"微化"，信息学习变得越来越"碎化"，信息使用变得越来越"片断化"。人们通过社交媒体实现对公共权力的监督和对公共事件的关注，已成为现代个体的一种生活方式。

2. 微社会的责任内涵

微社会的出现，一方面是社会过程中民众现实生活需求受到关注的结果，另一方面则可能与政府将难以应对和解决的社会问题转化为民众的私人领域有关。在后一种意义上，微社会还体现为一种社会技巧。[②] 这种社会技巧为形成积极的、多向度的主体性社会人格提供了可能。主体性社会人格强调个人权力、追求个人自由、提倡个人独立进取，折射到微社会领域表现为竞争、创新、超越和积极参与。

在微社会领域，随着公民社会活动空间扩大、独立自主权的增强，能动性和创造性得到发挥，有能力和意愿承接政府从广泛的社会经济领域中淡出的权力，由民间消化处理政府难以应付或不愿耗费更多精力去面对的社会社会问题。当由政府官员制定的公共政策和对这些政策执行的功能部分转移给公众的时候，社会的内容也发生了变化。虽然微社会受限于公共舆论指涉的权力诉求，更多涉及具体个案的围观，但不能因此否定微社会对公众的民主启蒙。微社会通过互联网社交移动平台将公众聚集在一起，将虚拟社会广场中的围观转向集体行动，这种权力诉求带有自发的现实行动力色彩。

[①] 参见董广安、许同文《"微责任"：传播责任的大众化转向》，《青年记者》2013 年第 8（上）期。

[②] 参见王丽萍《微社会：社会情绪的文化演变》，《民主与法制》2011 年 10 月 17 日第 A06 版。

责任与权力相关，社会责任则与公共权力相关，是公共权力的被委托者（行使者）对委托者（所有者）的责任。① 宏观社会的权力行使是一种社会逻辑或执政理念，原则要求权责一致、权责对等，其权力行为必须处于责任状态中。责任社会是现代社会的基本特征，是民主社会的基本体现和实现形式，人民与政府间契约性的权责关系，不仅体现的是"主权在民"，向人民负责的原则和理念，更是对这些原则和理念的制度安排。② 微社会的兴起丰富了责任社会的内涵、公共利益的理念、延伸了传统社会的逻辑，补充了传统社会公共服务的必然，同时也是发展中国家由传统威权制政府向现代民主社会转向的一种回应。在传统社会中，责任主体明确，一般是指少数掌握公共权力的社会领导人，作为公共权力的责任承担者和被赋予了一定的责任要求的责任主体，为了履行社会义务须制定符合民意的公共政策并推动政策的执行，同时还须接受社会责任评价，出现否定性后果还必须承担社会责任，承受社会制裁，这是实现责任社会的关键环节。

微社会的社会责任相对于政府责任而言是一种"微责任"，更多地表现为公民个体的责任，与传统社会责任相比，它具有如下特征：

其一，责任主体的普遍性和模糊性。人是天生的社会动物，在微社会中每个个体都或多或少地卷入微社会的生活领域中，都可以围绕特定的利益实现特定的目的，因此理论上要求每个人都需要承担相应的社会责任。但事实上并非如此，在微社会中不是每个感性的个体都富有社会责任感，通常情况下，责任主体由少数意见领袖把持，利用"大V"或公共知识分子的身份，左右众多"粉丝"或追随者的意见，再通过他们影响社会。

其二，责任评价的多元性和随意性。在传统社会生活中，社会责任包含两个方面，积极意义和消极意义，在衡量社会责任是否得到完全实现时，需要从两个方面来考察：一方面，社会责任主体对积极意

---

① 参见张贤明《政治责任的逻辑与实现》，《政治学研究》2003年第4期。
② 参见郑曙村、段建凡、房玉霞《完善我国责任政治的现实思考》，《中共中央党校学报》2002年第2期。

义社会责任的履行是否符合评价者的利益和意志；另一方面，社会责任主体没有改造好积极意义社会责任时是否按照评价者的要求承担消极意义的社会责任。① 评价内容主要围绕德、能、勤、绩等方面展开，评价标准大体一致且稳定。微社会的责任评价主要来源于舆论，所谓众口汹汹，这从网络上对同一事件的不同评断就可看出来，建立稳定、一致的责任评价标准是不可能的，不同的立场、观点，不同的群体所代表的利益集团且不用承担社会法律责任，使得责任评价多元、随意。

其三，责任追究的形式性和含混性。责任追究是社会领导者承担社会责任、接受社会制裁，从而实现社会责任的关键环节。在传统社会生活中，为了防止将公共权力部门化和私有化，在社会责任建设中都将强化责任追究机制作为一种有效的途径。在进行责任追究的时候，责任追究程序清晰，我国宪法和法律关于人大对责任主体的追究程序已基本形成框架，如质询的程序，罢免的提出与审议和特别问题调查委员会的成立等。② 作为一种非制度化的责任，微责任随意性较强，微责任的责任主体主要是散播于社会各个阶层、各个角落的匿名者，由于承担的是自愿式的责任，因此无论发布信息是否真假，也不用为传播内容、传播行为负责。当前的责任追究至多停留在"人肉"阶段，但由于触及隐私，使得这种主要表现为舆论谴责的表面化追究徒具形式的惩戒功能至今仍备受争议。

3. 微社会的权力特性

社会冲突理论认为，权力是一种最重要的稀有资源，围绕着这种稀有资源社会总是处于一种争夺状态之中。互联网时代，人们的行为、思维、工作和生活方式都发生了改变，权力和权益意识的增强，社交媒体的兴起为公众提供了参与社会公共事务和民主管理话语权的空间。公众的权力基础来自信息，每一名公众在公开的互联网环境中拥有近

---

① 参见霍佳佳《论政治责任和公共权力的统一——民主政治建设的理论逻辑》，《甘肃理论学刊》2010 年第 5 期。

② 参见季丽新、南刚志《和谐社会背景下的政治责任建设》，《学术交流》2007 年第 4 期。

乎一致的话语权力，随着越来越多的公民具备民主批判精神和权力意识，社会议题的设置呈现随机分散，公共舆论空间和社会议程开始容纳普通民众的日常需求。公众可以以个体为单位，以平等身份参与微社会。微社会去中心化的特点，可以使个体以自我为主体构建一个自足的治理中心，生产、培育和规范各种权力力量，不再依靠传统社会结构中一元化的行政权力自发地处理一些公共事务。公众作为微社会的权力主体诉求指向主要分为两类，一类是私人化的，即渴望个人所遭遇的生活困难、社会不公能得到补偿或帮助；另一类是公共化的，即为了公众的利益或他人的利益发表意见，传播消息。

微社会的社会权力（以下简称微权力）不同于传统社会架构下的"基层社会权力"，建立在网络社交平台上的微权力主要是公众通过发布、转载、评论等方式"释放""聚合"平民话语权，以此对微观个人自身权力和保障，宏观社会经济、社会、文化等方面产生深刻影响和变化的一种文化权力。[1] 这种文化权力是一种间接权力和软性权力。约瑟夫·奈在20世纪90年代提出"软权力"一说后，对文化权力的认识就有了理论依托。软权力是指"使他人想要你想要的后果的能力"，软权力是一种诱惑性权力，即影响其他人所想要的，建立在文化、价值和吸引力上，通过策划社会日程，来使其他人不能表达社会偏好。约瑟夫·奈认为，通过吸引和诱惑而非强制和劝说发挥作用的软权力，具有普遍认同性。

微权力包括公民话语权、知情权和监督权，它的力量主要表现为参与公共事务和社会民主管理提供舆论支持，形成社会监督，防止公共权力偏移，促进民意表现等方面。微权力的权力运行是网状、横向的，不具有等级性，是嵌合在日常生活中的微观文化。在微权力组织体系中，领导者与被领导者关系虚拟化、模糊化。传统的权力观认为，权力是一种消极的东西，是剥削、压迫、控制和统治的代名词。[2] 但福柯认为，权力并不意味着一方对另一方的监禁、压迫、否

---

[1] 参见季鹏飞《中国微博"微"权力功能研究》，《今日中国论坛》2008年第1期。
[2] 参见陈冬、沈鹏超《福柯微权力观再析》，《科教导刊》2009年第9（中）期。

定和阻挡。① 因为权力是易变的，会随着环境的变化而变化。微权力作为一种权力构成，具有普遍性、匿名性和生产性，它存在于人们生活的具体场所中，弥散于社会、经济、教育各种关系中并对公众的选择产生直接影响，同时微权力不是压制性的而是生产性的，能够保证社会体系正常运转，其本身能够生产出社会组织体系的主体。

现代社会学理论认为，社会主体（Political Subject）作为社会行为者，可以分为两个层面，一个是社会主体，另一个是社会权力主体。社会主体是指社会系统中的人，是人在社会系统中的主体地位以及基于人而形成的社会关系；社会权力主体是指执掌和操作社会权力的成员构成的社会主体。② 在微社会中，社会主体是社会公众，他们在微社会中所结成的权力体系并不是要反抗与推翻"外在于我们"的东西，而是一种阅读世界的方式或解释手段。权力主体认可现有的权力体系并接受其控制，尊重其合法权威性并接受其领导，因此微权力只是传统社会权力的补充。

由于微权力主要是文化权力而非社会制度，是局部的、持续的、生产性的和细节化的权力，权力的行使是通过制造话题引发对具体个案的围观，这种社会表达与公共参与，有时尽管能转化为现实集体行动，但由于缺乏实质性的政策制定参与，因此很难对传统社会生活中固有的弊端形成强有力的制衡，也容易受到打压和操控。作为个案的公共事件在微社会的干预下有的虽然事后得到了解决，但立足于源头的预防措施实际上并未得到有效地改观。

4. 微社会的正义基础

微社会的实现程度与开放程度关系着民主社会的建设，因此，高位序的议题有时不得不让位于日常琐碎问题的关注，而这些生活诉求反过来又影响了政府对高位序议题的回应。这种现象并非某个国家独有，几乎每一个深涉全球化进程的发展中国家都受此困扰。

---

① 参见［法］福柯《规训与惩罚》，刘北成、杨远婴译，生活·读书·新知三联书店 1999 年版，第 201 页。
② 参见葛荃《政治主体思维的缺失与重构——关于建构当代中国政治哲学的一个思路》，《中国人民大学学报》2003 年第 5 期。

列奥·施特劳斯认为,古代追求的是善和德性,而现代人追求的是快乐,将快乐当作善本身。[1] 在微社会中,人们对日常事务的关切是希望在基本生存权力得到保证的基础上得到更大的快乐。对快乐的追求是微社会中公众普遍认同的共识,这种共识不是社会成员简单的心理活动,还蕴涵着公众的意见、利益和要求。因此可将快乐视为一种具有指向性功能的微社会信息资源,作为社会公众评价传统社会系统和社会决策的"晴雨表"和"风向标"。

那么对快乐的追求会不会偏离社会道德的轨道而滑向失德的深渊呢?这种情况极有可能存在。在微社会中,公民的权力意识还处于初始阶段,权力意向不明显,社交媒体形成的公共场域虽然不缺少意见表达的公共空间,但缺少公共理性和独立的社会理念,导致微社会的哲学基础不是独立的,而是依附的,言论往往会受制于意见、偏见、情感或主义,难以形成批判的、理性的共识,削弱了公民自我主体意识和社会主体身份,在微社会中不可避免地产生公共理性的瓶颈,对公众产生心理影响,特别在面对不同价值表达和利益诉求的时候,公众的理性判断容易受误导。因此,披着追求公正的外衣的微社会行为很可能最终沦为单纯追求快乐的行径。

马基雅维利认为,政治是社会的事,道德是个人的事,政治高于道德。[2] 将快乐视为共识容易使共识陷入瓶颈,共识需要理性,没有理性的共识是脆弱化、极端化的共识,是感情的共识,感情的共识是不稳定的共识,是临时性的共识,感情共识还容易造成真相误判,历史误判、常识误判等各种误判。[3] 在微社会中,如果无法将快乐的追求转化为对公共善的追求,那么微社会的正义价值就无法得到保障,微社会就很可能会沦为"庶民的狂欢"。

在微社会的发展过程中,社会亚文化作为一种客观存在,一定程

---

[1] 参见[加]德鲁里《列奥·施特劳斯与美国右派》,刘华等译,华东师范大学出版社2006年版,第201页。

[2] 参见[意]尼科洛·马基雅维利《论李维》,冯克利译,上海人民出版社2005年版,第139页。

[3] 参见张爱军《微博政治伦理的瓶颈及其疏导》,《探索与争鸣》2013年第9期。

度上取代了主流意识形态凝聚人心、追求正义的功能,对社会稳定和社会发展产生了影响。社会亚文化是指在某一特定的时期,在社会体系内,由于年龄、性别、经济地位、社会地位和民族的不同,某些社会成员所持有的有别于主导型社会亚文化的特殊的社会心理、社会态度和社会信仰总和。[1] 当前传统社会亚文化式微,西方社会亚文化的盛行,一定程度上削弱了主流社会文化,制约着社会的社会认同,影响着政府权威的合法性。在社会亚文化中,文化意识形态在多元价值观、不同的社会思潮和各方的利益诉求影响下可能会将普通社会问题演化为民粹运动,将暴力视为争取权力的主要渠道,丧失了微社会中本应脉脉温情的社会文化特性和国家角度定位。

在微社会中,社会亚文化形成社会张力,推动社会文化世俗化、合理化。[2] 社会亚文化一方面促进了公民社会参与的深度,增强了公民社会参与热情,平衡了社会共识和分歧,另一方面也妨碍了社会目标的确立,干扰了社会改革的进程,破坏了社会环境的稳定。

稳定包含两个问题,第一个问题是在正义的制度下成长起来的人们是否获得了一种正常而充分的正义感,以使他们一般都能遵守这些制度;第二个问题是在一个民主社会如何看待理性多元论的事实。[3] 罗尔斯认为,只有建立在重叠共识理论上的正义感才是完整的正义观。重叠共识理论是基于理性、价值多元事实基础上强调公平正义所需要稳定的基础,是理性、平等与合理的公民接受的一种社会观,公民的公共理性是这种社会观得以支持的基础。所谓社会正义是指社会社会中人们对社会权力的占有和行使以及它所提供的社会秩序是否正当的追问。[4] 在传统社会生活中,社会正义主要诉诸于法治。法治为行为规则提供了依据,借助于自己特有的社会世界观和范式功能为社会价值的选择

---

[1] 参见张子炫《转型期中国政治亚文化与政治稳定关联性探析》,《现代商贸工业》2011年第4期。

[2] 参见李艳丽《张力与互动:政治亚文化对政治稳定的积极功能分析》,《中共福建省委党校党报》2007年第5期。

[3] 参见顾肃《多元民主社会中的重叠共识和公共理性》,《马克思主义与现实》2008年第1期。

[4] 参见焦金波《政治正义理念的多维探讨》,《理论》2005年第6期。

和整合提供了起点和方向。① 社会正义是微社会的根本价值，但微社会的文化属性决定其无法像传统社会那样可以凭借法治途径实现"社会正义"，微社会的正义表达在于谋取"人类的优良生活"，在现代社会的社会生活中具有优先权。微社会文化意识形态的属性要求社会正义的条件必须是保证信息的透明、公开，作为微社会的社会主体——公民，可以利用社交媒体等新兴技术力量改造后传统社会的社会生态与社会情景，通过社会视角的转向，将普通人的日常事务纳入社会运动，从而带来社会治理结构的转型。

5. 微社会对青年社会情绪的影响

西方发达国家进入微社会时代后，社会问题逐渐演化、表现为具体的社会问题。中国社会正在向开放多元的社会迈进，社会转型涉及的领域之广、社会经济变迁的速度之快，积淀了大量的社会问题和社会矛盾，政府如果不及时做出回应，可能会导致社会信任度下降。② 所谓社会信任是指公众对社会体系、社会机构及其运行的信念和信心，是民众对社会体系的基本评价与情感取向。统计显示，当代中国公众付出社会信任所面临的风险处于中高水平，对社会体系的信任更多倚重于社会体系过往声誉和当下表现，而不是依据是否存在对社会主体失信惩罚机制的判断，公众的社会信任稳定度不高，比较容易因社会事件和思想风潮出现波动。③

为了防止消极情绪滋生出"否定性社会"，需要对社会情绪进行有效的疏导。社会经济的变迁容易产生焦虑、不安的情绪，这种情绪能够左右社会行为，从而影响到青年社会化的进程。但还没有哪个国家因为这种情绪就停止社会的发展、经济的进步，回到原有的轨道中踌躇不前。相反，有些国家，在这种普遍情绪的笼罩下发展的更为迅速，情绪反倒成为社会经济发展的助推剂。我们应该重视社会情绪在

---

① 参见齐延平《法治：政治正当性的根据》，《学习与探索》2005年第9期。
② 参见左广兵《媒介传播时态下的"微政治"：基本认知与中国语境》，《行政与法》2012年第9期。
③ 参见李艳霞《何种信任与为何信任？——当代中国公众政治信任现状与来源的实证分析》，《公共管理学报》2014年第4期。

微社会中的作用，但不可夸大它的影响。微社会是社会情绪的反映，但并不意味着可以纵容社会情绪在公共空间泛滥、恣肆，而应关注和理解通过社会情绪传达出来的信息和问题并找到解决困扰青年社会化之道，方是当务之急。

二 微社会的实现形式

社交媒体并不必然产生微社会，微社会并不一定来源于社交媒体。但在技术与社会结合越来越紧密的今天，社交媒体与微社会之间必然产生天然联盟。

微社会的实现形式主要有两种：政务微博（信）、公众微博（信）。

1. 政务微博（信）

我国早在2013年10月15日就由国务院办公厅出台了《关于进一步加强政府信息公开回应社会关切提升政府公信力的意见》，其中要求："各地区各部门应各级探索利用政务微博、微信等新媒体，及时发布各类权威政务信息，尤其是涉及公众重大关切的公共事件和政策法规方面的信息，并充分利用新媒体的互动功能，以及时、便捷的方式与公众进行互动交流。"这说明，有关部门早就认识到了微博、微信等社交媒体在促进政府治理方式变革，扩大社会参与渠道，吸引公众关注公共事务方面的作用。

政务微博是指中国政府机构或官员开设的微博客，是一个能够发布信息、了解民意、为民服务的新平台。早在2009年下半年，湖南桃源县官方就推出微博"桃源网"，该网的推出意味着桃源成为中国最早开通微博的政府部门之一。随后"微博云南"面世，作为云南省委宣传部的官方微博与"平安肇庆""平安北京"等公安微博一起，陆续开通，其中最引人注目的还是各地党政领导如雨后春笋般开通的微博。[①] 截至2019年末，经过新浪平台认证的政务微博达到138854个，其中河南

---

① 《政务微博成官民互动新平台，呈亲切人性化新特点》，http://news.sina.com.cn/m/2011-12-15/111423637043.shtml，2011年11月15日。

省各级政府共开通政务机构微博10185个，居全国首位；其次为广东省，共开通政务机构微博9587个；接着是江苏、四川、浙江等省份，分别共开通政务机构微博9159个、9118个、8039个。[1] 从2014年开始，人民网舆情监测室联合《人民日报》新媒体中心、微博联合制作发布了《政务微博指数影响力报告》，旨在评估各地区对新媒体的综合应用能力和应用效果，着重于考核各地政务微博矩阵的传播力、服务力和互动力。另外，人民网舆情监测室也通过微信大数据评估出了政务微信公众号的影响力。[2] 2020年，新冠疫情席卷全国，在这场没有硝烟的"战争"中，以政务微博为代表的政务新媒体发挥了重要的作用。根据人民网舆论数据中心发布的《2020年度政务微博影响力报告》显示，自2020年1月22日至3月23日，共有超3.7万个政府官方微博参与发声，发布了相关微博379万余条，获得了超848亿的微博阅读量和超1.9亿的微博互动量。超120个中央部委及下属司局官微实时发布中央各项防控举措，累计发布3.5万余条抗疫相关微博，共获得了超147亿的阅读量和近4000万互动量。在这段时间里，各地宣传官微同样24小时在线，及时通报疫情信息、发布防控措施、回应网民关切。全国有4300多个地方政府宣传、网信及基层政府组织官微，实时发布本地疫情通报、防控工作措施等，累计发布105万条相关微博，获得224亿阅读量和4353万互动量。在这样重大的社会公共突发安全事件中，政务微博协同联动，搭建信息发布矩阵，通过微博平台的扩散效应，积极主动地对网络信息进行引导和治理，极大程度地保障了网民的知情权，对助力疫情防控和维护社会稳定起到了重要作用。[3] 政务微博强劲发展的背后，代表着公民参政议政热情的高涨以及参政议政方式的改变。调查显示，"获取信息"是人们使用政务

---

[1] 《2019年中国政务新媒体发展现状：政务微博及头条号均增长》发布，http://free.chinabaogao.com/it/202004/04304914Y2020.html，2020年4月30日。

[2] 评估的依据是微信传播力指数，试图从数据中透析出优秀政务微信的运行规律和成功经验。

[3] 《2020年政务微博影响力报告》发布，http://yuqing.people.com.cn/n1/2021/0125/c209043-32011430.html，2021年1月25日。

微博较普遍的动机。① 在信息传播渠道越来越广泛的今天，还有数量如此众多的人群通过政务微博的方式获知信息，确实令人颇感意外。究其原因，官方色彩、权威认证是信赖信息来源和真实性的最大保证。

政务微博尽管各地模式不同、内容各异，但出台初衷主要是为了提供资讯和服务，舆情危机攻关和回应与辟谣。从其发展上来看，主要表现为如下特点：

（1）语言清新、自然，版面制作亲民、得体

不同于以往的严肃、板着面孔说话的官方公告式发言，清新、自然的语言（如"卖萌体"等）丰富了信息发布形式，拉近了官民之间的距离，同时在政府信息之外还提供了大量的生活常识性内容，使人读起来不再枯燥、乏味。

（2）了解民情、促进了公民社会参与

微博评论、转发等形式，可以就某一具体问题或政策进行探讨、表达意见和建议。政府也可以结合微博信息，了解民众的意见和态度，防止政策制定时的盲目和错位，有效地增进政府与民众间的相互了解，在促进公民社会参与的同时，提高政策的落实效率和力度，从而增强政策执行的科学性与合理性。

（3）及时化解舆情，建设服务型政府

现代社会突发性事件或热点事件的发生，经常伴随着谣言、流言。一个主要原因就是网络集群效应容易放大信息，在非理性冲动下将局域问题扩散，从而影响社会公共秩序的稳定。而政务微博往往能在舆情危机发生时，通过及时发布信息，在引导舆论方面发挥积极作用，从而达到化解危机的功效。与此同时，政务微博的网络问政功能，将重点放在民生关注方面，达到了服务民众的目的，有利于服务型政府的建立。

与此同时，政务微信的发展也如星火燎原、势不可挡。政务微信是指各级党政及其有关部门推出的官方微信公众账号，是因公共事务

---

① 通过政务微信获取突发事件信息的基本政务信息的比例分别达到 62.94% 和 52.68%。参见陈然《政务微信的传播效果与发展策略——基于对网民的调查问卷》，《青年记者》2015 年第 3 期。

而开设的交流平台。继政府网站、政务微博、政务 App 之后，各级政府正在积极开发利用的新型电子化公共服务平台。截至 2019 年年底，中国政务微信公号已突破 10 万，阅读数突破"10 万+"成为常态。[①] 相较于政务微博，政务微信具有服务对象更贴近于大众、服务更加多元化及指向性和功能性更强的特点而受到民众的欢迎。政务微信依托于"熟人"关系构建起来的社交网络拥有较高的私密性，在这样的环境下，政务微信的信息到达率更高、互动性更强。从而保证了政务微信较高的信息效率和更强的可控性。

2. 公众微博（信）

以微博、微信为代表的社交媒体拓宽了社会生活的方式，也使更多的普通民众能够走近社会、参与社会，从而实现相应的社会抱负和社会愿望。相较于官方的政务微博、社会微信，公众微博、公众微信对社会议题的关注更具有时效性、传播力和舆论影响力，同时还具有方便快捷和不受约束性等特点，因此成为传统媒体信息主要来源地，同时各级政府、官员也越来越倚靠微博、微信等社交媒体了解民意、民情、民声。

不同于国外对社会议题的发布主要集中于博客，中国社会议题的公布越来越集中于微博、微信。这种全民性和社会参与的可能性主要原因在于传统媒体（广播、电视、报纸、期刊等）作为大众传播媒介外在约束较为严苛，议题来源主要为上级有关部门的派发，在搜集民意和解决问题方面的力度不够，导致普通民众出现压力、面对矛盾时，更多地求助于社交媒体，依托社交媒体实现社会表达的诉愿。

一般而言，社会表达对执政安全的实现具有正向影响，但是社会表达并不必然促进执政安全，尤其是在中国这样的发展中国家。一方面，公民的社会素质有待提高；另一方面，目前我国正处于社会转型期，尖锐的矛盾如果处置不当，容易爆发大规模的群体性事件。在这些事件中，青年群体身影的频频出现均表明，青年社会表达的动因是

[①] 《中国政务微信公号已突破 10 万》，http：//tech.qq.com/a/20160119/005085.htm，2020 年 1 月 19 日。

复杂的,尽管社交媒体能为民众发泄不满情绪、释放社会压力提供虚拟平台,但同时也是各种思潮、各种利益诉求的集散地和意识形态较量的战场。

统计显示,使用社交媒体的青年群体年龄结构、学历层次正呈现两极化趋势。这意味着一方面具有独立思考能力、有一定阅历和工作生活经验的青年人通过社交媒体提升了他们的社会经验,丰富了社会参与热情,加快了社会化进程;另一方面也预示着相当部分社交媒体青年主体抱着围观、凑热闹、起哄的心态,甚至是投机的心理,而非真正解决问题的态度进行表达的。社交媒体的开放性与隐蔽性使得社会表达具有不可控性。青年利用社交媒体进行社会表达的状态多种多样,既有正常客观表达,又夹杂非客观表达、"被"表达、非法社会表达、情绪性表达等。同时表达主体利用平等参与的机会,随心所欲地发表言论,制造谎言,散播流言,使一些辨别真伪能力较弱的接受主体,成为此类言论的"中转站"或恶意中伤的"施加者"。

民众进行社会表达的诉愿很大一部分原因就是希望通过制造舆论漩涡从而达到施压的目的,这就使得社会表达存在着极为复杂的心理动因:或是出于经济利益,或是出于某种不可告人的社会目的,或者仅仅为了寻找成功的喜悦、博取同情,或是体现强者的欲望和操纵的感觉。另外,青年进行社会表达时出于共同的目的和兴趣,对某一事件的看法接近或利益相同,或者仅仅是立场接近,很容易形成特殊的群体——网络共同体。网络共同体最大的能力在于能够将分散的、独立的个体组合起来,以团体的形式外诉和对抗,并能以团体为中介,将现实世界与网络世界联系起来,打破"虚拟社会"与"现实社会"的界限。界限的打破对执政安全而言并不完全是利好消息,互联网虚拟性、全球性、自主性、直接性等特点在进行社会表达时表达主体的身份容易隐藏、表达的目的便于挟藏于汹汹民意中,从而使程度无法控制、利益难以集中体现,容易造成社会动荡。

利用社交媒体进行社会表达复杂的心理动因,决定了一部分人仅仅是为了博取关注度、获取注意力，片面性、夸大性，甚至无中生有。在社会表达背后存在着复杂的利益杯葛，如将小事件人为放大，将民生问题、经济问题社会化，将个别事件、局部问题全局化、一般化。由于社交媒体社会表达的"零门槛"，使得管控变得困难，容易被别有用心者利用，他们以幕后推手的形式，通过"水军"左右网络舆论的动向，从而达到不可告人的目的。

三 当代青年微社会行为实证调查

在人类历史上，任何一种新媒介的出现，都会成为社会权力和经济权力争夺的中心，不仅原有的社会强权会插手其间，而且新的社会势力也可能破土而出。[①] 随着社交媒体的普及和在社会生活中的广泛使用，青年人作为独立一极出现在社会舞台上，并影响着当前社会舆论走向的趋势越来越明显。在近年来发生的群体事件和公共事件中，都有青年人活跃的身影和激情的声音。[②] 青年人热情地参与并投身社会，虽然主要是为了促进自身或公众利益在社会公共政策中得到最大的满足，但客观上也推动了社会的公平与正义。从总体上来看，当前青年人的社会参与正处于关键的十字路口，一方面热情不减，与日俱增，通过社会参与，青年人的民主意识和民主精神得到了锻炼和培养；另一方面又普遍地弥漫着一种茫然、躁动的情绪与氛围，集体围观、微博（信）聚集，既可以满足民主期盼，又可能因为现实的反差，焦虑、失望之余转而走向极端，成为一支破坏性的力量，挑战当前的社会。

官方话语希望在微社会这个新的领域中有所作为，但由于缺乏灵活性与亲和力，对信息传播规律重视不足，媒体应对能力偏低，造成了相当部分受众（主体为青年）不满。与此同时，微社会的崛起也将相关的社会组织和意见领袖推向前台，伴随着媒体集团和传统媒体地

[①] 参见赵莉《中国网络社群社会参与》，中国广播电视出版社2011年版，第49页。
[②] 如2003年安徽青年张先著状告芜湖人事局在公务员录用过程中歧视乙肝患者的"中国乙肝第一案"，2008年深圳君亮资产管理公司CEO吴君亮要求政府公开年度公共预算的"公共年度预算之旅"等。

位的下降和传统媒体在观念市场上竞争力的匮乏,议程制作和传播也变得越来越个人化、个性化、多元化,并且这种趋势还将进一步加强。

亨廷顿、纳尔逊认为社会参与具有四个方面的要素:社会参与是普通公民的社会活动;社会参与仅限于旨在对政府施加影响的活动;社会参与是实际的活动;受他人动员参与的活动也包括在社会参与之中,① 即公民依据宪法和法律,采取一定的形式和途径,积极主动地参与管理国家事务和社会社会生活,从而影响政府决策的活动。亨廷顿认为社会参与的最基本要素是,整个社会的各个集团在超于村镇层次之上参与社会,以及创立能够组织这种参与的新的社会制度(如政党)。② 亨廷顿认识到,社会经济的发展会分化出新的社会集团,因此必须扩大社会参与的规律与体系,将新的社会集团吸纳进来,否则会分化到社会稳定。社会稳定和社会秩序是社会参与的基础,是社会参与的有效保证,而"社会参与扩大化是社会现代化的标志。"③ 如何在既保证社会参与扩大化的同时又保证社会稳定与社会秩序,亨廷顿认为,只有与社会制度化水平相适应,才能三者兼顾。

目前学界关于微社会参与行为范围的研究有一定的差异,主要表现在社会参与行为范围的界定上。赵玎和陈贵梧将微社会参与界定为:关注热点事件、热门转发和热门评论、在微博(信)上签名、庆祝和支持或者声援某些活动和纪念日,关注政府微博(信),与周围的人讨论社会话题,发布具有明显社会性的微博(信);王菁、卓伟、姚媛则认为微社会参与主要表现为五种行为:在微博(信)中表达社会观点,评论或转发社会事件的报道;关注政务类微博(信)或官方、官员微博(信)了解时事社会和相关政策;对社会热点事件发表看法、提出意见、表达利益诉求;加入学校微博(信)群、关注社团官

---

① 参见[美]塞缪尔·亨廷顿、琼·纳尔逊《难以抉择——发展中国家的政治参与》,汪晓寿、吴志华、项继权译,华夏出版社1989年版,第5页。
② 参见[美]塞缪尔·亨廷顿《变动社会中的政治秩序》,杨玉生译,华夏出版社1989年版,第48页。
③ [美]塞缪尔·亨廷顿、琼·纳尔逊:《难以抉择——发展中国家的政治参与》,汪晓寿、吴志华、项继权译,华夏出版社1989年版,第5页。

方微博（信）等社会结社行为；并在微博（信）中针对某一社会热点问题或事件进行投票等有目的或无意地影响政府进行决策行为。[①] 综合以上的研究，本书将微社会参与的行为界定为：对政务类微博（信）的关注；对社会性热点事件发表评论、意见和转载次数；利用微博（信）参与组织活动；对党的认同度和对社会发展的信心等。基于以上定义，本次社会调查具体内容如下：

调查对象：本调查以青年人使用微博（信）进行社会参与为主题，以杭州、绍兴、上海、南京、吉林等地的青年为调查对象。为了保证样本具有一定的代表性，工人、职员主要选择来自年产值超亿元并在当地具有一定知名度的企业；学生、机关工作人员主要选择来自学校及各事业单位的青年；公务员选择政府部门的工作人员。调查采用简单随机抽样的方法进行，调查对象涵盖城市、农村、在校学生、一线技工、农民工、企业白领、公务员等，调查时间为 2019 年 7—12 月，共发放问卷 1000 份，回收有效问卷 936 份，回收率为 93.6%。问卷问题设计包含对社会生活的关注，社会参与意识、参与行为及参与能力等。

研究方法：采用定量分析与定性分析相结合的研究方法，以问卷调查和个案访谈的方式，通过对样本的分析，以期发现访谈对象教育背景、工作环境、社会面貌等因素与使用微博（信）进行社会参与之间的联系，推知当前中国青年使用微博（信）进行社会参与的情况。

表 5-7　　　　　　　　问卷调查样本基本特征情况表

		频次	百分比（%）
性别	男	594	63.5
	女	342	36.5
年龄	18—24	402	42.9
	25—30	266	28.4
	31—34	268	28.6

---

① 参见王菁、卓伟、姚媛《大学生的微博政治参与行为现状实证研究》，《青年研究》2015 年第 4 期。

续表

		频次	百分比（%）
政治面貌	群众	328	35.0
	团员	318	34.0
	中共党员（预备党员）	274	29.3
	其他党派	12	1.3
	未答	4	0.4
文化程度	初中及以下	108	11.5
	高中（中专）	144	15.4
	大学（含在读）及以上	600	64.1
	未答	84	9.0
个人年均收入	小于3万元（含）	22	2.4
	3万—6万元（含）	392	41.9
	6万—10万元（含）	306	32.7
	10万元以上	214	22.9
	未答	2	0.2
职业身份	学生	400	42.7
	农民（含进城务工人员）	220	23.5
	国企工人	48	5.1
	公司管理人员	98	10.5
	教师	110	11.8
	政府机关工作人员	60	6.4

表5-8　　　　　　　　　访谈对象样本分布情况表

序号	访谈地点	访谈对象及人数
1	吉林市	城市青年10人 农村青年4人
2	杭州市	城市青年22人（其中14人为外地来杭州工作人员） 农村青年8人（其中6人为外地来杭州务工人员）
3	南京市	城市青年16人（其中12人为外地来南京工作人员）
4	上海市	城市青年8人（其中4人为外地来上海工作人员）
5	绍兴市	城市青年18人（其中4人为外地来绍兴工作人员） 农村青年12人

调查结果与分析：

（一）青年微社会关注度

政务微博（信）的出现，是政府部门及工作人员因应技术、时代的发展，在思想观念、行为方式等方面出现的积极变化，是打造开放型政府、透明型政府的一项重要举措，它体现了执政理念的与时俱进。对政务微博（信）的关注反映了青年社会参与的投入，是青年参政、议政、问政的热情体现与表达。青年人对社会微博（信）关注度如表5-9：

表5-9　　　　　青年人对社会微博（信）关注度表

	比例（%）
从不关注政务微博（信）	38.7
偶尔关注	17.9
有需要时才关注	28.2
经常关注	15.2

联系个人年均收入和职业身份后会发现，青年微社会关注度随着教育程度、社会地位经济状况的提高而增加（见表5-10、5-11）。

表5-10　　　　青年微社会关注度与收入关系表

	小于3万元（含未答1人）	3万—6万元（含）	6万—10万元（含）	10万元以上
从不关注政务微博（信）	12人；50.0%	214人；54.6%	98人；32.0%	68人；31.8%
偶尔关注	4人；16.7%	52人；13.3%	88人；28.8%	46人；21.5%
有需要时才关注	6人；25.0%	104人；26.5%	94人；30.7%	72人；33.6%
经常关注	2人；8.3%	22人；5.6%	26人；8.5%	28人；13.1%

表5-11　　　　青年微社会关注度与职业关系表

	学生	农民（含进城务工人员）	国企工人	公司管理人员	教师	政府机关工作人员
从不关注政务微博（信）	174人；43.5%	146人；66.4%	14人；29.2%	16人；16.3%	8人；7.3%	4人；6.7%

续表

	学生	农民（含进城务工人员）	国企工人	公司管理人员	教师	政府机关工作人员
偶尔关注	68人；17%	22人；10.0%	8人；16.7%	32人；32.7%	30人；27.3%	8人；13.3%
有需要时才关注	102人；25.5%	46人；20.9%	20人；41.7%	34人；34.7%	36人；32.7%	26人；43.3%
经常关注	56人；14.0%	6人；2.7%	6人；12.5%	16人；16.3%	36人；32.7%	22人；36.7%

从表5-11也可看出，青年人对政务微博（信）关注呈现出明显的功利性，即和自身利益相关时，或发生与自身利益有关的社会问题时才会选择关注，而与自身利益无关，或发生与自身利益没有太大牵连的社会问题时则选择了漠视。另外性别、年龄对政务微博（信）的关注也存在着联系，男性经常关注的比例（19.8%）远远超过女性（5.10%），年龄越大对政务微博（信）表现出的兴趣也就越大[经常关注政务微博（信）者，18—24岁，6.90%；25—30岁，11.4%；31—34岁，23.7%]。

采访对象一：小林，31岁，杭州市某民企部门经理，本科，年收入35万元左右

我关注的微博（信）主要有两个"杭州发布"和"浙江发布"。原因很简单啦，干我们这一行的不关注政策哪成。比如说杭州今年（2019年）开展的集中入户、入企走访，我就是通过微博知道的。这对我们（企业）太重要啦，现在经营环境这么不理想，都不知道跟谁讲？

采访对象二：小何，34岁，绍兴市某中学物理教师，硕士，年收入23万元左右

我说不上太关注你说的那种（政务）微博（信），不过一般遇到问题的话就会去找找文件政策。去年有个中小学教师工资补助，我去问我们学校财务，结果他们也搞不清楚，后来我是看了

教育局的（微信）公众号，才搞懂的。我还给他们留过言，咨询过，他们反馈还是蛮快的。

采访对象三：小郑，29 岁，南京某政府机关工作人员，本科，年收入 20 万元左右

我从事的工作就是天天需要和政策打交道。我们单位也有微信公众号，定期推出一些内容，点击率还比较稳定，从点击的情况来看，主要还是集中在有关公积金支取、缴存方面等固定的几个栏目上。因为我们的服务对象面比较窄，就是省直机关，所以通过点击率我们也能知道我们服务的对象主要关注什么。我本人也经常浏览与工作有关的微信公众号，我认为这些（微信）公众号打开了一个渠道，向上传达意见，只要意见表达出来了，才能让上面知道哪些政策需要及时出台、及时修改。

这说明，微社会关注度的兴趣可能会随着年龄的增加和受教育水平的提高而增加，另外，个体经济状况越好，越可能以发散型的方式①参与到社会当中。经济状况的改善，有助于社会地位的提高，但社会地位的提高绝不是被动消极的，而是以主动参与的方式积极争取的。其主要原因是保护自己的经济利益不受到侵犯，并通过影响决策等方式争取更大的利益。

（二）青年微社会表达

议程设置理论认为大众传播往往不能决定人们对某一事件或意见的具体看法，但可以通过提供给信息和安排相关的议题来有效地左右人们关注哪些事实和意见，以及他们谈论的先后顺序。该理论强调受众会因媒介提供议题而改变对事物重要性的认识，对媒介认为重要的事情首先采取行动。通过议程设置，可以使意见相左的团体就某些议题达成一致，从而实现不同团体的对话。

社会表达主要是指公民通过宪法规定的方法、平台与机会来表达自己的社会观点、社会诉求和社会态度，从而影响社会行为的一

---

① 这是一种积极主动的社会参与行为，与之相对应的是消极保守的收敛型社会参与。

种过程。① 对社会性热点事件发表评论、意见和转载是社会参与的重要组成部分。在中国传统社会文化中，对权威的认可和对冲突的回避使得一般公民的社会表达意愿较低，遇到不公平的对待或者对政策持不同看法时，倾向于回避沉默而非大胆的表达出来，这与传统社会表达渠道高成本、低效率有直接的关系。社交媒体能否在一定程度上弥补这种不足，赋予青年人更多的表达机会与表达渠道，从技术角度上看，开放的话语平台、平等的话语权力，似乎能够实现社会表达的意愿。从调查结果来看，意愿的展示确实与技术同步。

表 5-12　　　　　　　　青年人社会表达行为意愿表

选项	会（%）	不会（%）	不确定（%）
使用微博（信）对社会性热点事件发表意见	76	13	11
使用微博（信）与政务微博（信）互动	68	19	13
使用微博（信）反映各类社会社会问题	79	17	4
使用微博（信）转载社会信息	79	11	10

青年人使用微博（信）进行社会表达的意愿强烈，行为也较积极。进一步分析后会发现，不同年龄段的青年人社会表达的意愿大体一致。（发表社会意见、反映各类社会社会问题、转载社会信息的比例，其中 18—24 岁，38.3%、27.8%、33.9%；25—30 岁，27.1%、35.0%、37.9%；31—34 岁，30.2%、34.4%、35.4%）。但文化程度、社会面貌对社会表达意愿会产生明显的影响。

表 5-13　　　　　　　　文化程度对社会表达的影响表

		初中及以下	高中（中专）	大学（含在读）及以上	未答
发表政治意见	会	32 人；29.6%	60 人；41.7%	392 人；65.3%	44 人；52.4%
	不会	42 人；38.9%	52 人；36.1%	178 人；29.7%	36 人；42.9%
	不确定	34 人；31.5%	32 人；22.2%	30 人；5.0%	4 人；4.8%

---

① 参见赵戒斐《新媒体视野下中国执政党政治表达的范式转向》，《中国出版》2012 年第 11 期。

续表

		初中及以下	高中（中专）	大学（含在读）及以上	未答
反映各类社会问题	会	60 人；55.6%	72 人；50.0%	408 人；68.0%	50 人；59.5%
	不会	34 人；31.5%	44 人；30.6%	138 人；23.0%	24 人；28.6%
	不确定	14 人；13.0%	28 人；19.4%	54 人；9.0%	10 人；11.9%
转载政治信息	会	26 人；24.1%	62 人；43.1%	404 人；67.3%	38 人；45.2%
	不会	56 人；51.9%	44 人；30.6%	152 人；25.3%	34 人；40.5%
	不确定	26 人；24.1%	38 人；26.4%	44 人；7.3%	12 人；14.3%

表 5-14　　社会面貌对社会表达的影响表

		群众	团员	中共党员（预备党员）	其他党派（含未答）
发表政治意见	会	198 人；60.4%	194 人；61.0%	188 人；68.6%	8 人；50.0%
	不会	86 人；26.2%	98 人；30.8%	70 人；25.5%	2 人；12.5%
	不确定	44 人；13.4%	26 人；8.2%	16 人；5.8%	6 人；37.5%
反映各类社会问题	会	174 人；53.0%	198 人；62.3%	192 人；70.1%	12 人；75.0%
	不会	98 人；29.9%	94 人；29.6%	50 人；18.2%	4 人；25.0%
	不确定	56 人；17.1%	26 人；8.2%	32 人；11.7%	0 人；0%
转载政治信息	会	206 人；62.8%	192 人；60.4%	182 人；66.4%	10 人；62.5%
	不会	78 人；23.8%	102 人；32.1%	68 人；24.8%	2 人；12.5%
	不确定	44 人；13.4%	24 人；7.5%	24 人；8.8%	4 人；25.0%

采访对象一：小接，30 岁，吉林市某国企职员，本科，党员

我也算是伴随着数字化成长起来的"原住民"了吧，而且本科就是学通信，现在干得还是通信。所以你让我用别的媒体表达什么社会意见、转载什么社会信息，我还真不习惯。说句实话，我现在连报纸都不怎么看了，（电视呢？）用来看体育比赛，别的不看。过去主要是电脑，现在手机这么方便，微信几乎人人都有，所以第一个想到的就是微信。

采访对象二：小钱，24 岁，绍兴市某化工厂工人，初中，团员

我不太懂得什么叫社会表达。刚才你跟我说了那么长时间，我还是没太明白。我说一件事你看算不算？前两个月嘛，"五一"按理说加班是要加工钱的，但我们老板还是按平时那么算，这怎么可以啊？！我也是有老婆、孩子的人，我就给那个社保局反映，他们那里的一个人让我加了他的微信号，我在微信里又跟他反映过。后来他还让我加他们的微信公众号、看他们的微博，里面有很多东西是我过去不知道的。我就把这些情况跟厂里的那些兄弟们说了一下，后来不少人都加了，再后来老板把钱也补给我们了。

采访对象三：小李，33岁，上海市某餐饮公司老板，硕士，群众

我是（20）10年从国外回来的。那个时候国内还不像现在这么开放（话题），你现在打开微信什么话都敢说。我认为这是件好事，说明我们国家越来越自信，对社会的治理越来越成熟，有信心了。我电视现在看得很少啦，没时间。我手机里至少有6个你说的那种社会微信公众号，现在凡是跟我这个行业相关的官方微博我也天天看。（这能帮助你实现社会表达的愿望吗？）当然能啦。我只有了解了相关政策，我才能知道我的权力有哪些？（如果被侵害了你会表达出来吗？）肯定会的啦。现在社会越来越民主了，不是哪个官老爷说了算了……

出现这种情况的原因可能有三个：第一，大多数青年人已经与社会有过一段时间的接触，对社会的认知渐趋理性，虽然也面临着求职、婚姻、家庭等一系列迫切的现实问题，但年龄的增长并未过多地影响青年人社会意愿的表达和投入，他们对各种参与社会改造的行为依然抱有强烈的好奇感和理想化情结。如同一位调查对象写下的这样一段话："未来已经不再模糊，理想已经不再遥远。作为社会接班人，我觉得我们有义务、有能力、能责任担当起建设一个美好国家宏伟蓝图的重负"。第二，社会舆论空间越来越宽松，表达意愿的约束随着技术的进步、社会的清明而逐渐被解缚，拓展了青年人社会参与的空间，虽然社交媒体丰富的功能分散了一部分青年人的注意力，以微信为例，

娱乐休闲、购物支付等影响了青年人使用微信进行社会参与的投入程度，但"线上"社会表达的便捷途径还是为青年人提供了广阔的社会言说空间。第三，"民主社会必须有表达观点、思想和意见的公共论坛，"[①] 民主社会的成长、民主意识的增长、个体权力意识的觉醒，是社会表达的前提和条件。作为一种制度性表达（社交媒体政务化）和非制度性表达（社交媒体公众化）的结合体，微社会表达的目的和行为特征都体现出集体行动主义的倾向，社交媒体对不同话题自动分群功能所产生的事实上的"群体极化"，在一定程度上唤醒了"沉默的大多数"人群，在外在影响的鼓励下，会出现明显的社会表达外向性。

（三）青年微社会参与

亨廷顿的社会参与理论对社会稳定过分强调，使其观点带有权威主义的明显特征。如何保证在现代社会价值多元的合理存在下，使诸多不可通约、不可调和的信念能在基本社会架构下实现共存？亨廷顿并没有给出一个明确的答案，而罗尔斯的重叠共识理论却告诉我们，"第一，社会的基本结构是由一种社会的正义观念所规导的；第二，这种社会观念是各种合乎理性的完备性学说达到重叠共识的核心；第三，当宪法根本和基本正义发生危险时，公共讨论是按照社会的正义观念来进行的。"[②] 罗尔斯认为，所谓重叠共识就是指这种社会的正义观念是为各种理性然而对立的宗教、哲学、道德学说所支持的，而这些学说自身都拥有众多的拥护者，并且世代相传、生生不息。[③]

社会正义的实现需要依赖于社会参与，社会参与行为依据社会参与的有序程度，可分为温和型社会参与行为和抗争型社会参与行为。[④] 二者的区别主要体现为：

---

① ［美］凯恩·桑斯坦：《网络共和国——网络社会中的民主问题》，黄维明译，上海人民出版社2003年版，第49页。
② ［美］约翰·罗尔斯：《政治自由主义》，万俊人译，译林出版社2000年版，第45页。
③ 参见［美］约翰·罗尔斯《作为公平的正义：正义新论》，姚大志译，上海三联书店2002年版，第55页。
④ Scott, J., "Patron-Client Politics and Political Change in Southeast Asia", *The American Political Science Review*, 1972, 66 (1): 91–113.

表 5-15　　　　　　　　温和型、抗争型社会参与行为对比表

温和型社会参与行为	抗争型社会参与行为
投票、联系代表、向人大代表和政协委员反映情况、向新闻媒体发表意见、参加社会社团	参加游行、静坐、示威、拒绝与政府合作等

通过调查发现，温和型的社会参与行为虽然仍然占据主流，但抗争型社会参与的比例仍然不可忽视。

表 5-16　当您的权益受到侵犯时，您可能会采取以下哪些行为？（多选）

	比例（%）	频次
向人大代表和政协委员反映情况	54.7	512
向有关部门反映	79.5	744
通过新闻媒体发表意见	66.9	626
通过微博（信）向社会求援	83.8	784
参加游行或示威	37.4	350
到政府门前静坐	24.1	226

对以上的数据进一步分析后会发现，青年微社会参与因社会分工、社会阶层的不同而表现出较大的差异。影响抗争型社会参与的因素非常复杂，既与性别有关（男性43%，女性17%），也与社会面貌（群众38%、团员33%）、文化程度（高初中，61.7%）、收入（3万—6万元，48%）、职业身份（农民39%、进城务工人员36%）等有关，这说明不同社会分工、不同社会阶层加上职业和文化层次等主客观因素直接导致了不同青年群体社会参与的差异较大。这种差异性看似与社交媒体关联度不大，即社交媒体使用的频率与抗争型社会参与没有直接联系。[①] 但仔细分析会发现，经常关注政务微博（信）的人参与抗争型社会的可能性就越低，相反，从不关注或偶尔关注者参与的可能性则越高。

---

① 调查中几乎每一位被调查者都表示使用微信。

表 5-17　　政务微博（信）与抗争型社会参与间的关系

	温和型社会参与	抗争型社会参与
从不关注政务微博（信）	11.9%	57.7%
偶尔关注	27.2%	26.3%
有需要时才关注	27.8%	11.5%
经常关注	33.1%	4.5%

这说明，政务微博（信）对社会情绪的排解能起到缓释作用。除了因鼓噪而被裹挟的游行、示威、抗议者外，通常情况下采取抗争性行为的都与自身利益得不到满足有关。政务微博（信）与公众微博（信）最大的区别在于线上的意见表达的回应者不是"围观者"，而是能够帮助解决问题、矛盾的行动者，即提升民众对政府的满意度。

　　采访对象一：小李，23 岁，绍兴市某玻璃制造厂工人，中专，年收入 7 万元左右

　　要说参与游行示威的，我肯定不会去，最主要的我认为害怕造成社会动荡。我本身其实还是挺关心社会的，你刚才问那么多人什么叫政务微博，他们都（说）不知道，我知道的，我也经常看。（有哪些?）安徽省教育厅、安徽普法。（为什么关注这两个?）因为我来自安徽嘛，现在又参加法律本科自考，以后还打算考律师证。

　　采访对象二：小曲，27 岁，上海市某民企职员，本科，年收入 16 万元左右

　　不会的，我肯定不会的，因为我是女生，我天生胆小。哈哈哈。（你平时关注政务微信公众号嘛?）不关注。（政务微博呢?）不知道。（如果你的权益受到侵害你怎么办?）找我男朋友。（如果你男朋友也解决不了呢?）让我男朋友找他的朋友。（如果也解决不了呢?）那我就到处发微博、发微信，看看谁能帮我解决。（还解决不了呢?）我就坐地上哭。

　　采访对象三：小马，28 岁，杭州市某政府机关工作人员，本科，年收入 20 万元左右

我在单位就管过一段时间的（政务）微信公众号。我发现，经常发帖回复的也就那么几个人，一般人关注度确实不太高。（这是不是跟内容有关系?）有关系，绝对有关系。我们那时候（微信公众号）有专人管理的时候，点击率就高，现在没有人管理了，（点击率）马上就下来了。而且我发现，管理好的那段时间，到我们单位来闹事的明显就少了，它不一定与（政务微信公众号）有绝对关系，但肯定有关系。至于有多大关系，我说不好，它也不在我的权责范围之内。

不同于公众微博（信）在微社会参与时只具有问政的单一属性，政务微博（信）兼具问政和执政双重功能。作为构建在移动互联网技术基础之上的社交媒体，问政、执政均属于网络执政、网络问政的一部分。所谓网络执政是指在长期的探索和实践中，将互联网既是一种技术，也是一种方法，既是一种思潮，更是一种存在的深刻内涵演绎得淋漓尽致，最大限度地集中民智、集合民意、集约民力，通过互联网联系群众、凝聚民心、开展工作，形成一种普遍现象。

提升政府满意度，世界各国最常用的策略是让公民参与政府决策。政务微博（信）可以通过信息公开、在线办事、公民参与等途径参与到政府决策过程中，进而提升政府满意度。然而，虽然我国各地政府每年都推出政务微博（信）排行榜，[①] 以此作为一种督促措施，鞭策各级机关改善服务职能、增强政务微博（信）的影响力和服务功能，在多年的努力下，早期出现的那种无更新、无互动，"多日不更新不发言，网民投诉也不回应，还有的走向了琐碎、搞笑和鸡毛蒜皮。不

---

① 由人民网舆论数据中心制作的"政务微博影响力排行榜"评价体系包括四个维度：传播力、服务力、互动力和认同度。其中，粉丝数是构成传播力的重要前提，但是，粉丝越多，并不意味着影响力越大。此榜单更注重考察政务机构的"活跃粉丝""可信粉丝"。政务机构发布的信息能被多少"可信粉丝"阅读，才体现出政务信息的实际传播力。对互动力的考量，除了"被动互动"，也就是政务发布带来的评论、点赞外，更注重考量政务机构主动回复、双向互动的能力。

仅登轶闻趣事、饮食菜谱,还故意模仿网络语言,装萌搞笑"① 的政务议政平台和所谓"僵尸微博""僵尸微信"已越来越少,我国电子政务能力正逐渐提升。据《2020 联合国电子政务调查报告》报告显示,我国电子政务发展指数排名提升至全球第 45 位,其中,作为衡量国家电子政务发展水平核心指标的在线服务指数跃升至全球第 9 位,达到"非常高"水平。②

(四) 青年微社会认同

社会认同,是指人们在社会社会生活中产生的一种情感和意识上的归属感,它与人们的心理活动有着密切的关系。在社会化过程中,人们依据一定的社会态度、社会目标确定自己的身份,把自己看作是某一政党的成员、某一社会过程的参与者或某一社会信念的追求者,并自觉以组织或过程的要求来规范自己的社会行为,与这个社会组织保持一致,支持这个组织的方针、政策、路线等。③ 虽然社会认同强调个体的归属感,强调组织或群体对个体自我概念的依附的重要性,因此也经常被看作为社会认同的延展。公民个体在社会共同体中的主体身份因种族、性别、人格特质、宗教信仰、环境因素等不同,而对认同客体(国家、政党、政府、制度、政策等)产生不同的认知态度和认知感情。

社会认同的形成包括目标导向、过程形成和实践转化三个方向。其中目标导向的形成是以某种价值观念或行为准则为目标,为个体的观念和行为提供方向和指引,它包括国家和社会两个层面。过程形成构成了社会认同的核心,是指在取得直接或间接经验的基础上,对民族、国家、政党、政策等形成的社会认知、社会情感和社会信仰。实践转化是指在社会认知的基础上所产生的社会情感,并通过此情感外显为态度、情绪、倾向的实际表达。作为社会认同形成的核心,过程

---

① 《政府政务微博被指"僵尸化"和"官腔化"现象严重》,http://news.ifeng.com/mainland/detail_2012_03/20/13303081_0.shtml,2012 年 3 月 21 日。

② 《我国电子政务排名大幅提升 在线服务水平进入全球领先梯队》,http://www.xinhuanet.com/politics/2020-07/11/c_1126224671.htm,2020 年 7 月 11 日。

③ 参见马振清《中国公民政治社会化问题研究》,黑龙江人民出版社 2001 年版,第 4 页。

形成作为目标导向和实践转化的中介，起到承上启下、转承结合的作用，是推动社会认同形成与发展的基础和关键。

截至 2019 年，教育部对大学生思想社会状况滚动调查已经进行了 25 年，2019 年的调查显示，当前大学生思想主流继续保持积极健康、向上向好的良好态势。大学生对调查所列举的 2019 年以来的 9 项年度重大决策部署均保持较高满意度，其中对推进社会主义法治国家建设、持之以恒落实中央八项规定、制定"互联网+"行动计划的满意度居前三位。86.3% 的学生认为"到 2020 年，国家治理体系和治理能力现代化取得重大进展"，86.6% 的学生对"党的创造力、凝聚力、战斗力进一步增强"表示乐观，这两项分别比去年上升 1.9 和 2.5 个百分点。党中央在大学生心目中的形象更加鲜活、更加丰满，"亲民""实干""廉洁""务实"等深刻印象连续三年排在前列。分别有 89.9%、81.0%、83.7% 的学生赞同我国必须坚持"走中国特色社会主义道路""人民代表大会制度""公有制为主体、多种所有制经济共同发展的基本经济制度"，分别比去年上升 1.9 个、3.7 个和 1.9 个百分点。95.4% 的学生认可"中国特色社会主义事业进一步发展，综合国力不断增强，国际地位明显提高"。对"经济将保持中高速增长，产业将迈向中高端水平""2020 年我国将全面建成小康社会"等未来发展趋势持乐观态度的学生也保持较高比例。[①] 为了了解其他社会阶层青年社会认知的情况，本次调查主要围绕着过程形成阶段，考察当前青年的社会态度。

问题一：经济的发展促进了中国人的道理自信、理论自信、制度自信、文化自信，对此您是否认同？

表 5-18　　　　　　　　　青年社会态度表（一）

职业	人数			频次（%）		
	同意	不同意	不知道	同意	不同意	不知道
学生	214	116	70	53.5	29.0	17.5

---

① 《2019 年大学生思想状况滚动调查表明大学生思想主流积极健康向上向好》，http://www.luozhuang-edu.cn/jyzx/28484.html，2019 年 12 月 16 日。

续表

职业	人数			频次（%）		
	同意	不同意	不知道	同意	不同意	不知道
农民（含进城务工人员）	108	82	30	49.1	37.3	13.6
国企工人	28	14	6	58.3	29.2	12.5
公司管理人员	60	34	4	61.2	34.7	4.1
教师	94	8	8	85.5	7.27	7.27
政府机关工作人员	52	2	6	86.7	3.33	10.0

问题二：您是否会在微博、微信中有意识地关注中国经济建设、社会建设、文化建设上的成就？

表5-19　　　　　　青年社会态度表（二）

职业	人数			频次（%）		
	会	不会	说不清	会	不会	说不清
学生	302	74	24	75.5	18.5	6.0
农民（含进城务工人员）	122	46	52	55.5	20.9	23.6
国企工人	34	4	10	70.8	8.3	20.8
公司管理人员	80	14	4	81.6	14.3	4.1
教师	98	4	8	89.1	3.6	7.3
政府机关工作人员	54	2	4	90.0	3.3	6.7

问题三：您是否会通过微博、微信或其他社交媒体有意识地宣传中国社会、经济、社会、文化道德上的发展成就？

表5-20　　　　　　青年社会态度表（三）

职业	人数		频次（%）	
	会	不会	会	不会
学生	282	118	70.5	29.5
农民（含进城务工人员）	114	106	51.2	48.1
国企工人	32	16	66.7	33.3
公司管理人员	68	30	69.4	30.6
教师	100	10	90.9	9.1
政府机关工作人员	60	0	100.0	0.0

从以上调查可以看出，青年微社会认同具有普遍性，主流积极向上。尽管来自不同职业的青年社会热情、社会意识略有差异，但反映出来的社会态度都是积极进取的，他们关心国家时事（58.1%），关心国家重大决策政策的出台（76.3%），关心党和政府主要领导人的变动（81.7%），同时也关心国际风云变幻和国际重大事件的发生（65.3%），同时对惩治腐败、加强干部队伍建设也投入了极大的关注（88.6%）。这说明社交媒体并未削弱青年们的社会热情，他们的社会认同感并未因为微社会的情绪化倾向而出现大的偏颇和转向。对涉及国家主权、民族利益、民族尊严等重大事件，他们都表现出坚定的社会立场和社会信仰。

采访对象一：小赵，33岁，吉林市某国企工人，大专，年收入6万元左右，吉林市人

你知道我最烦啥不？我最烦那些在（微博、微信上）天天黑自己国家的（人）。一整就说国外怎么怎么的，你要觉得国外好别在中国待着啊。我昨天还搁微信里把一个人骂了，他说他可以理解香港"揽炒"派。[1] 这小子是不是有病，骂完后我直接把他拉黑了，这种人不配（和我）做朋友。（你认识他吗？）见过几次，还吃过饭呢。当时对他印象还可以，但这次事之后，我们就不来往了。不是说我觉悟高，我也不是党员，但这个时候我觉得只要是个中国人就要站出来，这是必须的。虽说没几个人用微信干正经事，但微信也绝不是损自己国家的。

采访对象二：小田，二十七八岁（未透露年龄，目测），上海市某公司职员，本科，年收入未透露，上海人

（你会在微博、微信上表达你的社会热情吗？）会吧。（为什么回答的这么勉强？）主要我说不好什么叫作社会热情啊。（对国家、对党的建设、对社会改革等？）噢，那会的，那会的。我微

---

[1] 调查当天，因香港"民阵"发起的所谓反对修订《逃犯条例》而引发的"黑暴"活动已持续两个月，整个社会持续动荡。

博不太用,但微信用的还是蛮多的,我也经常会发一些传播正能量的东西。(比如呢?)喏,前一段子反腐的内容我就发了很多,一个贪官被抓我就发一个,一个贪官被抓我就发一个。我觉得这种事情最高兴的还是我们老百姓。

采访对象三:小邢,22岁,绍兴市某民企工人,高中,年收入7万元左右,云南思茅人

我虽然经历的不多,但我觉得我们国家真的不错。别的不说嘛,总体感觉我们国家现在就比很多国家好。① 我刚才看朋友转过来的视频,一个法国人说中国的治安怎么好,作为一个中国人其实感受的没有那么深,好像生活就应该是这个样子的。现在他这么一说自己再一想,觉得挺有道理的。(你认为原因是什么?)那肯定跟政府有关。政府管理得好,管理得严,社会(环境)肯定就好。就像我们工厂一样,你要是不好好管理的话,成天吊儿郎当,像我这样的肯定不会好好干,那这家工厂离关门也就不远了。

在调查中,许多调查者都表示如果有可能的话,愿意参与各类公益活动[学生,71.1%;农民(含进城务工人员),55.5%;国企工人,57.6%;公司管理人员,62.3%;教师,90.1%;政府机关工作人员,66.7%],接近五成(49.7%)的调查者都听说过微公益②,并对这种新型的公益形式表示了浓厚的兴趣,愿意在信息真实确认的情况下进行实践。

社交媒体的内容虽然庞杂而芜菁,不同的思想观念、意识形态相伴其中,不同的喧嚣、不同的声音此起彼伏,但通过以上的调查会发现,虽然微社会对青年人影响颇大,但主流意识形态和传统价值观仍然扮演着举足轻重的角色,在凝聚思想、统一人心、激发社会信心和行动热情方面依然起着不可替代的引导作用。这一切对于促进青年微

---

① 采访当日恰逢"十一",为了庆祝新中国成立七十周年,我国举行了国庆大阅兵。采访时,小邢正和他的工友谈论该事。

② 微公益是指从微不足道的公益事情着手,强调积少成多。目前的活动平台主要是微博、微信,通过转发的形式去帮助完成受捐助者。

社会认同，加强青年的微社会信仰，提升青年的微社会参与都极为关键。如何加强青年主体通过社交媒体与现实社会体系在互动过程中培养正确的社会态度、社会情感和社会倾向，并外化为社会行为，抵制对社会权力的怀疑而遭到削弱的社会训练的效果，指导青年人的微社会实践和行为方式，是微社会认同今后发展的目标导向和思想路径。

第六章 社交媒体对青年社会化的负面影响及成因剖析

社交媒体作为青年社会化的新型载体,促进了社会化途径的变迁,创造了一种全新的青年社会化范式。尽管这种范式诞生于互联网,但它在信息传播、言论表达方面更加迅捷、自由的特性又使其不同于一般网络形态。然而,社交媒体在促进青年社会化的同时,也对青年社会化带来了相应的影响和冲击。一方面,以微博、微信、短视频为代表的社交媒体去中心化、病毒式传播,以及平等、开放等技术优势,为青年人参与社会提供有效途径,促进青年人社会思维、社会意识的培养,加速青年人学习社会技能、社会行为的周期,丰富青年人的社会阅历和社会经验以及参与社会社会生活的机会;另一方面,不断被解构的去规范化表达方式,在公共事件践行中"个体自我"与"公民自我"的相互割裂,[①] 以及传播责任的延宕与落后致使社交媒体的传播能力随着技术的发展得到极大延伸的同时,也可能会演化成一种逃离约束笼子的暴力,煽动不良的社会倾向,导致社会纷争、影响正常的社会生活。

第一节 社交媒体对青年社会化的负面影响

正确的认识与理解社交媒体对青年社会化的负面影响并剖析其成

[①] 大量研究发现,处在隐匿身份环境中的"个体自我"常常会出现不统一、不连续、离散化的自我观念形象,或者对自我价值、自我感受消极,这种"自我认同危机"与统一、连续、整合起来的"公民自我"常相背离。

因，并在此基础上提出相应的举措与改进策略，才能保证社交媒体环境下青年社会化健康、有序、良性的发展。

一　复杂的舆论环境可能导致社会认知歧异化

社会认知是指人们对社会制度、组织、过程、目的、理想、象征、政策、社会首脑、社会体系的运行机制以及社会人的权利和义务的主观反映。[①] 社交媒体多样化的表述方式消解了信息的垄断和言论的统一，海量的信息所构建的纷繁复杂的舆论环境为不同的价值观念和意识形态提供了天然的避风港，对此，相当部分青年表示，在这些不同观念、不同思潮、不同声音的冲击下，他们往往表现得无所适从，不知所以。[②]

表 6-1　　　　　　　　青年社会认知问题表（一）

问题：面对社交媒体中的海量信息、互相冲突的价值观念和意识形态，您能够做到：

选择项	理性对待	经常无所适从	有时迷茫	无所谓
人数	175	301	321	139
频次（%）	18.7	32.1	34.3	14.9

需要说明的是，在本次调查中发现，教育背景、职业身份对理解不同的价值观念和意识形态似乎帮助不大［大学及以上选择经常无所适从和有时迷茫两项者比例合计49.3%，与高中（中专）以下者接近］。这说明，过于庞杂的声音一方面超越了许多人专业理解范围，另一方面也使许多青年对来自社交媒体中的内容保持了相应的警惕和谨慎。

---

① 社会认知的概念界定可分为广义和狭义两种。其中广义社会认知涵盖社会观的全过程，一般分为四个阶段。首先是社会认识的形成；其次是在社会认识的基础上对各种现象所产生的喜、恶等社会态度；再次在社会认知和社会态度的基础上形成的自主性判断，即社会判断；最后形成比较稳固的价值观标准。本书出于研究主题的需要，采用的是狭义的标准。

② 本章中的所有调查，均为上章实证问卷调查的延续，调查对象、调查数量不变。调查问题如果没有特别说明，均为单选。样本情况详见表 5-7。

表6-2　　　　　　　　青年社会认知问题表（二）

选择项	谣言流言等虚假信息	非主流社会思潮、价值观	各类敌对诋毁我国政府形象和社会制度的言论	其他
人数	616	296	533	147
频次（%）	65.8	31.6	56.9	15.7

问题：您认为社交媒体中，以下哪些问题最突出的（可多选）

如果考虑到诋毁我国政府形象和社会制度的言论中相当部分属于虚假信息范畴，会发现当前青年最不满意的就是社交媒体舆论空间信息的不真实性。据中国社会科学院新闻与传播研究所调查显示，近六成假新闻首发于微博，每周二是一周微信"谣言"传播的最高峰。由于封闭式传播环境，自我纠错能力弱，相较于微博，微信谣言的辟谣难度较大。① 在社交媒体中制造一条虚假信息并不难，难的是如何去鉴别与识别。遗憾的是，近七成以上的被调查青年表示，自己没有能力去鉴别、识别虚假社会信息。

表6-3　　　　　　　　青年社会认知问题表（三）

选择项	没有能力	有能力	偶尔能识别，但一般识别不了
人数	643	217	76
频次（%）	68.7	23.2	8.1

问题：您认为自己是否有能力识别社交媒体中的虚假社会信息

调查发现，表示有能力识别虚假社会信息的主要为高学历（大学及以上76.8%）、高年龄（31—34岁75.3%）这部分人群。这说明受到的教育越多、阅历越广、经验越丰富，越不容易受到外部的宣传和鼓动的诱导。相反，年龄越小、学历越低、经济条件越差的青年，由于缺乏社会生活经历和经验，世界观、价值观处在塑形的过程中，价值判断变动性较大，容易在不同信息的碰撞中迷失方向。社交媒体复杂的舆论环境对青年社会认知产生的负面影响主要表现为：

---

① 《近六成假新闻首发于微博》，http://news.ifeng.com/a/20150625/44037999_0.shtml，2015年6月25日。

（一）我国主流社会文化是中国特色的社会主义社会文化。在社交媒体环境中，不同背景的社会文化对各类思潮、价值观、意识形态的鼓动，对西方资本主义国家所谓自由、民主、人权的宣扬及各类社会观念、信仰的渗透，争夺着社会观、价值观、意识观尚未成熟的青年群体，对我国主流社会文化的传播带来了巨大的冲击和阻碍。部分青年可能会丧失早期社会化中形成的正确的社会认知和思想认识，动摇和背离主流社会文化所倡导的社会观和价值观，以及对我国主流价值观和社会制度的认可，削弱对中国特色社会主义建设的国家意识的认同。不同于学校教育和官方媒体宣传，青年人接触社交媒体属于主动性社会认知，丰富的社会信息、多元的社会观点开拓了他们的社会视野，特别是社交媒体自由交流与表达的技术特性，使青年人在社会认知的过程中能够把握一定的主动性和独立性，但也可能会造成对现实认知的不足，过于理想化，对解决问题的难度心理准备不足等问题。当理想与现实产生巨大落差，就可能会导致价值观动摇，继而走向偏激。

（二）当代青年社会认知的方向是正确的，体现为大部分青年都表现出强烈的爱国主义和忧国忧民的情怀，对我国现行的社会制度、社会运行环境、国家治理政策、政党形象、民族政策等表现出很高的认同度。[①] 但作为青年个体由于缺乏科学的分析方法，同时受到个人社会生活、社会视野的限制，又表现出强烈的局限性。究其原因，除了青年人尚未建立起牢靠的社会立场，社会判断不成熟外，现实社会消费意识的泛滥、就业压力的加剧、经济行为对个人社会认知的诱导，对与自身有关的社会议题兴趣度高等表明，使青年人的社会认知存在很强的功利性。这种功利性的社会认知一方面能够保证青年人对相关社会议题的持续关注，从而激发起他们社会参与和社会表达的热情；另一方面也使他们的社会兴趣具有局限性，对与己关系不大或不涉及自身利益的社会事件置之不理、充耳不闻，继而丧失了对宏大议题的探求与追问，约束了他们的社会抱负、社会胸怀、社会理想，使得他

---

① 以社会认知为关键词，通过 CNKI（中国知网）的搜索出有关于社会认知实证方面研究的文献 18 篇，均证实了以上观点。

们的社会认知片面化、感性化和碎片化。传统社会认知的灌输式教育与社交媒体的自我主动式接受教育其效果孰优孰劣尚有待进一步检验，但作为当今和未来很长一段时间信息传播的主流，通过移动互联网终端接受各类社会信息、社会观念、社会思潮，将长期地伴随青年社会化，这就需要有一支起主导作用的外来驱动引导力量，来帮助青年人提高社会认知水平，推动青年人社会认知能力的提高，但青年对当前寄予希望的现有社会化的教育满意度不足，这种不足与青年人提高社会认知主观意愿强烈形成鲜明反差。

（三）原有的社会意识形态立场和对社会信息的接收接受影响着青年个体的社会认知。世界观、价值观的模铸是一个长期的过程，甚至可能会伴随一个人的一生。一方面，经过长期的社会教育和环境熏陶，青年人的社会态度、社会立场呈现出一定的稳定性；另一方面，相对于传统媒介和其他网络媒体，社交媒体中言论相对更加自由、更加宽松，不同的价值观、多元的意见和观点的冲击、碰撞、影响着青年人的社会认知心态和社会信息选择态度。对同一议题、同一事件、同一观点也许上一分钟还支持、同意，下一分钟就转向、变卦。在倾向和态度上青年人这种变动性大于稳定性的社会认知特征。

二 开放的言论空间可能导致社会表达随性化

社交媒体开放的话语平台为青年人提供了一个互动的、即时化的社会表达途径。从表达手段上来看，社会表达可分为两种，即制度性表达与非制度性表达。其中制度性表达是保障民众行使民主权力的重要价值追求，其选择的方式主要是通过广播、报纸、期刊、电视等传统媒介传播相关言论和思想；非制度性表达主要是以游行、罢工（课）、非法集会、出版各类非法出版物等形式诉诸其观念和意见。两种表达方式长期对立，当制度性表达得不到满足的时候，非制度性表达便如"泉涌"般的冒出，如何将非制度性表达"合法化"，在传统媒介环境下，对普通公民个体来说，可供选择的途径相对有限，借助非制度性媒介进行表达常常成为唯一选项。社交媒体的出现扫除了社会表达的旧障碍，在一定程度上缓解制度性表达与非制度性表达的对立。借助于开放、自由的表达空间和个性化的表达方式，以及"先出版后过滤"的新型游戏规则，每个人隐藏在虚构的身份背后畅所欲言、自由地交换着意见和观点。官方话语、精英话语、草根话语同声齐唱，主流话语、民间话语同台竞技，公民的表达诉求、表达欲望空前释放。

英国历史学家阿诺尔德·汤因比指出："技术每提高一步，力量就增大一分，这种力量可以用于善恶两个方面。"[1] 在社交媒体中，社会表达的主体构成复杂，在表达的过程中，一方面因为实践手段的智能化、实践的超地域性、实践结果的创新性，使表达主体竞争能力、挑战能力大大增强，张扬了表达的主体性；另一方面，作为技术性极强的存在物，社交媒体必然会对社会表达产生潜在不利影响，造成主体性困境。这些困境主要有技术性困境、认知性困境和交往性困境等。

（一）技术性困境

美国技术哲学家迈克尔·海姆将人类在网络空间的活动方式概括为模拟、身临其境、远程展示、身体完全沉浸、互动、人造性和网络交往七个方面。[2] 技术是社交媒体社会表达的先决条件。社交媒体作为社会表达信息渠道的主要来源，使得传统的单向式信息收集流程转变为高效的双向式的互动体验信息搜索。从"信息收集"到"信息搜索"的转变，体现的是表达主体从被动接受到主动搜索，从相信信息到质疑信息的参与心理的变化。（见图6-1）

图6-1显示，基于社交媒体的社会表达机制是主体信息搜索、分享与参与体验一体化的过程。其中通过各种传播方式形成的信息分享是影响主体做出社会表达的关键性因素，信息分享也是联系主体和社会表达的纽带。

---

[1] ［英］汤因比、［日］池田大作：《展望21世纪：汤因比与池田大作对话录》，荀春生等译，国际文化出版社1999年版，第388页。

[2] ［美］迈克尔·海姆：《从界面到网络空间——虚拟实在的形而上学》，金吾伦、刘钢译，上海科技教育出版社1997年版，第56页。

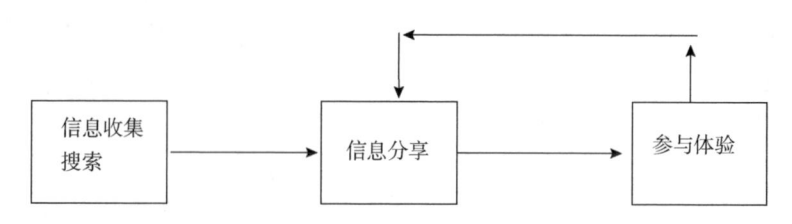

图 6-1　社交媒体社会机制图

当前，社会表达越来越依赖社交媒体的支持。社交媒体不仅具有主体的性格，在虚拟实践中起着功能主体的作用，而且还是虚拟实践所借助的物质工具和精神手段。表达主体的感觉体验由社交媒体建构，只有通过社交媒体，体验才可获得，或者说信息的传播才构成体验的内容。在社交媒体社会表达的过程中，需要现实实践的主体与虚拟实践的主体相结合。如果完全抛开"现实中的人"，虚拟实践主体与虚拟活动都不能存在。在这个意义上，"现实的人"既是传统意义的现实实践主体，归根到底也是虚拟实践的主体。[①] 然而，在虚拟实践中，"现实的人"一旦成为社交媒体的使用者，其现实的身份容易被虚拟的身份掩盖，现实社会中的束缚剥落，虚拟主体匿名身份增强，在社会表达时，实践活动、实践客体经常被虚拟化，导致社会表达的严肃性被娱乐化、民主性被随意化、平等被侵害、相互尊重受到任意嘲弄。

虚拟实践、虚拟主体、虚拟客体三者的有机结合，是突破社交媒体社会表达技术性困境的关键。利用社交媒体进行社会表达，虚拟实践所带来的充分社会自由是现实社会中参与主体无法获取的，与此同时，参与主体的主体性部分丧失却是在社交媒体中进行社会表达所必须面对的。

（二）认知性困境

认知性困境是指社交媒体信息的泛滥使表达主体信息选择、处理面临困难，从而制约主体性的发展。

首先，认知性困境来源于社交媒体强大的信息生产能力使得主

[①] 参见张明仓《虚拟实践的本质探析》，《华中科技大学学报》（社会科学版）2006 年第 1 期。

体经常陷入各类不同的社会议题中。在社交媒体中进行社会表达，首先需要主体从社交媒体中了解到社会信息，然后通过社交媒体提出看法、意见、合理化建议。在这个过程中，主体不可能不受到情绪的左右、立场的判断。在社交媒体上，来自各方的各种声音都可能出现，客观理性者有之、起哄戏谑者有之、义愤填膺者有之、批评呵斥者有之，这些不同的声音因为选取的角度有异，阐释立场存在着差别，都可能对主体产生思维冲击。社交媒体是一个培育公民精神和参政能力的公共场域，这个场所同时也会滋生极端个人主义和无政府主义，在缺乏有效制约社交媒体环境下，主体会产生认知困境。

其次，认知性困境还来源于移动网络通信技术的发展所导致的主体思维平面化。人类理解力的发展和深化能够更有效地认识世界、了解世界，改造世界，运用思想指导为生活世界提供意义。思维平面化由于缺乏思考深度，因此容易被表象迷惑，丧失自我，陷入盲动，在社会表达的过程中，情绪代替意志，宣泄性的语言代替说理论述，一味地攻击、谩骂，无法有效地进行社会表达。

（三）交往性困境

社交媒体的社会表达是将现实社会对社会议题的热度折射到社交媒体中，借助社交媒体平台，消除时空障碍，实现民主沟通，从而达到"草根参政"的目的。但是社交媒体的交往毕竟是以技术为中介的人际交往，不同于面对面交流，表达主体间的交流缺乏面对面交流时伴生的形体、表情、环境气氛，以及可感触到的各种内心感觉等。交流元素的缺乏，受到价值、利益等多种因素的影响，表达主体在处于匿名状态"别人不知道我是谁"的情况下，会毫无忌惮地发泄情绪，把表达对象当成不良反应的承受者、受虐者。另外，由于社交媒体的社会表达由于缺乏制度性保障，经常导致过程无序化，内容不规范。在极端情况下，正当的社会表达甚至可能会走向反面，变得不理性、泛社会化、暴力化，这些都会削弱社会表达的合理性。

本书通过调查发现，不同年龄段的青年人使用社交媒体进行社会表达的意愿强烈、数量大体一致。（调查数据详见表5-12）其中"房价""腐败""教育""就业"位于本书调查的前四位。

表6-4　　　　　　　青年社会表达问题表（一）

问题：在社交媒体中，您最愿意就以下哪几个话题发表意见？（可多选）									
选择项	环保	腐败	国际热点	社会治安	就业	教育	房价	其他	
人数	573	795	484	688	818	753	856	109	
频次（%）	61.2	84.9	51.7	73.5	87.4	80.5	91.4	11.6	

这四项青年人最愿意进行表达的话题反映了他们当前关注的焦点。同时，转型期多发、频发的网络事件，也为青年人通过社交媒体构建的公共空间参与公共事务、监督公共权力、就国家治理发表观点、看法提供了更多契机。但就表达的方式而言，大量的情绪化、非理性化的话语形态削弱了社会表达的合法性、有效性。

表6-5　　　　　　　青年社会表达问题表（二）

问题：在社交媒体中，您认为就热点事件、热点话题所发表的意见中，您最不满意的是以下哪项？				
选择项	不客观、情绪化	倾向过于明显	戏谑、调侃	不理性、谩骂、诅咒	其他
人数	306	271	229	109	21
选择项	不客观、情绪化	倾向过于明显	戏谑、调侃	不理性、谩骂、诅咒	其他
频次（%）	32.7	28.9	24.5	11.6	2.3

表6-6　　　　　　　青年社会表达问题表（三）

问题：在社交媒体中，当您就腐败、收入分配差距过大、机会利益不均，为富不仁等话题等发表意见时，您会使用的表达方式是：

选择项	理性冷静	大胆地表明倾向	戏谑、调侃	谩骂、诅咒	其他
人数	235	455	194	48	4
频次（%）	25.1	48.6	20.7	5.1	0.5

以上调查显示，社交媒体环境下青年社会表达的负面影响主要表现为：

1. 社交媒体环境下青年社会表达范式突破了传统意义上的内涵与特质，去中心化增强了社会表达的随意性，从而导致了社会表达

第六章 社交媒体对青年社会化的负面影响及成因剖析

的碎片化。社交媒体虽然提高了传播与接收的便捷性，但受到专业知识的限制，对事件的了解程度多限于表面，深入度不够，因此青年人在社会表达的时候就表现出了很大的随意性。这种随意性在追新、求变的心理需求下，有意使用一些与众不同的表达方式，如"凡客体""咆哮体""淘宝体"① 等，以及火星文、缩略语等大量非主流词语的使用。多元的话语风格、丰富的话语形态虽然增强了幽默化、戏剧化的表达效果，隐喻了某种社会情感以及对某种思想与行为的抵抗，但此种表达背后蕴含着一种讨好倾向，其建构起来的话语表达方式、表达手段的世俗化、庸俗化破坏了社会表达严肃性、庄重性。社会表达反映了自身的社会认知、社会态度、社会情感、社会倾向。通过戏谑与调侃等口语化的话语体系或许能增强表达效果，令人在莞尔之余卸下沉重，但也造成了理解困难和沟通障碍。特别是在一些庄重、严肃的社会议题中的使用，容易造成理解歧义，从而扭曲了正常的社会沟通和社会交流。通过戏谑、调侃与反讽，将社会人物、社会现象、社会事件娱乐化，并不能促进青年社会主体意识的觉醒，也不能促动青年从"关注式文化"向"行动式文化"转型，因为背后支撑的商业逻辑和消费文化恰恰反映了表达主体社会思维独立性的缺失以及自我约束能力弱，无法更有效地进行社会参与。这种社会上的不成熟也反映了对自身社会地位改善意愿不强、认知不高。

2. 无论是发帖、评论还是点赞、转发、打赏，表情包、图片、音视频等传播符号配合着文字在社交媒体中的大量使用，重构着青年社会表达的话语机制，经过意义重赋的话语文本呈现出的权力关系和身份识别形成的特定社会镜像，使青年人的社会表达符号趋势愈发凸显，

---

① 凡客体，即凡客诚品（VANCL）广告文案宣传的文体，该广告意在戏谑主流文化，彰显该品牌的个性形象。然其另类手法也招致不少网友围观，网络上出现了大批恶搞凡客体的帖子，其广告词更是极尽调侃，令人捧腹。咆哮体是一种流行于网络的文体，一般出现在回帖或者QQ、MSN等网络聊天对话中。咆哮体没有固定的格式或内容，就是带许多感叹号的字、词或者句子！这种看上去带有很强烈感情色彩的咆哮体引来了粉丝的追捧。淘宝体是说话的一种方式，最初见于淘宝网卖家对商品的描述。淘宝体后因其亲切、可爱的方式逐渐在网上走红。

更加具象化、口语化。这种独特的文本结构由于带有强烈的个人化文本印迹，抛弃了传统文体所追求的逻辑性、有序性和规范性，其失序、混搭的话语组合方式，虽然形成了强烈的视觉冲击力，但也造成了理解上的障碍和沟通上的困难。另外，青年人在社交媒体中对公共议题和热点事件中表露出来的自身诉求、社会观点以及强烈的批判欲望，必然导致意见和观点的冲突，在冲突中公平、理性的意见表达容易演化为简单的情绪渲泄。不仅不利于真实舆情的反映和搜集，而且也不利于社会生态的构建和青年社会能力的培养。

三 虚拟的实践行为可能导致社会知行偏差化

参与社会活动、获取社会知识、培养社会能力、形成社会意识、稳固社会立场，都离不开社会实践。社会实践作为青年社会化的根本环节，对既有行为模式和思想理念的延续和维系，对传统社会文化的传承均起到重要的作用。社会实践的模式与形态和信息技术的发展联系密切，在前信息时代，社会实践的变迁速度相对缓慢，在统一的社会信仰、社会思想、社会观点的指导下，青年人的社会实践表现出相对统一的群体性。随着互联网的出现，特别是代表一种新的生存方式、价值观念和社会态度的社交媒体的出现，传统的大一统模式的社会实践受到挑战，与以往相比表现出很大的差异性，青年社会实践的模式与形态的变迁较以往任何时期都要激烈、深刻。调查表明，社交媒体正在成为青年人践行社会活动的最主要途径和媒介。

表6-7　　　　　　　　　青年社会实践问题表（一）

问题：您愿意通过以下哪条途径来参与社会活动：

选择项	报纸、杂志	广播、电视	微博、微信	学校、家庭、单位	其他
人数	173	185	446	76	56
频次（%）	18.5	19.8	47.6	8.1	6.0

即时的社会表达、多元的社会参与、现实的社会诉求，使青年人更青睐于通过社交媒体来提升、锤炼自身的社会技能、社会经验。社

交媒体为青年提供了非制度化社会参与渠道，鼓励和保证了青年人社会实践的动力，使他们不再是旁观者或从属者，而是以一个参与者、建设者的角色去参与社会活动，影响并形成自己的社会态度。然而，在社交媒体构建的虚拟空间中，新的传播生态在改变人们社会实践的模式与形态的同时，也在割裂、误导着青年人社会参与行为和对社会民主的认知。因此，虚拟社会实践为青年人的社会知行带来的负面影响是：

（一）在社交媒体所构建的虚拟社会中，虚拟社群去阶层化和虚拟社会角色去身份化特征，使青年人在社交媒体中从事社会活动时，可以打破现实物理空间中血缘、地缘的限制，实现自由平等的交往。特别是平等的虚拟社会角色，使青年人参与社会活动的范围具有了无限的可能性，保证了青年人的社会兴趣、社会热情向多样、异质的领域发展的可能。然而，这种发展不能有效地切换到现实物理空间中，任何组织都拥有自己的组织目标，它提供了衡量组织活动成功的标准和组织活动的动力，它的性质影响着组织的基本特征。组织目标是多重的而不是单一的，既有总体目标，又有具体目标；既有长期目标，又有中、短期目标；既有集体目标，又有许多个人目标。另外，任何组织都具备一定的组织形式，依托其层级结构对组织成员实行分工管理和分类协作，以利于组织的团结稳定和运行效率的提高。相对于现实物理空间中明确的组织目标和组织形式，社交媒体虚拟社群扁平化、去中心化的组织结构和非确定性的组织目标，能够让青年人在虚拟空间中以不同的行为方式自由地行使社会活动，在现实物理空间中，却不得不面对社会地位、身份背景、社会角色的制约，致使社会活动不如社交媒体虚拟空间那般自由。

（二）随着社交媒体对社会生活的涉入程度日深，越来越多的青年人愿意通过社交媒体行使社会活动、参与社会生活，除了方便、快捷之外，去身份化、匿名化、平等性等特点也是吸引青年人投身社交媒体社会的主要方面。

表 6-8　　　　　　　　　青年社会实践问题表（二）

问题：您认为微博、微信哪方面的特点吸引您参与社会活动：（可多选）

选择项	去身份化	匿名化	方便、快捷	平等性	内容自由	零门槛	其他
人数	467	469	204	281	369	142	166
频次（%）	49.9	50.1	21.8	30.0	39.4	15.2	17.7

任何在社交媒体中参与社会活动的青年，都拥有两种不同的社会角色，即现实社会身份和虚拟社会身份。不同于处处受到制约的现实社会身份，虚拟社会身份因摆脱了时间、空间的限制，扮演不同的社会角色，致使同一主体在虚拟空间中的言行与现实生活中的言行会形成极大的反差，呈现出人格分裂的特征。人格分裂者，一般具有多重性格，这类人群一方面敏感多疑，总是妄自尊大；另一方面又极易产生羞愧感和耻辱感。人格分裂者因多重人格特点杂陈而产生自我冲突和自我矛盾，无法确定一种固定的角色意识，从而导致在社会角色的扮演过程中，思维混乱、逻辑怪异、缺乏主见、容易失控，进而表现出诸如态度冷漠、心理失衡、情绪紊乱、沟通困难等一些特殊的令人难以捉摸的情绪特征。[①] 现代医学研究表明，当今社会部分人群都患有一定程度的人格分裂，除了生活、学习、工作压力外，经济全球化、合作化及科技的大规模应用越来越降低个人的作用外，还与部分人群沉迷于社交媒体从而导致社交障碍有关。本书在调查中发现，相当程度的大学生"微信成瘾"。（详见第四章第二节）由于无法完成正常的社会沟通与人际交往，因此这部分人群更愿意在社交媒体中参与社会生活，习惯于在去身份化、匿名化的面纱掩蔽下享受虚拟社会角色社会狂欢带来的社会快感，在自我形象与表征符号的相互割裂中满足偷窥他人、偷窥社会的好奇与欲望。在惶恐、焦虑、盲目心理的交织中，反理性反文化，借助虚拟空间中的社会狂乱掩饰物理时空下的社会落寞与社会孤独。

（三）通过社交媒体获取社会信息、参与社会生活、表达社会观

[①] 参见骆嘉、王中云、陈县英《智能手机使用中的人格分裂及其文化归因》，《中国图书评论》2015 年第 8 期。

点、形成社会立场,已成为当代青年磨炼社会技能、增长社会阅历、传承社会文化的主要途径。社交媒体交互式传播模式能够保证更多的人群参与到社会活动中来,但参与主体社会属性的异质性导致了参与主体结构不均衡。因经济地位、文化特质、价值观点上的不同所形成的不同的参与理念与参与行为,决定了各社会参与主体参与方法、参与手段的差别。与传统民主需要投入大量的资源不同,社交媒体低廉的民主成本[1]保证了民主的广泛性、深刻性和便捷性。但社交媒体民主容易被掌握复杂信息网络技术的主体所掌握,当这部分技术官僚与"大V"和"意见领袖"对社交媒体上的民主选举、民主决策、民主管理、民主监督进行不间断地施加影响时,可能导致民主被操纵、民主受愚弄,生产出破坏民主的新工具。社交媒体民主作为网络民主的一部分,强调公共协商与治理,即通过民意表达、官民对话,借助网络叙事和网络集体行动表达公共理性、形成公共舆论,从而影响社会议程和决策。这种淡化精英统治和大众服从的制度结构被看作是突破代议制民主[2]限制的最合理的安排。但社会发展的实践和理论均表明,合理性、秩序性是保障社会参与有效性的前提。如果社会参与人群过多超过社会体制所能容纳的限制,出现"参与爆炸",就会影响到社会体制的稳定。社交媒体民主作为直接民主[3]的一种,青年可以直接参与社会,就社会、社会事务广泛发表意见展开讨论,但由于人数众多、意见纷陈,容易对政府部门的决策产生干扰,同时庞大的意见数量也容易掩盖事实真相、原委,在不断的意见添加中偏离本质。另外,当回复不及时的时候,参与者可能会产生不满情绪,进而失去信任、

---

[1] 此处的低廉指的是参与门槛、参与手段、参与途径的低廉,而非指设备使用与购买。事实上社交媒体民主的发展依托于信息技术及相关基础设置,不仅设备成本昂贵,而且网络使用费也不低,使青年参与社交媒体民主面临资金和技术和双重压力。

[2] 代议制民主常被批评者界定为弱势无力、系统封闭、民主性不足。批评者认为,由于代议制民主侧重民主选举的过程,而对于选举之外的社会过程的民主性缺乏保障机制。卢梭就认为,这种民主"人们只是在选举之时才是自由的,而选举之后,人们又重新归于无为的状态,甚至是重回奴隶的位置"。参见[法]让-雅克·卢梭《社会契约论》,何兆武译,商务印书馆2003年版,第121页。

[3] 与之相对应的是间接民主,是指全体人民借助选举程序投票选出自己满意的代表,组成政府,来代表他们行使权力,负责制定法律和管理公共事务。

信心，对政府的社会决策和社会部署产生消极、抵抗的心理，最终削弱社会体系的合法性。

四 低效的参与行为可能导致社会态度冷漠化

所谓社会冷漠是消极的社会态度在社会行为上的表现，即不参加社会生活，公民对于社会问题和社会活动冷淡而不关心。[①] 作为一种社会现象，社会冷漠古已有之，在社会生活中始终存在。即使在选举制度发达的国家，在不同历史时期的青年群体中也不同程度地存在着社会冷漠现象。在日本，1967—2014 年，20—29 岁年龄段青年的众议院选举投票率降幅达 51.1%。在参议院选举的投票中，青年投票率也同样呈明显下降态势。1989—2013 年，日本 20—29 岁年龄段青年的参议院选举投票率降幅达 29.6%。[②] 在美国 2016 年的调查显示，仅有 54% 的 18—34 岁年轻选民对当年大选有兴趣，较 2012 年下降了 6%，与 8 年前的大选相比更是下降了 30%。盖洛普公司的民调结果也显示，与 2008 年前相比，当年的年轻选民投票欲望大幅下降。[③] 本书在调查中发现，社会冷漠现象在我国青年群体中的存在不容忽视。

表 6-9　　　　　　　青年社会冷漠问题表（一）

问题：有一种说法，当代青年普遍存在着"社会冷漠症"，您对这种说法的看法是：						
选择项	完全同意	较同意	有点同意	不同意	坚决反对	其他
人数	211	197	254	122	95	57
频次（%）	22.5	27.2	27.1	13.0	10.1	0.1

从以上调查可以看出，同意青年人存在"社会冷漠症"的达到 76.8%（含完全同意、较同意、有点同意）。同时，调查也显示青年

[①] 参见王浦劬《政治学基础》（第二版），北京大学出版社 2006 年版，第 175 页。
[②] 《社会冷漠投票率低》，http：//news.ifeng.com/a/20160125/47215820_0.shtml，2016 年 1 月 25 日。
[③] 《信任缺失：美国青年患上社会冷漠症》，http：//news.eastday.com/world/w/20161028/u1a12224303.html，2016 年 10 月 28 日。

群体自身也认识到,社会冷漠的存在正成为影响青年社会化的主要因素。

表6-11 青年社会冷漠问题表(二)

问题:您认为社会冷漠的存在会对青年社会化产生何种影响?						
选择项	负面影响	正面影响	没有影响	说不清楚	其他
人数	604	20	111	176	25
频次(%)	64.5	2.1	11.9	18.8	2.7

既然如此,为何社会冷漠在青年群体中还拥有较高在存在率呢?如果说传统社会中,社会参与的成本、渠道有限且繁冗、高昂磨钝了青年人社会触角、耗竭了青年人的社会热情而不得不游离于现实社会之外的话,那么建立在移动互联网络超大容量存储基础上的社交媒体,强大的共享性、便捷性、快速获取性等技术特征,应该能弥补传统社会中青年社会参与的不便,治愈因社会冷漠而产生的厌恶、消极与抵触,但事实并非如此。

表6-11 青年社会冷漠问题表(三)

问题:您会通过微博、微信主动搜寻社会信息,参与社会活动吗?						
选择项	经常会	有时会	偶尔会	不会	说不清
人数	265	232	294	55	90
频次(%)	28.3	24.8	31.4	5.9	9.6

社会热情是社会参与的前提,作为社会参与的驱动力量,社会热情对内在精神的追求和道德完善确保了既得利益群体对社会参与有着很强的亲和度。[①] 青年人社会热情通常比较短暂,缺乏持续性、深刻性,究其原因是青年人作为非利益群体在社会参与的背后缺乏——如权力、财富、名望、地位以及被社会认同,能够操纵他人的命运等——复杂动机的驱使。在一个市场化、开放化程度越来越高的社会里,个人利益

---

① 朱利安·本达在《知识分子的背叛》一书中将社会热情划分为民族热情、阶级热情和国家热情,认为社会热情是以特殊的利益代替了普遍的价值,社会热情的产生主要来自两个方面,利益的满足和自尊心的满足。参见[法]朱利安·本达《知识分子的背叛》,孙传钊译,吉林人民出版社2011年版,第14页。

的实现或报酬的获取途径不再单一,正朝着多元且非社会化的方向发展。青年人的价值追求更加务实,相对于更具体、更实际的其他活动收益来说,介入社会的报酬相对遥远且不明晰,这就导致青年人在虚拟社会与现实社会参与中截然不同的两种态度:在虚拟社会中,一些青年文字激昂、激情四溢;在现实社会中,虚怯躲避、消极无为。这种社会冷漠对青年社会化产生了负面影响是:

(一)冷漠的社会态度不利于社会参与的制度化建设,不利于青年健康社会人格的塑造。社会参与制度化是指人们参与社会的组织和程序等,通过社会主体行为的反复重现或"模拟"而不断获得价值和能量的一种过程。有序、理性的社会参与行为是社会制度化建设的基础,社交媒体中多元的、繁杂的社会价值标准和意识形态以及去中心化、匿名化、弱规范性的技术特质,模糊了青年人的社会信念,放纵了青年人的社会行为,在削弱了青年人社会责任感的同时,影响青年人健康社会人格的培养。社会人格是一种复合的成品,是社会主体在社会文化和现实社会环境的双重影响下而逐渐发展起来的一种持久性的心理特征的总和。它既包括形而上的社会道德、社会品格、社会操守,也包括形而下的社会技能。理想社会人格的塑造历来受到重视,青年人作为一个群体,社会人格是否完善是一个国家、一个民族发展的目标和前进的方向。社会人格需要通过社会参与不断地在实践中锻炼磨砺,才能最终实现社会人格上的自我改造和自我纯化,成为具有统一性和相对稳定性的个人内在优质结构,产生具有巨大折服力、感召力和凝聚力的社会人格魅力。

(二)冷漠的社会态度不利于青年正确社会价值观的培养与理性公民身份的塑造。作为社会参与的载体与途径,客观环境、制度化建设与参与意识、参与动机、参与能力一起构成了青年社会参与的根本途径。大量的实证研究表明,在现实社会生活中,青年人并不缺乏社会参与热情,且拥有较强的参与动机,但受到现实社会参与格局和制度供给的局限,无法在规范性的平台上行使自己的社会参与权力。受到压抑的社会参与权力,一旦进入社交媒体这个开放且民主的领域,便会呈现出"报复性"的增长。那些在现实社会生活中应景式的表演与配合、无条件地服从和表态通通被撕碎，单向的自上而下式的社会要求被抵制、被拒绝、被嘲讽、被无视，社会参与应有的道义感和责任感被削弱、被扬弃。两种不同社会态度的巨大对立，将会扭曲青年人正确的社会价值观。正确的社会价值观是现代公民公共精神的核心与根本，它对于培育现代公民理念、塑造理性公民身份都将起到巨大的促进作用。理性的公民是成熟的公民，他们既能坚决、自觉地捍卫自身社会参与的权力与主张，也能有意识地、主动地承受并担负起社会参与的责任。理性的公民社会参与是适度的，他们绝不会因为社交媒体广阔的社会参与平台而丧失价值共识，放纵情绪的力量在非理性的任性冲动中遗弃责任与义务。

（三）冷漠的社会态度不利于青年人良好社会道德品质的培养和民主社会的发展。所谓社会道德品质，是指在长期的社会生活和社会生活中形成的稳定的道德品质特征和倾向。良好的社会道德品质是道德意志、道德信念和社会行为、社会操守、社会情感长期相互作用的结果，主要体现为社会立场鲜明、社会原则坚定、社会意志清醒、社会目标明确、对国家和民族的利益坚决捍卫等。当前青年中表现出来的冷漠的社会态度并非是对社会生活完全的不关心、不了解、不作为，而是以狭隘的个人利益为主导的价值取向，通过选择性的冷漠来回避职责、使命与责任。选择性的社会冷漠通常表现为"搭便车"，大多数社会参与多停留于意识阶段，只有与自身利益相关或投入可获取直接报酬活动才愿意去参与，在参与过程中，参与者对利害得失、成本大小的计较会压倒社会参与的道德感与荣誉感，一旦感觉回报过小或支出过大时就会随时抽身。这种投机式的社会参与败坏了青年人对良好道德品质的追求，在重大责任面前回避推诿，对人民的利益和幸福麻木冷漠，这种扭曲的社会道德，不利于青年个体的成长。

第二节　社交媒体对青年社会化负面影响成因剖析

社交媒体环境下影响青年社会化的消极因素既有客观方面的，也有主观方面的。了解、认识这些消极因素，并剖析其成因、机理，才能保证青年社会化健康成长。青年社会化之路并非一帆风顺，尤其在传播技术发生极大变革的今天，传统的社会化途径不得不时时面对来自以社交媒体为代表的新媒体的挑战。在便捷、即时、个性、娱乐、去中心化、去神圣化、去权威化等技术特性与优势下成长起来的一代青年，必然表现出与传统媒介环境下成长的青年相对鲜明且不同的特性。从某种意义上来说，社交媒体反映了当代青年的一定特质，青年人在学会与社交媒体和谐共融的同时，也在参与着社交媒体世界的构建与内容的创造。在这样一种双向的互动过程中，青年一方面通过社交媒体接受社会文化的熏陶，学习和掌握社会知识、社会技能、社会规范；另一方面又通过社交媒体参与民主社会建设，行使社会权利、履行社会义务，因此就不得不面临着来自诸多方面的挑战，正视这些挑战，才能趋利避害、有所作为。应对这些挑战，方能理性权衡、扬长避短，不盲从、不误信，以正确的姿态运用社交媒体，从而保证社交媒体在青年社会化中的效用最大化与合理化。

一 媒介责任的缺失和青年媒介素养的匮乏

社交媒体与传统媒体最大的不同在于缺乏了"守门人"这个重要的角色。在传统媒体中"信息总是沿着包含有门区的某些渠道流动，在那里，根据公正无私的规定，或是根据守门人的个人意见，对信息或商品是否被允许进入渠道或是继续在渠道里流动做出决定"。[1] 在传统媒体中，"守门人"通过对信息的选择、发布的频率以及报道的方式、报道的时机等"选择性告诉我们世界的情况"。[2] 传统媒体中"守门人"角色，确保了媒介以客观、公正、全面的报道方式反映不同的诉求和观点，在传播信息的同时，引导舆论的方向和发展，并最终影

---

[1] 张国良：《传播学原理》，复旦大学出版社2000年版，第155页。
[2] ［美］塞伦·麦克莱：《传媒社会学》，曾静平译，中国传媒大学出版社2005年版，第14页。

响全社会的态度，发挥导向性作用。不同于传统媒体中"守门人"由专业人员或管理者来承担，社交媒体的"守门人"角色、功能都发生了偏移，由专业人员向一般群体、由信息采集者和加工者向信息发布者和信息接受者、由传播主体向主体和受众方向转移。原本角色定位鲜明的"把关人"正变得面目模糊、似有若无。在传播形式纷呈、传播手段众多的社交媒体领域，海量泛滥的信息裹挟着滚滚泥沙，良莠不齐、真假难辨，完全交由一般的传播主体和受众依赖自律去伪存真、剔粗取精是不现实的。借助行政手段，像管理传统媒介那样管理社交媒体，则无异于刻舟求剑、削足适履，因为在市场经济的法则下商业逻辑和资本力量的强大足以揶揄、摧毁计划经济惯性思维下的谨小慎微、墨守成规。当前适用于社交媒体的法律法规有数十个，[①] 包括宪法和法律、司法解释、行政法规和部门规章、部门通知、地方法规和行业规范。除了宪法中关于言论出版自由等公民基本权利的规定，以及民法分则中的关于肖像权、隐私权，刑法中有关诽谤罪等基本规定具有法律约束力外，其他的相关规定的行政管理、行政监督、行政指导等作用更大，而法律约束力较弱。另外，随着新的媒体形式不断涌现、不断应用，已有的政策法规还面临着调整、修改的过程，还需要颁布新的法规。这种"滞后性"很难追得上社交媒体瞬息万变的发展速度，因此更多的时候还需要通过媒介素养唤醒公民意识，通过自觉地、深层次地、有效地对公共利益、公共事务的社会实践，扩大社会参与的范围，提升社会技能和社会经验。

调查显示，我国青年媒介素养普遍匮乏。[②] 所谓媒介素养是指在印刷媒体或非印刷媒体等各种形式媒体中，获得信息、分析信息、评

---

① 如《互联网站管理工作细则》《互联网电子邮件服务管理办法》《互联网信息服务管理办法》《互联网电子公告服务管理规定》《互联网新闻信息服务管理规定》《信息网络传播权保护条例》及《民法通则》司法解释、《中华人民共和国侵权责任法》等。

② 在本书所进行的调查中，被调查者在回答"鉴别微博（信）中某条信息是否可信是困难的？"这个问题时，强烈同意的为 21.2%，部分同意的为 56.9%，合计 78.1%。在回答"评价微博（信）中某条信息来源是是否可信是困难的？"这个问题时，强烈同意的为 24.3%，部分同意的为 57.6%，合计 81.9%。

估信息、传播信息的能力。① 它包含两个层次"一个是公众对媒介的认识和关于媒介的知识；另一个是传媒工作者对自己职业的认识和一种职业精神"。② 随着媒介形态的增多、传播形式的丰富、多元，面对日益复杂的传播现象一般受众特别是青年往往感到茫然无措，尤其在社交媒体领域，传统大众传播机构中"把关人"角色的缺失，主要依靠个人关系网络实现公共信息的传播，将内容生产与社交、社会关系相互结合在一起，致使原本清晰、明确的媒介责任含糊不清、游离不定。长期以来，我国青年缺乏媒介素养的专门指导和教育，信息处理和利用能力普遍较弱，这个缺憾到了社交媒体时代劣势更加突出，面对过载的信息青年人时常走向两个极端：要么全盘接受，盲目认同；要么全盘否定，嗤之以鼻。因此相当一部分青年人群患有不同程度的信息焦虑症，即信息用户在查询和利用信息过程中由于自身认知类型、信息质量、个人信息素养，及检索工具等原因而引起的紧张、不安、焦急等复杂的情绪状态，是信息用户在信息活动中产生的一种负性情绪反应。③ 信息焦虑与信息更新、传播速度及个体处理信息的能力和人格特征有关，与性别、学历关联性不大。消除信息焦虑最有效的办法就是加强媒介素养，学会如何在汹涌而至的庞大信息中寻找到所需要的信息，并主动地、批判性地使用这些信息。

二 舆论主体的缺欠和青年群体文化的疲乏

在社交媒体所构建的舆论场中，传播主体与受众的界限越来越模糊，不同于传统媒体时代，传播主体与受众是两个截然不同的概念，一个是信息的采集者、编辑者、发布者、制作者；另一个是信息的接受者，消费者。在大众传播时代，传播主体通常由专业化的媒介组织

---

① David Considine, "An Introduction to Media Literacy: The What, Why and How To's", *The Journal of Media Literacy*, Vol. 41, No. 10, July 2014, p. 100.
② 陈力丹:《关于媒介素养与新闻教育的网上对话》，《湖南大众传媒职业技术学院学报》2007 年第 2 期。
③ 参见李福东《信息焦虑及其调适》，《四川教育学院学报》2018 年第 28 期。

承担，受众则是不特定的多数人。在社交媒体领域，传播主体、受众的角色完全被颠覆，从理论上来说，任何一个受众都是一个潜在的传播主体，在舆论场中，任何一个潜在的传播主体都能设定议题，成为舆论主体，即参与舆论发起、表达或传播。然而在社交媒体中，有能力成为舆论主体的人并不多，虽然互联网赋予了每个公民发表意见、观点的权力，但是普通的受众很难从发表的数量、频次上影响社交媒体舆情发展的方向。"沉默的螺旋"理论认为，人们在表达自己想法和观点的时候，如果看到自己赞同的观点，并且受到广泛欢迎，就会积极参与进来，这类观点越发大胆地发表和扩散；而发觉某一观点无人或很少有人理会（有时会受到群起而攻之的遭遇），即使自己赞同它，也会保持沉默。意见一方的沉默造成另一方意见的增势，如此循环往复，便形成一方的声音越来越强大，另一方越来越沉默下去的螺旋发展过程。这就造成了社交媒体舆论场中舆论主体事实上由两类群体来承当：意见领袖和"水军"。

意见领袖是在团队中构成信息和影响的重要来源、并能左右多数人态度倾向的少数人。国内学者在对微博进行研究后发现，群体事件中的意见领袖可分为四种不同的类别：单一的即逝型、综合的即逝型、单一的稳定型、综合的稳定型。[①] 其中前两种类别平时粉丝数量少，在事件发生后虽然数量会出现暴涨，但上限值低，影响力远不如后两种类别，尤其是那些具有一定社会资本和社会地位，积极在公共事件和热点问题中发声的。

尽管意见领袖不一定是团体正式领袖，但其往往消息灵通、精通时事；或足智多谋，在某方面有出色才干；或有一定人际关系能力而获得大家认可从而成为群众或公众的意见领袖。[②] 社交媒体为意见发

---

① 参见李彪《微博意见领袖群体"肖像素描"——以40个微博事件中的意见领袖为例》，《新闻记者》2012年第9期。
② 这个概念最早由保罗·F. 拉扎斯菲尔德在《人民的选择》一书中提出，他认为"观点经常从广播和印刷媒体流向意见领袖，然后再由他们流向不太活跃的人群。"伊莱休·卡茨和保罗·F. 拉扎斯菲尔德的《个人影响》和E. M. 罗杰斯《创新与普及》中继续对这个概念进行研究，并将其适用范围扩大到社会生活其他领域，证明意见领袖存在于社会各个层面，他们影响力的流动更趋向于水平而非垂直。

布、观点表达提供了广阔的公共舆论空间，其及时互动的特质弥补了传统媒体多为单向传播、反馈性不足等缺陷。令人关注的是，这个庞大的用户群主要是由青年人构成，以微信为例，平均年龄只有 26 岁，一半以上的用户每天使用微信超过 10 次。这表明在社交媒体领域，意见领袖的角色主要由青年人承担，他们的身份或是媒体人，或是官员，或是公共知识分子，或是娱乐界名人，在"为社会良知代言""伸正义公道之张""为弱势边缘小人物发声"等颇具诱惑力的口号下，他们利用自己的职业身份、名人光环，指点江山、设置议程并引导舆论，推动舆论的发展。不可否认，意见领袖的存在为引导社会舆论良性、健康的发展，在信源提供、释疑解惑、示范引导、组织动员等方面起到了很大的促进作用。然而，由意见领袖发起的民间舆论场和以代表社会自居的大众舆论场，与官方舆论场、精英舆论在同一话题上因观点不一致、立场不协调而产生利益冲突的时候，可能会利用处于话语权力中心和信息传播要塞的位置，挟持公众，引诱公众中沉默的一群支持、附和、响应，堂而皇之地以知情权的名义刺探、侵犯，以"倒逼"的形式强制介入公共决策、公共管理向有利于自己的方向发展。

　　水军又称网络水军，指通过雇用大批人手在互联网上集体炒作某个话题或人物，以达到宣传、推销或攻击某些人或产品的目的。这些受雇人员在"网络推手"的带领下，以各种手法和名目发帖子制造假舆论，并向有利于自己的目的汇聚。因为这种造势常常需要成百上千人共同完成，因此这些征集来的发帖人被叫作"网络水军"。① 水军与意见领袖最大的不同在于，意见领袖通常是依赖个人的魅力或专业能力网罗一大群"粉丝"，令他们唯马首是瞻，左右他们的意见和观点。水军则是倚靠群体的力量，以数量取胜，在某一项议题上不断地重复，通过吸引人们的关注完成营销与炒作。意见领袖的作用有正有负，水军则完全是负面影响。二者并非完全截然对立，而经常是你中有我、我中有你，水军通常是由意见领袖

---

① 参见楼旭东、刘萍《"网络水军"的传播学分析》，《当代传播》2011 年第 4 期。

组织发动起来的，意见领袖的地位和影响也往往有赖于水军的吹捧、传播。

抛开经济因素，为何在社交媒体中一些品行不佳、专业能力不强的人能成为意见领袖？水军能在社交媒体中掀起阵阵妖风，难道仅仅是因为病毒式传播的缘故吗？如果真是这样，那么为何一些宣扬社会正气、主流意识形态和正确价值观的内容却传的不远？回到青年本身，会发现正是群体文化的疲乏使得青年面对怀揣私欲的不良意见领袖和水军无力抵抗、俯耳听命。在社交媒体的推动下，青年群体文化正进入主流文化与亚文化多元共生的时代，青年主流群体文化对亚文化的吸收，亚文化对主流群体文化的影响，构成当前青年群体文化多元化的格局。亚文化中的反文化、俗文化对社会、社会和文化的负面效应，对青年社会化产生了不良冲击。

三 监管体系的缺失和青年社会心态的困乏

如何对社交媒体等新媒体进行有效的监管？这个问题一直在探讨中。很长一段时间以来，我国对包括社交媒体在内的新媒体的监管不到位。这与当时认识水平有限，且起步之初政府有意大力扶持有关。然而，随着社交媒体在内的新媒体的不断发展成熟，暴露出来的一些问题，引起了有关各方的重视，对各类新媒体的监管开始提上议事日程。社交媒体不是监管盲区，也不能成为谣言、谎言、流言，散布不良价值观、有害思潮的法外之地，这已经成为一种共识。

当前国内对社交媒体等新媒体的管理已基本形成行业主管部门和相关管理部门相互配合、齐抓共管的管理机制。在中央层面，由国家新闻出版广电总局、工业与信息化部、国务院新闻办公室等部门，负责对社交媒体等新媒体的信息内容进行管理和监督。其中国家新闻出版广电总局作为行业主管部门，负责安全监管、行业管理、内容建设、产业发展；工业与信息化部作为行业主管部门，主要依据电信行业管理职责实施监督管理；国务院新闻办公室作为内容管理的协调部门，负责指导、协调、督促相关主管部门加强信息内容管理。在地方层面上，按照"谁审批、谁负责"的原则，依据登记和备案机构的所在地，在上级机关指导下进行属地管理。除此之外，像各地公安等部门还专门设有相关机构参与管理。

  构建高效的社交媒体监管体系，① 对促进青年人良好社会心态的养成至关重要。青年作为社交媒体的主要使用者和传播主体，在接受信息的同时又在散布、转载、分享、制造信息和意见、观点，如果社会心态不良、扭曲，在大是大非、原则立场面前盲目、暧昧、模糊，那么即便监管再完善也无法抵挡住"公器私用"的情况。当前，部分青年对加强社交媒体的监管态度是矛盾的。一方面，他们对社交媒体上的不实信息、有害思潮、错误观点是抵制、反感的；另一方面，又反对对其监管，认为社交媒体是"意见的自由市场"，应该允许正确与错误、真理与谬论同时存在。② 这种矛盾的社会心态影响着青年人的思维认知和价值体悟，加剧了青年人在理想、精神、自我与现实、物质、社会间的隔阂。社交媒体增加了青年人社会比较③的机会，相对于传统媒体有限的参照对象、参照领域、参照标准，社交媒体提供的比较性社会情境丰富、多元且差异分层。选择什么样的比较对象、比较领域和比较标准，决定着自我认识、自我意识发展水平。研究表明，社交媒体环境下青年社会心态波动较大、过于敏感，极易受外界干扰，表现出来的浮躁空虚和迷失心态、盲目从众的调侃心态、非理性化不成熟的极端心态等，折射了社交媒体中价值观冲突和价值共识缺失。它增加了青年社会化评估和控制的难度，导致了社交媒体中青年人社会心态一定程度的扭曲。

---

  ① 当前主要分为系统监管模式和多元监管模式两种。其中系统监管模式是在系统论下将监管体系分为总体控制、过程控制两部分，强调全过程监控信息生产、加强监控信息技术升级、增强媒介素养、制订危机传播预案。多元监管模式则是强调立法、分层次和等级管理、增强自律意识等。
  ② 在本书所进行的调查中，在回答"是否赞同加强对微博（信）进行监管？"这个问题时，强烈同意的为24.9%，同意的为47.6%，合计72.5%，但还有18.3%的被调查者回答"不同意"，10.2%表示"说不清"。在对"不同意"者进行个别访谈，他们都谈到了以上的看法。
  ③ 社会比较是指当人们处于不确定的情境中时，为了更加了解自己的特征，采用与他人互相比较的方式确认自己和提升自己。它是影响社会心态的一项重要变量。

四　思想政治教育的缺陷和青年认同意识的倦乏

思想政治教育是一门包含思想政治教育、道德教育和心理教育的综合教育实践。它本身具有鲜明的阶级属性、明确的教育内容和教育目标。移动通信技术的发展，为利用社交媒体进行思想政治教育的尝试和创新提供了机遇，一大批有关思想政治教育内容和主题的微信公众号、微博已遍地开花，在加强思想政治教育生活化、增强青年人自我管理意识和主观能动性、弥补传统思想政治教育的不足等方面作用明显。由于社交媒体去中心化、草根化、快餐化等传播特性，青年人可以利用碎片化的时间接受思想政治教育，通过自由的交流参与讨论、发表意见、提出观点和看法。

因此利用社交媒体进行思想政治教育这种模式甫一出现，就受到各方的好评，特别是积极从事这方面尝试和创新的教育机构、相关组织，更是热情高涨，将此视为思想政治教育的利器。但在试行一段时间后发现，社交媒体作为平台在解构传统教育模式的同时，存在诸多缺陷。

当前利用社交媒体进行思想政治教育的主要缺陷表现在：首先，对传统课堂教育造成了消极影响。学校是青年社会化的传统途径之一，课堂作为学校思想政治教育的重要组成部分，尽管存在着诸多不足，如只注重理论灌输、忽视受教育者的主体地位、隐性课程建设未受重视等，但无论今天还是未来都将在思想政治教育中占据着不可替代的作用。但如果把课堂教学中的相关内容搭建在社交媒体这个开放性的平台上，由于信息推送时间快、更新频率高，将为监管带来了一定的难度。一些错误的信息、错误的观点可能会混杂其间，对涉世未深、辨别能力较弱的青年人带来干扰和蛊惑。其次，使用社交媒体开展思想社会教育，一定程度上削弱了思想政治教育工作者的主体地位。在传统的思想政治教育中，思想政治教育工作者掌握着相当的话语权，往往是作为权威与施教者形象出现的。社交媒体去中心化的特质将施教者与受教者放在同等的位置上，这种方法虽然有助于更好地深入青年人的思想领域、了解青年人的思想动态，但主导地位的丧失导致思想政治教育工作者在青年群体的思想引导上无力、无效。最后，社交媒体在价值观上世俗化、个体化取向，在工具性上对功利主义的吹捧和对个人主义的标榜，使社交媒体常陷入主流价值观迷茫误区中。

第七章　社交媒体环境下改进青年社会化途径的思考及举措

1980年，日本学者中野牧面对着电视对家庭空间的占有和对私人生活的侵犯，忧心忡忡地提出了"容器人"[①] 这个概念，借以指称伴随着电视成长起来的一代青年。距离这个概念提出的时间已四十余年，此时的"容器人"面临的媒介环境远较彼时复杂和严峻。在互联网、大数据时代成长起来的这一代青年，在继承"容器人"众多特征的同时，尚具有"E时代"特有烙印和个性。这些烙印与个性又深深影响着这一代青年的社会化途径选择。

当代青年思维活跃、关注广泛，热衷于各种新事物，认知能力强，互联网依赖程度高。相对于电视时代成长起来的那一代人，面对着五光十色、内容庞杂、数量广袤的信息，他们拥有更多的机会去比较、去鉴别、去选择、去权衡。互联网进入中国后，经历了互联网创业、互联网电子商务、互联网媒体融合三次浪潮。不同于前两次浪潮仅涉及部分青年，第三次浪潮则是对全体青年全方位的覆盖，驱动着青年与社会间发生深刻的变革。

---

① "容器人"是指在现代的大众传播环境尤其是以电视为主体的传播环境下，人们的内心世界犹如封闭的容器，他们是孤立的、封闭的。他们为了打破这种孤独的状态也希望与别人接触，但是这种接触只是容器外壁的碰撞，并没有内心世界的交流，因为他们并不希望对方了解自己的内心世界，所以保持一定的距离成了人际交往的最佳选择。"容器人"注重自我意志的自由，对任何外部强制和权威都采取不认同的态度，但却很容易接受大众传播媒介的影响，他们的行为也像不断切换镜头的电视画面一样，力图摆脱日常烦琐性的束缚，追求心理空间的移位、物理空间的跳跃。该概念强调电视等大众传播媒介对个人社会化和人格形成过程的影响。

首先，从思维主体上来看，思维活动从以个体为单位向集体转化。信息获取与处理能力的提高，对应的是信息含量极速增长，个体再也无法独立地消化庞大的数据，转而寻求协同合作，将以往个体思维活动转化为集体思维方式。其次，就思维客体而言，思维主体所触及、指向的对象不再限于表面的信息和数据，信息、数据背后隐藏的深刻、丰富的内涵才是思维主体急于挖掘和发现的主题。但思维客体的结构、形成、分布越来越复杂，内在联系越来越紧密，反过来影响着思维主体的思维方式和思维活动向综合化、一体化的方向发展。最后，就思维中介而言，社交媒体的广泛使用，数据存储的可靠性、准确性和便携性，在很大程度上替代了人脑的功能，节省了人脑的程序化、重复化工作，使思维主体有更多的精力从事创造性活动，迫使接受者使用灵活多样的方法去适应，并在适应中逐渐地改造着自身的行为、思想方式。

传统媒体如电视的线性化传播正被社交媒体带来的非线性化传播所取代，由此形成的多变的传播方式创造出来的一系列流行文化和经济形态、新兴产业，以及对人们日常生活的高度介入，正使社会经历一场解构与重构的革命。传统的社会行为方式被颠覆，社会信息传播的路径得到了拓展和丰富，越来越多的青年参与到基层社会事务的管理和监督之中。"微信民主""政务微信（博）"等搜索热词的背后折射出的是对民主的热望和对公民社会化乌托邦的期盼。从广播到电视再到互联网，每一种新技术的诞生似乎都能带来一股热潮，关于集体协商，关于民享、民治，关于社会改造、青年人格培养……但问题依然如旧，这一代青年人与上一代青年人遭遇的问题极为相似：社会信仰摇摆、社会热情冷漠、社会认同低落、社会表达盲目、社会参与消极……

相较于以往媒体新技术，社交媒体似乎也难以逃脱宿命，在提供参与社会化途径的同时，也提供了一块逃避社会化的"桃花源"。迄今为止，人们使用微信、微博、短视频等主要还是为了娱乐、社交，社会化还只是个"副产品"。未来这个"副产品"有没有可能成为主流尚无法断言，但伴随着互联网社交格局的变化而出现的社会结构和社会规则变革，又似乎让人们看到了一丝希望。通过网络或移动客户端社交平台参与程序性社会或突发性的社会事件，已经成为当下青年社会参与的主要途径。另外，基于社交平台的官（政府）、民（青年）构建一个理性、和谐、良性的社会参与环境促使快速、合理解决的良性互动，亦为这一设想增添了些许现实的色彩。

博客出现时，迎接它的是一阵欢歌；微博诞生时，迎接它的又是一阵欢歌；微信刚一露头，各种赞誉、欣赏、褒扬就一路随行。未来出现的新媒介同样还是这样一套模式，担忧和批评淹没在赞扬的海洋里，以至于人们忘记了对它的批判、去寻找它的瑕疵。好在最沸腾的喧嚣也有平息的一天，由爆发式增长到传播介质几近饱和，当前锋头正锐的微信开始面临渠道争夺、社交沉默、内容单一的挑战。在模仿与被模仿角逐中，微信还能火多久？这个问题早在2012年就有人提出来了。但今天我们关注的是，它和微博、短视频等组成的社交媒体改变了媒体生态与话语格局的同时，还能一如既往地影响中国青年社会化进程吗？

第一节 社交媒体媒介责任的相关思考

所谓媒介责任，就是指媒介在谋求自身利益之外所负有的维护和增进社会利益的义务，它是媒介社会责任的体现。媒介责任主要有传播信息、监视环境、守望社会、传承文化、娱乐大众等功能。社交媒体与历史上其他传播媒介最大的不同在于它不生产具有大众文化意义的产品，但它又与社会中不同利益集团发生密切的联系，对舆论的形成、政府及其他社会权力产生着直接的影响。社交媒体在社会公共事件中进行的社会参与、社会表达、社会认知而表现出的种种正向和负向因素，呈现出来的各种纷繁的景观和巨大的能力，打破了原有的媒介生态责任的平衡。

在社交媒体中，传播主体和客体界限模糊、地位平等、角色位移分散了传播权力，主客体均拥有相同的接收权、发布权，传播权利的大众化，要求每一个分散在社会不同阶层、不同角落的传播者需要对传播承担起相应的责任,作为社交媒体时代传播责任向大众化转向的显著特征,要求传播者具备一定的社会责任意识,承担起相应的道德义务,媒介责任在社交媒体场域中为权力提供了运行的框架,防止了权力的失范。

媒介生存的根本是表达自由,同时也是媒介权利的一项最重要的内容。相对于传统大众媒体的自由,社交媒体的表达自由更为彻底、更为公开。因为社交媒体是一种碎片化传播,传播内容的碎片化主要来自传播主体的碎片化,碎片化的传播主体拥有了信息传播的资本,获取了传统媒体时代媒介机构作为传播主体的地位。媒介技术进步释放出来的巨大自由具有双重性,要求传播主体行使自由的同时,还应承担相应的责任。这种责任并不会因为社交媒体主体匿名化而遭到削弱,相反它大大扩展丰富了以往媒介传播责任的内涵和外延,使传播责任走向公众,具有了新的意义。

社交媒体使每个个体都拥有了强大的传播能力,被增强的传播能力会挟带人性中各种复杂元素作用于信息的建构与解构,谣言、流言、谎言,对个人名誉的侵犯,隐私的曝光,人格的污辱,无根据的质疑,对负面信息的偏爱,舆论监督幌子下的泄私愤等放大了公众对"意见的自由市场"公信力、公证力的质疑,商业逻辑的介入又加剧了本不牢固的社交媒体媒介责任摇摇欲坠的根基。为了保证传播自由,必须对社交媒体媒介责任进入深入分析。美国学者路易·霍奇斯将大众媒介应该承担的责任分为三种:指定式责任、契约式责任、自愿式责任。[1]

所谓指定式责任是指权力场域中处于领导地位的权力主体,对处于被领导地位的传播主体施加的一种强制性责任。责任主体一部分的责任来自政府指定,另一部分由他们所属的媒介机构或公司指定。这种责任主要出现在传统的大众媒介机构中,因为传统大众媒介机构生产的产品具有大众文化意义,属于上层建筑部分,能够塑造意识形态,因此能够影响社会舆论的形成,政府权力的动作、其他社会权力的构

---

[1] 参见董广安、许同文《"微责任":传播责任的大众化转向》,《青年记者》2013年第8期。

成等。又因为传统大众媒介机构产品的生产者职业的特殊性，在信息产品的生产过程中与社会上不同利益集团可能形成千丝万缕的联系和利益往来，因此必须对这个机构和这群人界定出明确的责任，排除其权利被滥用或被限制的可能，产品生产者既要对政府、社会负责，又要对媒介机构、受众负责。

所谓契约式责任是以契约体系的形式存在，要求先从合法性有效的保证入手，进而涉及对传播合法性、信息产品生产合法性，以及社会要求媒体所承担的义务和要求的有效捍卫和保障。契约式责任由三个层面构成：第一层面，道德契约。作为契约式责任的高位契约，要求媒介所传播的信息符合以人类为中心的传统道德伦理标准的要求，传播行为符合主流价值观的规范。第二层面，法律契约。媒介机构及传播行为要受到相关法律规章制度、媒介内部的传播条例及业务章程等制约，这种契约反映了客观存在的社会关系秩序通过外在的强制手段对契约精神的落实和契约理念的定位。它要求媒介所传播的信息和生产的产品必须客观、真实、公正，以理性的方式来解决信息传、制过程中的可能出现的矛盾，它所蕴涵的和平、文明的逻辑因子，在媒介与公众之间出现冲突时，可以通过契约这一有效的介质得以化解与调和。第三层面，社会契约。麦克尼尔认为，契约存在的基础和前提是社会，社会是契约的根源。[①] 尽管契约式责任在契约层中位于低位，没有明文规定，外延内涵因不同人群、不同社会表现出明显的差异，但这种存在于媒介与受众间的隐性契约，给予受众很大的"自由裁量权"，受众的阅读率、点击率、订阅量及粉丝群都成为衡量信息产品或媒介受欢迎的指标。考虑到受众自主权的占有越来越大以及受众的选择大多局限于感兴趣的领域，在商业逻辑的指导下，媒介生产、传播的信息投其所好，模糊了道德界限、导致低俗信息的泛滥。另外在社会、经济等因素压力影响下，媒介可能

[①] 麦克尼尔在《新社会契约论》一书中认为，从社会学角度来看，契约不过是规划将来交换过程的当事人之间的各种关系。麦克尼尔强调探求社会契约应该通过对社会发展，社会技术性含量增高的事实研究去把握契约真义。

会以公众知情权为代价牺牲对真相的探求。

所谓自愿式责任属于媒介责任理念的核心内容,指传播主体自愿承担的责任,在没有外来干预的情况下,能够承担起一定的社会责任,满足社会大众的期望,它与传播者的职业道德、价值观密切相关。自愿式责任的内容包括:传播信息公正、及时、真实、准确、可靠;传播立场不偏不倚、不党不私;传播手段透明、可信;传播行为遵守相应的法律法规的规定和业务操作章程等。自愿式责任要求媒介及传播者具备专业主义精神,依靠道德自律及社会的舆论约束完成这种责任承担,其中职业道德在这种责任的发挥中起着决定性的作用。自愿式责任代表着一种义务,超越了法律和市场的约束,将义务从规训性权力[①]中解放出来,扩大了权力斗争的领域,而"发挥权力的既不是既定的个人,也不是特定的司令部。最终,权力不过是在各种关系中根据其作用而被行使"[②],自愿式责任事实上是媒介和传播者在生产中自身力量壮大到一定程度后权力结构的重建,是媒介和传播者将责任由个人转移到社会,由理性转移到良心和宗教伦理后,自我价值的实现和完善。

表7-1　指定式责任、契约式责任、自愿式责任三者的区别联系表

	指定式责任	契约式责任	自愿式责任
责任主体	权力场域中处于领导地位	受规章制度、条例、业务章程约束	自愿承担相应的义务、要求
责任属性	强制性	显性契约、隐性契约	自我赋予
实施过程	上级制定,下级执行	通过契约明确双方关系	自觉、自动、自律
责任来源	外来的	外来的与内部的	内部的

---

① 福柯认为,规训性权力是一种很重要的权力类型,是一种把人既视为操练对象又视为操练工具的权力的特殊技术。规训是一种轻便、精致的权力技巧,有时比宏观权力更为有效。参见[法]米歇尔·福柯《规训与惩罚》,刘北成、杨远婴译,生活·读书·新知三联书店1999年版,第28页。

② [日]樱井哲夫:《福柯:知识与权力》,姜忠莲译,河北教育出版社2001年版,第73页。

媒体承担着"信息生产""社会监督""文化教育""协调关系"等功能。传统的大众传播媒介由于兼具上层建筑和信息生产的双重属性，既要对政府负责，又要对社会负责，承担的是指定式责任和契约式责任。因此必须通过法律对传统的大众传播媒介的责任予以必要的确认和规范，那些违反责任者面临着被施以关乎现实利益的社会、经济、法律上的惩戒的后果。

在社交媒体场域中，指定式责任、契约式责任惩戒功能较为有限，原子式的个体分裂了人的理性和感性，碎片化的生存方式造成了自我去中心化、分散化、多元化。公众拥有了更多的传播自由，在私人化的交流语境中自我认同和价值满足能更多地获得，互动产生的影响力可能会形成极具社会影响的力量。因此，无论是指定式责任还是契约式责任都缺乏责任者和责任对象，其规约、惩戒功能的形成路径也就不存在了。另外，社交媒体的技术延伸能力使得信息传播的速度和广度不断地延伸，快速增殖的信息转移了对责任的强调，导致了惩戒难度的加大。在缺乏外来监督的情况下，媒介自愿式责任的边界、维度和正当性等问题屡遭质疑。

社交媒体将信息发布、观念表达转变为自主行为，颠覆了信息生产权威性、神秘性甚至使命价值，但同时也逃离了责任的约束，责任履行不再需要"被动承担"而需要"主动坚守"，这可能会使舆论监督环境出现质变，提高社交媒体在社会监督方面的表现，从而推动社会民主法制的进程，能够促进青年社会化意识的觉醒。

因此对社交媒体媒介责任的思考，其实是在建立一种新的平衡关系，从而保证由社交媒体构建的世界更为有序，对青年社会化发挥更为积极和正面的作用。提升社交媒体的媒介责任，需要处理好以下几方面的关系：

一　商业逻辑与媒介责任间的关系

社交媒体的驱动力量很大部分来自隐藏于其身后的商业资本逻辑力量。因为社交媒体的"核心物质基础是信息技术，所以高新信息技术以及与此相关的第三产业已经成为经济增长的主导因素，新的经济增长理念也就理所当然地集中在了如何提高信息化程度、如何更高效便捷地使用信息化技术等经济环节上"。①

马化腾曾经说过，微信最初就是一个邮箱。微信其实是邮件，是个快速的短邮件，只是它快到让你以为不是邮件。② 随着各项功能的开发，当初的小邮箱变成了社交平台，每时都有成千上万的人热聊、交友、提现、发红包、播视频等，就如同它自我标榜的那样"微信，是一个生活方式"，但这种生活方式的背后靠的是强大商业逻辑支撑。微博、QQ等情况大致如此。社交媒体代表着当今消费社会特有的消费文化模式，通过非物质性消费对象营造出来的独特的文化品格，以及对个体私生活的介入，界定着个体的消费欲望，在培养生活价值的理念中建构着自我概念。从个体消费方面来看，社交媒体满足了消费者个性化消费的需要，同时也增加了精神消费的支出。"以最快的速度回应大众并最聪明地运用比特的人，才能成为大众最好的消费者，"③ 尼葛洛庞帝同时还认为，在后信息化时代，所有的商品都可以订购，信息变得极端个人化。这种个人化的信息在社交媒体上可以开展灵活多样的小规模生产，向市场提供小而优、小而精的信息产品，个性化、碎片化需求的增长使得传统面向多数人的信息生产方式、服务方式向"量身制造"方向发展，人们不再仅关注信息商品的实用性，更关注商品的新颖性、舒适性，以及产品的附加值能否满足个体化消费的需要。信息消费模式的转变，反映了人们自我认同和社会归属感手段也正发生改变。信息消费者通过对某种信息商品或消费方式的选择，显示自我对社会某个群体或社会阶层的归属。④ 个性信息消费的繁荣是推动社交媒体发展不可或缺的原动力，个性化信息消费也是保持尊严，获

---

① 唐登蕾、李瑶：《网络微文化初探》，《重庆邮电大学学报》（社会科学版）2015年第3期。
② 《马化腾：微信的名字是我随便想的，最初就是邮箱》，http://tech.163.com/16/1023/11/C42CMD0300097U7R.html，2016年10月23日。
③ [美]尼古拉·尼葛洛庞帝：《数字化生存》，胡泳译，海南出版社1997年版，第36页。
④ 个性化消费模式与其他消费模式的差别主要体现在，其他消费形式的认同是一种社会认同，而消费认同则是一种社会认同，它的目的在于得到社会认同。

第七章　社交媒体环境下改进青年社会化途径的思考及举措

取社会认同的重要条件。① 随着传统信息消费方式向现代信息消费方式转变速度的加快，信息消费作为满足物质需要的意义让位于消费所具有的更高层次的文化和象征意义。

这种新的信息消费主义的影响已远远超越了社交媒体的范畴，已影响到社会、文化等各个方面。它既是人们寻找自我认同的出发点，又是最终归宿，它在调动个体创造性和积极性的同时，也使个体陷入自我建构的单调循环中，更多的意义追求被流失。因为社交媒体受资本逻辑的驱使，给个体的消费行为烙上"个性化模式"的同时，也让"自由""个性"的信息消费活动匍匐在资本逻辑面前，以一种"旧的不去，新的不来"的心理逻辑说服自己进入下一波的信息购物狂潮。如此循环往复，人们的消费心理就彻底地转向了无限模式。② 在这种情况下，适度、节制，强调责任消费和消费道德的传统消费文化美德的丧失更值得关注。

"消费文化本质上是一种以消费话语建构和解读生活意义的价值系统，关注并追逐个人利益是其核心价值取向，"③ 这种价值取向与媒介责任所强调的作为社会公器，维护公平正义、公共利益的角色产生了冲突。如何对待这种冲突？在电视领域存在的一种主流看法就是"假定人们不知道他们想看什么，因此必须要由那些知道什么对我们有益的人进行控制"。④ 电视和社交媒体在技术功能上存在着巨大差异，要想照搬电视的做法，首先在技术上可行性难度颇大，在信息消费时代，人们主要通过休闲获取自我肯定和精神满足，但这并不能成为社交媒体媒介责任逃避的借口。如何处理好二者的矛盾？使社交媒体的商

---

① 有研究认为，个性化消费是为了顺从权力、伦理等世俗压力，是"做给人看的"。而真实的情感、态度则是拒绝这种消费。特别是当他们的社会地位和支付能力都相对较低的时候。参见王长征、崔楠《个性消费，还是地位消费——中国人的"面子"如何影响象征型的消费者—品牌关系》，《经济管理》2011 年第 6 期。

② 参见鲍金《消费生存论：现代消费方式的生存论阐释》，中央编译出版社 2012 年版，第 133 页。

③ 杨淑萍：《消费文化对青少年道德观的影响研究》，《教育研究》2012 年第 10 期。

④ ［英］约翰·基恩：《媒体与民主》，邵继红、刘士军译，社会科学文献出版社 2003 年版，第 50—51 页。

业逻辑在支撑信息消费活动的同时,也能建构起规约性的力量,实现与媒介责任的对接,关系到社交媒体的社会整合机制能否进一步发扬,能否提升社会总体发展水平,从而营造出青年社会化的优良环境和氛围。

二 个体权利与媒介责任间的关系

社交媒体的功能优势不仅体现在即时通信、精准到达、真实社交等方面,更重要的是它提供了一个信息场域,知识与观点的提供及对"信息流"影响力的争夺,关系到数字时代个体权利的调适与分配。在社交媒体世界,一方面个体权利得到了无限的扩张,无论是自言自语还是指点江山,抑或是癫狂梦呓、醍醐警语,没有人斥责却可能引来围观,产生一批"粉丝";另一方面非主流的、关注度小的信息与主流的、关注度大的信息相匹敌,产生的"长尾效应"[①] 可能在扩张个人权利的同时也在最大可能地伤害这种权利。如谣言对人格尊严的践踏、流言对人身自由权利和社会权力的中伤、蜚言对平等权的污辱等不可胜数。各种歧视性的语言、各种虚假的信息、各种不实的事实以传播自由为幌子,肆意浸漫且无所顾忌。在社交媒体出现之前,传统媒体(广播、电视、报纸等)承担着信息的发布与舆论搜集的功能,随着社交媒体拥有了自己的"麦克风"转身为自媒体后,传播主体的身份出现了转向。当每个平凡的个体都有机会成为传播主体的时候,如何使公众在传播信息的同时对自身传播行为负责,成为当下迫切需要探讨的话题。权力意识的培养是青年社会化的关键。公众传播权力属于个体权力,媒介权力属于公共权力、社会权力,随着社交媒体等移动互联网终端技术的成熟,二者之间的关系日益复杂。任何一

[①] 所谓长尾效应是指个性化的、零散化的小量需求会在需求曲线上形成一条长长的尾巴,它所产生的效应体现在数量上,累加起来会形成一个比流行市场还大的市场。该理论认为,只要渠道足够大,非主流的、需求量小的商品销量也能和主流的、需求量大的商品销量相匹敌。自 2004 年克里斯·安德森最早提出"长尾理论"以来,它已经跨越了新经济的疆界而进入传统经济;越来越多的行业注意到,长尾市场不是新经济的独家特权,而是在各个传统行业无所不在的现实。

种媒介的责任都被要求维护公平正义,社交媒体当前"无为而治"交由市场自发竞争的责任心态,对它的服务对象——公众在公共利益表达上的责任要求和对大众盲目性的个人消费看似中立的心态,是否会因缺少价值判断构成对媒介权力和个体权力的双重侵犯,继而影响到青年社会化的最终效果,还需要时间的观察。

三 社会需求与媒介责任间的关系

在对微信上最热门的 50 个公众号文章的阅读情况进行研究后发现,情感类内容,尤其是"心灵鸡汤"文章特别受欢迎。① "心灵鸡汤"受欢迎的背后折射当代人忙碌而焦虑的心态。② 当 2011 年第一套"心灵鸡汤"丛书被推出来后,里面一个个用浅显的语言表达人间真情、充满哲理精神的小故事立刻吸引了众多城市青年,以后凡是充满知识、智慧和感情话语,体现柔软、温暖并带有正能量的文章都被冠之以"心灵鸡汤"。这类文章最大的特点就在于语言简短、精炼、浅显,包装大众、励志,阅读起来易懂、好读,具有典型的"快餐式风格"。这种风格与社交媒体碎片化、即时化的传播特征相契合,特别是对阅读状态、阅读注意要求不高,在当前快节奏的生活和无处不在的焦虑、烦躁的压力下,这类读物能起到一定的移情作用,甚至有时候会被当作激励、效仿的对象。然而它的负面作用也显而易见,除了知识谬误外,内容陈词滥调、语言单调乏味等也频频受到批评。特别是对那些急于走向成功而追逐名人的青年人,将所谓名人在微博(信)上只言片语和举动当作"圣旨"和引导对象的时候,那些貌似循循善诱、发人深省的"心灵鸡汤"在征服这些青年人的同时,也使

---

① 《2019 中国社交媒体影响报告》,http://www.lanmeih.com/show/10000556,2019 年 2 月 3 日。
② 70.8%的社交媒体用户表示"我的生活变得越来越忙碌",51.0%表示"我几乎很少有时间去做一些真正对我重要的事",45.7%表示"生活中我总是没有充足的时间做好每一件想做的事",参见《2019 中国社交媒体影响报告》,http://www.lanmeih.com/show/10000556,2019 年 2 月 3 日。

他们放弃了对宏大主题的核心价值的思考和探知,叔本华说过,最可悲的事情莫过于"让自己的脑袋成为别人思想的跑马场"。社会化的个体必须具有自我人格、独立意识和批判精神,为了参与社会、践行民主,必须清醒地认识到自己的生存状态,了解自己的欲求,并以积极的姿态维护自身权力和利益。在参与的过程中,青年人必须要学会理性的思考、冷静的判断,在社会情绪有所控制的情形下以和平的辩论方式进行社会表达、社会认知,而这一切,仅靠"心灵鸡汤"是无法实现的。"社会文化都是对社会结构的主流方面的反映。如果非主流的东西增多,在社会文化中以断裂的方式进入到年轻一代成员中,则无疑会引起社会系统与社会文化间的矛盾与冲突。"[1] 社会文化的传输需要秩序和稳定,当微信公众号成为青年人获取资讯的重要渠道时,[2] 如何防止核心价值不会被"心灵鸡汤"淹没?如何保证推送内容能被认真阅读?[3] 如何保证内容的原创性和专业性、思想性和文化性以及主动传播的到达率与有效性,防止青年群体中弥散的社会疏离、社会冷淡,以上种种,亟须在保护社交媒体开放性特质的同时,构建对主流价值观和意识形态的传播责任,否则"如果每个人都坚持自己的声音的纯粹性和至上性,我们得到的将仅仅是无休止的争斗声和血腥的社会混乱"。[4]

第二节 发挥社交媒体的文化引导能力

党的十九大报告明确了文化建设在中国特色社会主义建设总体布

---

[1] [美]加布里埃尔·A. 阿尔蒙德、西德尼·维巴:《公民文化:五个国家的政治态度和民主》,马殿君等译,浙江人民出版社1989年版,第443页。

[2] 专门针对青年人获取资讯渠道的调查统计表明,关注微信公众号数量在5个以下的,仅为18.5%;关注量在5—20个的最多,占62.3%;关注量在20—50个的为15.7%。这说明,微信公众号已成为青年人获取资讯的重要渠道。参见包雷晶《青年思潮的数字化引领——基于大学生微信使用情况的实证研究》,《思想社会教育》2016年第6期。

[3] 微信阅读便捷性、强互动性、娱乐性、个性化、针对性、多重感官体验相结合的特点,使其适合轻阅读、浅阅读及功利性阅读。

[4] [美]爱德华·W. 萨义德:《文化与帝国主义》,李琨译,生活·读书·新知三联书店2003年版,第15页。

局中的定位，指出中国特色社会主义新时代的主要矛盾是人民日益增长的美好生活需要和不平衡不充分的发展之间的矛盾。这意味着在当代中国从站起来、富起来向强起来的转换中，中国人的需求也在发生着深刻变化，已经由主要满足物质需求，转化为主要满足精神需求，文化建设的核心就是满足人的精神需求，满足文化需求是满足人民日益增长的美好生活需要的重要内容。

一 加强舆论引导力建设

"在全世界一切民族中，决定人民爱憎取舍的绝不是天性而是舆论。"[①] 社交媒体为舆论的传播提供了物质和技术支持，舆论主体在生产、传播、消费、分配舆论的同时，需要与周围的技术环境和社会环境发生作用，在技术环境稳定的情况下，社会环境作为舆论形成、发展的文化动力，决定舆论内容、舆论主体倾向和舆论互动关系。因为公众对事件的舆论反应不是线性的，它受公众心态和生活环境的影响。在一个复杂的舆论环境里，维护舆论秩序、保障舆论生态系统的平衡，成为社交媒体环境中秩序整治的首要任务。如何提升社交媒体的舆论秩序，使其能持久地维持在一种动态而稳固的平衡中生产和制造舆论，不因外界的影响而时时地打乱这种平衡状态造成舆论失调、舆论失控，防止舆论失调、舆论失控主要通过舆论引导力来实践。所谓舆论引导力，即通过媒介传播的力量影响公众的感知，使一国的文化、社会理念和政策得以"合法化"，并得到认可。在社交媒体领域中，舆论中各主体的关系随着社交媒体技术的发展，特别是 Web3.0 时代的到来，复杂的网状关联改变了受众传统的信息单纯接收者的角色，公众以社会舆论形式体现出强大的影响力，固有的舆论格局发生逆转，面对社交媒体领域舆论生态发生的重大变化和话语秩序的改变，社交媒体的舆论引导在公共话语空间产生了再分配。作为一种非传统的媒介工具，社交媒体的零成本使用和低专业要求，有利于普通公众参与到信息生

---

① [法] 让-雅克·卢梭：《社会契约论》，何兆武译，商务印书馆 2003 年版，第 403 页。

产中。

一般而言,当代中国的舆论引导系统主要由三类主体构成。其中,终极的引导主体是主政者和意识形态主管部门,中坚力量是新闻媒体和从业人员,其他可能对舆论产生引导作用的主体还有相关的社会组织和意见领袖等。[1] 社交媒体的崛起正将相关的社会组织和意见领袖推向前台,议程制作和传播越来越个人化、个性化、多元化,这种趋势必将进一步加强。面对着这种趋势,加强主政者和意识形态主管部门舆论引导力的建设显得格外关键。

为了达成合力,首先需要对舆情进行准确判断。舆情的形成通常来源于社会矛盾,议论作为舆情的必要因素最初在有限范围内生成,然后由弱转强在网络上以更为浓缩的方式进行。随着自媒体的出现,特别是微博、微信等社交媒体技术装置的介入,个人意见的表达扩大为局部意见,从而出现了各种不同的声音,就形成了议论圈。议论圈的形成标志舆情的发展由初始阶段向高级阶段过渡,对社会可能产生的冲击正在慢慢地酝酿。当个人意见转变为公共意见,官方话语就应及时了解舆情的真实情况,掌握其发展规律,把握其关键环节,在舆情形成之初就给予恰到好处的引导,不能任由舆情自行蔓延,将舆情的流向完全交予民间话语去把控。

其次要实现对主流价值观的有效引导。要实现对主流价值观的有效引导,就必须削减与弱化舆论中的消极成分,在社会舆论中出现消极成分是正常现象。由于社交媒体中青年人占主流,以匿名的方式获取、传递信息,因此行为约束机制往往处于失效状态。自主的表达空间、更大的话语自由,适合了新媒体时代人们追求精神独立和互动体验交流的感性诉求。新的公共舆论环境面对的是一个多重的话语空间,公共舆论生态的变化有利于民间话语的建构,但也导致了对社交媒体信息把关的进一步困难。因此,应注重对意见领袖的培养,使之成为官方话语与民间话语互动的桥梁,扩大共识、积极沟通,以此为出发点在舆论引导的过程中对大众话语及时回应,及时表明态度和抵制应

---

[1] 参见丁和根《对舆论引导主体引导能力的多维观照》,《当代传播》2009 年第 3 期。

对非理性声音，构建理性的交流模式。

最后应调动和发挥各类主体的舆论引导力。舆论引导力的主体包括主政者和意识形态主管部门、自媒体及其媒体从业者和其他社会组织。舆论引导的三类主体是分层次的，从权力关系、对社会资源的占有角度上讲，存在着由高到低的层序，而从与社会公众即舆论主体紧密程度上讲，存在着由低到高的程序。[1] 出于利益考虑，自媒体和其他社会组织对社交媒体引导有时甚至比官方更积极、更热切。由于自媒体和其他社会组织舆论引导多带有情绪和态度的自我调节，因此必须对这两类主体进行有目的、有组织的引导，将他们的特殊舆论引导能力控制在适当音量下，合理分配公共话语资源，让多种意见和社会矛盾在一定程度上得到释放。

二 加强文化软实力建设

并非所有的文化都能自动地转化为软实力，只有代表普遍的社会认同，并且蕴含着自由意志和平等主义增加人们对这种普遍性的观念或价值观的关注的文化才能转化为软实力。尽管社交媒体兴起时间不长，然而区区数年就席卷蔓延，说明社交媒体所展示出来的力量不仅来自传播技术手段，更来自强大的同化功能。社交媒体的兴起与主体意识增强、自我表达欲望密切相关。与传统意义上的硬实力不同，文化软实力不能通过"量"来衡量，只有当同化过程能增强国家对于他者的控制力时，我们才能判断文化起了软实力的作用。[2] 硬实力比拼的是军事与经济，软实力比拼的则是一国在信息世界与思想世界里编故事和传播故事的能力，一国在网络思想世界占领了土地和赢得市场的能力。[3]

要想生产出好故事、传播好故事，首先需要注重话语体系的创新。

---

[1] 参见丁和根《对舆论引导主体引导能力的多维观照》，《当代传播》2009年第3期。
[2] 参见陈玉聃《论文化软权力的边界》，《现代国际关系》2006年第1期。
[3] 参见李希光、顾小琛《舆论引导力与文化软实力》，湖南大学出版社2013年版，第5页。

因为人的行为在外界现实条件的牵引下，有先于意识适应文化环境的一面。主体的反映系统和运动系统在各种外在刺激作用下通过塑造个体间迥然不同的生活方式在主体内产生控制，从而影响和规范主体的行为。作为理论与知识等思想体系的外在的表现方式，话语会因特色、风格的不同而产生不同的表达效果，导致的传播影响和吸引感染力的效果是不一样的。话语体系的创新，不仅仅是创新语言表述，更重要的是争取青年人对主流意识形态、传统价值观和先进文化的认同。由于社交媒体所构建的文化是建立在超文本结构基础之上的超媒体文化，主要通过向受众提供大量的信息资源帮助受众进行有效的选择。选择什么样信息，内容固然重要，但形式、技巧也同样不容忽视。随着社会化进入社交媒体时代，社会领域由现实社会向观念社会转变，观念社会的话语权争夺日趋激烈，创新社交媒体的话语体系是提升社交媒体文化软实力的关键环节，不仅对推进国家治理体系和治理能力现代化具有重要意义，而且能够帮助青年人树立正确的人生观和社会观。

其次应增强社交媒体所构建的文化的同化力。一种文化是否具备同化能力，必须观察三个指标。文化同化力、文化说服力和文化控制力。所谓同化是指某种群体的归属意识的形成过程，即身份的认同。在社交媒体领域，人们结成各种各样的团体，以虚拟社区的形式存在着。进入社区的身份标志是ID，人们出于互惠原则、共同愿景和共同语言相聚在一起，虚拟社区成员的向心力、亲和力是维系社区生存和发展的巨大精神力量，是社区中个体与整体有机统一的整合力量。文化同化建立在文化吸引之上，社交媒体之所以能够吸引到一大批拥护者，是因为文化通过社交媒体媒介简化成简单易记、易理解、易传播的符号和画面。尽管其阅读方式备受争议，容易养成阅读惰性，不利于独立思考能力和判断能力的培养，但它的叙事方式却符合大多数人的阅读习惯和阅读心理，适应自媒体时代人们阅读习惯的转变。然而从内容方面看，社交媒体的内容杂而散、多而匿，内容之间缺乏系统与逻辑的关联。除了公众账号、网页链接外，五花八门的所谓"原创帖"的内容也主要以娱乐、美容、心得随笔、小笑话等为主。增强社交媒体文化内容的吸引力，绝不仅仅是为了提高点击率，也不仅仅是为了增加回帖量,而是通过满足目标受众的需求,帮助青年人走出误区,将注意力从被碎片化过度压榨的环境中抽取出来,投入更具有深度、广度和自由度的心灵秩序中来。而要做到这一点,可以在现有内容的基础上,借助意见领袖、公众账号等设置更广泛的议题,帮助青年人延拓关注的视角,谈改革、创新,谈中华文化,谈传统美德,谈国际政局等,从而增强青年人的批判性思维和深度思考能力。

所谓说服,即由己方制定一个所有人共同遵守的规则,以使他方或敌对方按照规则制定的意图行动。这意味着,规则的制定者、议程的设置者拥有真正的权力。文化说服通常采用软说服,即某个内容主题虽然与受众的阅读兴趣关联度不大,但它却在这个内容主题上嫁接了一套与该内容主题有内在联系的意义,为受众对该内容主题的理解创造了一个新的意义空间。文化说服是一种人际说服,在所有的传播形式中,人际传播是最有效的传播形式。由于社交媒体是利用互联网传播平台建立的人际传播工具,因此构筑的传播情境是微观情境,即由具体的传播场合构成的情境。这种情境特点是封闭、信息双向流动、点对点病毒式、去中心化的传播,相对于社会结构构成的说服的中观情境和国家的政策变迁构成的说服的宏观情境,微观情境对说服效果更直接、更显性,释放出来的能量更大。由于它是由传播者和受众共同营造的,置于其间的受众更容易受到环境、氛围、情境等因素影响,接受说服主题并内化、产生意义、形成行动。

所谓控制,文化的存在本身就是一种势力,虽然不同的主体对集体文化信息都有自己的评估和价值取向、选择的能力和方式,但浸淫在文化的海洋中,文化对人的情感、认知、观念均会产生潜移默化的影响,从而对使用者的行为、意志起到约束、规范的作用达到控制的目的。通常情况下,文化控制力是通过文化精神、文化技能、文化现实等途径来实现的。在信息社会,具体的文化技能包括:文章阅读能力、文件阅读能力、数字阅读能力。文化技能的本质是训练人们如何运用文字和语言进行信息交流。因此利用社交媒体训练,并着力提升青年人的文化技能颇为关键。提升青年人的文化技能,可以帮助他们理解社交媒体文化圈中经常出现的各类催人奋进、启迪人生的短文中所包含的价值观念、行为准则，通过教化、灌输、规范内化为世界观、人生观，而成为活动的力量与思想的灵魂，成为心理的常态与实践的格律，不需要经过主体的特别努力就能够起到自动调节青年人思想与行为的作用。①

最后，着力改进社交媒体文化环境建设。文化环境的影响体现为对主体的深层制约。信息传播活动是围绕着所传播的信息展开的，在社交媒体领域，个体和由不同个体结成的虚拟社区决定着信息传播的内容和方向，但个体多具有从属性、价值倾向强等特点，他们必然会选择那些既能体现从属性又符合自我价值倾向的信息进行传播和接受。个体的这种信息传播、接受行为会随着外部文化环境的变化而发生变化，从而产生对社会关系、社会存在的适应，并承受客观文化环境对自己行为的规范。因此，主体的文化方式、文化属性和文化价值是通过文化环境所塑造的行为意识部分体现出来的。改进社交媒体文化环境，除了要最大限度地利用现有相关政策、法规、条例外，还应注重对当前发散性的民间权益诉求进行整合，在权力体制框架内寻求适宜的表达策略，达到与政府和其他利益集团沟通的目的。

三　提升文化领导力建设

文化领导力是一种领导认知力、领导观。作为一种文化层面的影响力和隐性的权力，在领导活动中起着导向作用、制约作用和示范作用。导向作用是指文化可以塑造个体人格，引导并调节着个体行为，可以为个体提供判断是非、行为选择的内在依据。社交媒体文化中无所不涉的内容、无处不在的作者通过瓦解"元叙事"稳定系统，构建了一种"传播与回应均等关系"的新型话语权。制约作用是指文化领导力是一种"软制约力"，主要通过潜在的影响渗透进系统的各环节、各方面，通过发挥自觉的调适功能以非强制性的约束规范，对那些偏

---

① 参见罗孝高、罗超《论文化控制的作用机制及实现途径》，《吉林省教育学院学报》2009年第1期。

离正轨的价值观念、行为模式、态度信念进行纠正。示范作用是指文化领导力具有塑造良好正面示范的作用，有利于社会和组织朝着良性方向发展。

　　提升社交媒体文化领导力建设有利于青年人接受正确的文化信息，提高科学文化素质，为成长为合格的社会公民提供智力支持。提升社交媒体文化领导力建设也有利于缓解社交媒体领域集中、频繁的文化冲突——即两种组织文化在互动过程中由于某种抵触或对立状态所感受到的一种压力——既可能夹杂某种工具型的性质，也可能带有一些情绪型的态度于其间。情绪型多产生于冲突双方因仇视心理而爆发的情感、态度、意识等心理方面的发泄；工具型则来自行动目标或者决策、行为习惯方面的差别和距离。在某一组织中拥有个人主义文化的个体倾向于认为冲突从其本质上追根溯源，主要来自目标或习惯方面的差异，而非心理方面的所谓工具型的情绪发泄，拥有集体主义文化的个体成员则将冲突视为情绪型的心理宣泄而非因目标或习惯方面的差异导致的工具型发泄。[①] 这种冲突已经成为青年社会化道路上的阻碍。

　　社交媒体交往的悖论在于数字、符号和表情掩盖了大部分人际交流信息，"非人性化中介"的网络造成了交往方式身体上的疏远，人与人直接交往机会的减少增加了精神上亲近的途径。正因为如此，在社交媒体世界，因信息失真、情绪偏激、思想碰撞、文化形态多元并存引发的文化冲突现象屡见不鲜。当前在社交媒体的文化领域（微文化）主要存在三种冲突：第一种是大众文化和主流文化的冲突。作为一种大众文化，微文化虽然具有某些"主导文化"的特质，但在价值取向和人文精神的深层滋养上与主流文化有很大的差异。微文化对统一性、普遍性、整体性的拒绝，致力于差异性、多元性、消解性，深度模式削平、历史意识消失、用价值颠倒、规范瓦解、视点转移等后现代主义文化逻辑，替代主流文化中那些引以为傲的神圣的东西；第

[①] 周忠华、向大军：《文化差异·文化冲突·文化调适》，《吉首大学学报》（社会科学版）2011年第2期。

二种是部落文化与社会文化的冲突。作为微文化的后现代主义表征在发展过程中,主体性丧失、距离感消失,将个体与微观的精神指向走向极致。具体表现为弃真理于不顾,文本的翻新常常落入文字的堆砌或图像的简单拼接中,文本的翻新代替意义的追寻,最终导致微文化主体习惯于接受思考而拒绝批判。微文化要想走出部落文化的窠臼,必须跳出个体与微观的浅层,将视野转向社会生活,通过各种表达形式借助个体发掘出深层次的行为准则和价值取向;第三种是"善"文化与"恶"文化间的冲突。信息规模的增长与信息传播量的增大,使得微文化成为社会冲突凸显的区域。在社交媒体空间里,以匿名的方式传递获取信息为微文化群体带来自由而随性的环境,在这个环境里,一方面人们可以打消顾虑消除现实社会的阶层屏障,畅所欲言;另一方面由于约束管理机制和约束管理能力有限,外在约束机制失效,对于这种规模过于庞大的文化,从技术上讲证实或证伪几乎不可能。一些言论通过快速转发或群发,各种虚假信息、不实言论大行其道。微文化的传播正在改变人们的是非标准:有些人习惯于"网络从众",将是非标准建立在"多数网民的看法"基础上,宁愿听信"大V"或意见领袖的信口雌黄、即兴表态,也不愿相信官方文件的理性判断和科学分析。[①] 官方辟谣和权威信息发布受到无端质疑,补救措施被认为对错误有意遮掩,事后监管被斥之为"包庇""狡辩"。另外,一些机构过于注重网络舆论代表性,以网上"满意度"作为人民"满意不满意"的标准,偏离了决策的科学性,产生决策错误。

为此,社交媒体应加强文化领导力的建设。以建立一支文化人才队伍为支撑,以文化价值观的引导为关键,以文化环境的改善为保障,通过社交媒体调动全体青年人的思想向一致的目标迈进,在高扬传统文化旗帜的前提下,消化、吸收先进的文化,加大社区、社团、非政府组织社交媒体体系的文化建设,为构建中国特色的社会主义事业的共同理想和社会主义核心价值体系,帮助青年人成为合格的社会公民奠定良好的基础。

[①] 参见徐彬、王璇《"微文化"传播中的社会冲突现象及其治理》,《学习论坛》2014年第4期。

第三节　完善社交媒体的社会参与渠道

"尽管在大多数的现代社会里，具有能容纳变迁的制度框架往往获得了某种程度的发展，但它们的有限发展，却不能保证现代制度结构充分和持续地容纳频繁变迁的问题。"[1] 社交媒体开创了青年社会化的新途径，这条途径不同于以往的社会化途径，它提高了社会表达的效率，降低了社会参与的成本，改善了社会诉求的境况，丰富了社会文化的内容。尽管拥有诸多便利，但社交媒体本身的技术功能尚处于发展和完善中，社交媒体浓烈的技术色彩在集成升值信息的同时也在传播着大量有碍青年社会化的内容。作为自由表达的空间，表达主体与权利主体的二元结构，在一定程度上造成不同社会阶层、社会群体、社会组织间的对立，谩骂、诬陷、诽谤、掺杂个人情感的批判、指责，反过来又影响了青年社会化的进程，破坏了青年社会化的环境和途径。因此，改善当前青年社交媒体的社会参与渠道，帮助青年人更好地完成社会化，便成为当前的迫切需要。

一　规范社会表达秩序

社交媒体环境中的社会表达的对话形式是自愿的、平等的，表达主体间的横向合作关系在一定程度上突破了传统意义上社会表达自上而下的压力式的表达形式，能够将公民个体弱小的呼声聚积起来转化为强大的声音，自主地安排表达内容和形式，凝结为集体的力量，产生目标一致的行动。然而，社交媒体的社会表达具有相当的随意性，受主体认知偏差、情绪化以及规范建构滞后等因素的影响，青年人在进行表达时容易走向极端。各类思潮纷纷登场，潮起浪涌争夺青年人的社会认知，影响着青年人的社会情感和社会认同。在一个自由、多

---

[1] ［以］S. N. 艾森斯塔德：《现代化：抗拒与变迁》，张旅平等译，中国人民大学出版社1988年版，第45页。

元、开放、嬗变的话语环境中,管理部门要想提高主流思想、主流舆论的引导能力,牢牢掌握意识形态工作的领导权和主导权,用主流价值观和意识形态去影响青年人的思想、行为,促进社会的稳定和发展,必须规范当前社交媒体的社会表达秩序。实践证明,对民意及时有效地反馈,确保信息在民众和政府间无障碍地流通、传递,能够增强民众对现有社会体系的信任,因为"人只有在实现自己的过程中存在"。[①]如何优化社交媒体的社会表达秩序呢?首先,应加强相关法律、法规的制定和监督,以"他律"的形式净化社交媒体。虽然政府也出台了相关的政策、法律、法规对社交媒体等互联网平台进行监管,但监督跟不上时代发展的步伐和技术更新换代的速度。因此除了及时制定法律法规工作外,还应对现有相关条文进一步明晰、详解,将社会成员应当承担的责任明确为可衡量、可执行的具体要求指标。其次,应建立起一支专兼职相结合的管理队伍,既有政府官员、社会工作者、高校教师,又要吸纳其他职业的志愿人员加入,以"意见领袖"的身份引领社会表达的方向和规范社会表达的方式。再次,加强传播自律,从根本上提高社会的表达环境。传播自律不仅是指社交媒体自动自觉地遵守相关的法律、法规,业内的行约、行规,更是指传播主体和传播受众媒介素养能够满足技术发展和时代发展的要求,能够用自己的选择能力、理解能力、质疑能力、思辨能力正确的评估社交媒体中纷繁的信息。提高媒介素养,需要学校、社会、家庭、个人一齐努力,面对不同层次的青年采用不同层次的方法,使青年人客观上具备抵制不良信息的意识和素质。最后,营造良好的文化环境,创新社交媒体社会表达策略。事实证明,提高青年人的道德素质、培养健康人格有赖于良好文化环境的创建。文化环境越自由、开放、平等、民主,越有助于青年人社会表达能力的发展。通过建设文化大环境加强对社交媒体环境的治理,应将建设社会主义主流价值观的虚拟社交媒体社区作为今后发展的重点。

[①] 吴潜涛:《伦理学与思想政治教育》,河南人民出版社2003年版,第261页。

二 优化社会整合功能

社会整合是指通过利益调整和协调使社会个体和社会群体结合成为社会共同体的过程。① 社会整合的目标就是要达到社会和谐、社会团结、社会稳定、社会凝聚。经过爆发式的增长，社交媒体的使用人群渐趋稳定，各类自媒体或社交媒体平台或已进入饱和，或已达到过剩状态。社交媒体的社会整合的过程就是将不同的意见、价值观、立场和态度，主要在团体内部交流沟通并在社交媒体上结成一个个小团体，通过设置共同的议题达成共同合力的过程。不同阶层、不同年龄的青年的社会化的热情是不同的，在参政议政的过程中，相当部分青年抱着"围观看客"的态度，作为"沉默的大多数"不发表任何评论，而只专注转发、分享，虽然这有助于提升原创信息的影响力，但这种简单的行为对青年人的社会认知帮助不大，对提升青年人的参与议政的热情也不明显。如何将不同小团体和"沉默的大多数"联结起来，互通有无，优化社交媒体的社会整合，首先，应防止在整合的过程中制造出来的分化。为了防止分化，需要将社交媒体或自媒体结合为一个统一而协调的整体，不同社交媒体或自媒体的融合既是为了增强传播的需要，也是为了社会传播、文化传播的需要，更是为了青年人能够更好地参与社会，提升社会技能和社会热情的需要。这种结合能够实现渠道占领，对不同层次的青年梯级覆盖的目的。其次，通过将不同的社交媒体或自媒体整合为一个整体，以提高传播效率，实现集聚效应，增强宣传渗透力。不同社交媒体媒介的融合，可以使人们更为顺畅地沟通、交流，它所营造的舆论环境形成的舆论压力，可以帮助青年更积极地发声、更大胆地发言。最后，不同社交媒体媒介的融合，也可以拓展和完善参政议政渠道，帮助青年人克服社会冷淡，提高社会参与的主动性。通过整合，可以加强青年人的社会思想教育，用核心价值观引导青年人的社会行为。青年亚文化最能反映青年人的

---

① 参见杨信礼、尤元文《论社会整合》，《理论学习》2000年第12期。

思想动态、社会认知、价值体现，所以在青年社会工作中，必须主动出击占领舆论制高点，以关键人群为突破口，影响"沉默的大多数"。对青年人来说，他们的社会行为较易受外界的影响，所以应该锁定关键人群，如班干部、学生会成员、学生党员等，让他们以"意见领袖"的身份用健康积极的观点不断挤占错误观点的生存空间，引导周围人群世界观、价值观、人生观，从而提高青年人的信息识别能力，抵御不良信息的侵扰从而提升社会认知规范。

三 促进社会文明发展

"任何统治都是试图唤起并维系民众对它的合法性的信仰。"①② 促进青年人的社会化建设，应鼓励青年人参与社会，并建立与之相适应的社会文化模式。阿尔蒙德和维巴认为，在社会生活中存在的文化，可以根据社会公众对社会体系、社会制度、社会权威以及个体在体系的和执行中的作用等，以认知、态度和情感取向为标准划分为三种类型，分别为参与型社会文化、臣属型社会文化和狭隘型社会文化。③

相对于其他两类社会文化，参与型社会文化（又称公民文化）更加强调"理性的社会参与和开放、合作、宽容的社会心态"，因此一直被视为巩固社会文明成果的重要工具。要促进社交媒体的社会文明的发展，就应该将培育青年人参与型社会文化的发展放到首位。

社交媒体作为社会文化的重要部分和现代表征，继承了社会文化的所有特性，相对于传统社会文化，它更"超越了阶级、党派的界限，它比表层的社会制度、社会理论（及传统社会文化）④ 更能准确

---

① [德]马克斯·韦伯：《经济与社会》，林荣远译，商务印书馆1998年版，第239—240页。
② 这里指的简单是相对于现实社会活动而言。在社交媒体构建的虚拟世界里，无须考虑太多的利益关系，某程度上参与社会的深入度与手指的活动频度成正比，而现实社会实践必须考虑社会程序、社会环境、社会关系等。
③ 参见[美]加布里埃尔·A. 阿尔蒙德、西德尼·维巴《公民文化——五国的政治态度和民主》，马殿君等译，浙江人民出版社1989年版，第17—18页。
④ 括号中内容为作者观点。

第七章 社交媒体环境下改进青年社会化途径的思考及举措

地反映一个民族的社会个性"。① 不同于臣属型社会文化、狭隘型社会文化，社交媒体的社会文化具有参与型社会文化的特质，这种文化"看来特别适合于民主社会系统。它不是民主社会文化仅有的形式，但它似乎是和稳定的、民主的系统最协调的形式"。② 参与型社会文化是社会发展的结果，是民主社会进程中必然出现的一种文化形式。不同国家的参与型社会文化是不同的，渐具雏形的中国参与型社会文化还带有强烈的、纯粹的实用主义风格和权威人格特色。这说明社会文化在传承的过程中无论与什么样的技术环境相结合，都不会自动过滤掉传统中不合时宜的糟粕部分，同时社会文化的延续和变迁又可能使社会文化中优良的属性在技术环境中发生异化。当前对社交媒体功能的开发还主要集中于信息传递交流，社交媒体虚拟社区对青年人社会参与和社会文化的引导还远远不够。因此，社交媒体时代必须充分挖掘各类社交媒体媒介功能，增强社交媒体虚拟社区对青年人的社会吸引力，将这种自媒体组织纳入公民社会的核心建设过程中。公民社会是参与型社会文化发展、成长的根基，公民社会是带动参与型社会文化传播的前提。增强社交媒体虚拟社区社会文化的建设，是促进社交媒体社会文明发展的关键。

如何加强社交媒体虚拟社区社会文化的建设，首先，要提升社交媒体虚拟社区的"凝聚"能力，利用社交媒体开展朋辈教育，设计不同主题进行讨论，无论是职业生涯规划设计，还是"入党""考研"等青年人感兴趣的话题，或者对当前热门重大事件的看法，需要什么就设计什么主题，畅所欲言，在自由交流的环境中熏陶成长。作为开放的公共议事空间，要促进社交媒体的参与型社会文化建设还要敢于理论创新，将先进的社会文化教育渗透到一个个小故事中，通过故事的语言、结构、形式吸引青年人的注意，结合中国的实际将包含其中的民主意识、民主思想潜移默化地传授给青年人。其次，发挥社交媒

---

① 丛日云：《西方政治文化传统》，吉林出版社2007年版，第4页。
② ［美］加布里埃尔·A.阿尔蒙德、西德尼·维伯：《公民文化：五个国家的政治态度和民主制》，徐湘林等译，华夏出版社1984年版，第443页。

体虚拟社区的交流功能,在社交媒体虚拟社区中举办"微辩论""微演讲"等教育活动,在互动交流中提升社会识别力,增强青年人的判断和接受能力。通过加强社会文化的聚合,将对社会文化的整体把握和宏观考量上升到群体层面上,从对个体的社会文化关注提升到青年群体普遍的心理共识上来。这就要求信息的生产者、信源的提供者不能只满足于社交媒体上一个个"原子般"个体的存在,还应该将一些影响力大、能力较突出的或经过认证信誉良好的"大V"组织起来,利用他们拥有众多粉丝和意见较权威的优势,加大对落后社会文化批判,同时优化传播效果,通过对社会文化内容建设的加强,传播先进社会文化理念,培育现代公民文化意识。

四 增大社会伦理管控

马克思主义认为,人性是指人的属性,包括自然属性、社会属性、精神属性,其中社会属性是最根本的。同时,马克思主义又认为,人的本质即人的根本属性,也就是社会属性。马克思在《关于费尔巴哈的提纲》中谈到"人的本质不是单个人所固有的抽象物,在其现实性上,它是一切社会关系的总和。"

汤因比认为,爱是人类的本质。作为个体,每个人都具有双重属性:动物性和精神性、利己性和利他性。然而,"在我们的时代,一个没有伦理的空间再次出现了。在其内部,经济力量可以自由地运用自身规则,换言之,他们可以在总体上忽视其他的规则。"[1] 个体双重属性的割裂,动物性、利己性被放大,精神性、利他性萎缩,已经危害到青年社会化的成长。

作为青年社会化的新型途径,社交媒体以其空间传播扩散的幅度和对社会影响的广度与深度,成为青年人参政议政的主要方式和获取社会信息资讯的主要来源。理性的社会参与是规范青年人社交媒体社

---

[1] [英]齐格蒙特·鲍曼:《被围困的社会》,郇建立译,江苏人民出版社2005年版,第231页。

会参与行为和参与程度的前提。然而受到不良信息和思潮的影响，部分青年社会信仰动摇、社会参与意识模糊、社会立场暧昧，导致青年人在参与社会时心态浮躁、情绪易走极端、盲从盲信，最终影响社会的稳定，限制、约束了社会参与的主动性和积极性。要实现青年微社会参与的有序与高效，必须培养青年人正确的、科学化的社会参与理念，将建设良性传播环境作为培育青年人接受正确的社会参与理念的前提，使青年人接受的社会信息以主流社会信息为主。以爱国主义、团结统一、爱好和平、勤劳勇敢、自强不息的民族精神和以体现践行道德义务与谋求切身利益的统一的新型道德观为伦理标尺，增强青年人的心理调适能力，规范青年人的参政行为。

"人只有在实现自己的过程中存在。"在这个过程中，伦理作为规范的工具，同时也在诊断和理疗着这个过程。小仓志祥认为，伦理行为具有三个特点：人伦性，即所有的伦理行为，都直接或间接与他人有关；合理性，即伦理的行为，是随着行为主体、对象、周围情况的变化而变化；实存性，即行为者经过反思后，追求并选择自身应有的状态。[1] 在社会参与过程中，青年人的社会行为、社会情感、社会认知等也会受到社会伦理的约束。社交媒体社会伦理，是现实社会伦理的延伸与拓展，它既具有现实社会伦理的特点，即将追求"价值正当性"与"工具社会性"作为首要目标，又具有相应的特殊性，即建立在网络技术支撑基础之上的共享性和公共性。因此，增大对社交媒体的社会伦理管控，就是在保证权利、平等、自由、参与、宽容等实践性伦理运行的原则下，着眼于青年人健全的社会人格、优良的社会德性的建设，在中国伦理文化的语境下搭建青年与国家、与社会、与不同群体间良性的对话、互动平台。基于以上认知，增大社交媒体的社会伦理管控，应做到：

首先，应增强社交媒体的道德风险抵抗力。当代青年更多是将社交媒体视为资讯获取的平台，宣传动员、社会教化只有与服务功能相叠加时，才能被青年人所接受、所需要。因此应深刻理解社交媒体的

---

[1] 参见吴潜涛《伦理学与思想政治教育》，河南人民出版社2003年版，第290页。

青年用户群体，针对他们的特点和实际情况进行内容设计、生产和对接。在对接的过程中，应防止民意绑架的决策，造成那些符合国家、民族和社会的长远发展和利益的决策受到不必要的压力。其次，推进社交媒体社会参与的现实制度对接。社交媒体之所以屡屡成为线下运动的组织者与领导者的平台，与现实社会青年社会参与渠道少、限制多密切相关。尽管社交媒体空间盛行社会参与，但这种参与"往往停留于想法观念与语言表达，主要局限于虚拟空间的意见表达和舆论监督，难以深入到现实社会制度和社会动作中"。[①] 因此，（1）可以将社交媒体与代议制民主相结合，强化社交媒体在人大、政协会议期间与平时工作期间和民众沟通的媒介作用。（2）加强政务微博、政务微信的问政平台保障功能，将政府的执政行为公开、透明，对民众的要求回应反馈应及时、迅速。（3）推进社交媒体在基层民主治理中的常态化、机制化。青年人的社会认知、社会态度和社会情感，很大一部分来自基层民主治理。发挥社交媒体在基层社会沟通和公共服务方面的建设作用，有益于青年人在社会沟通中形成正确的社会态度，提升自我的公民能力。（4）建立社交媒体干预机制，注重社会舆情分析。社交媒体虚拟社区多变、多元的特性令人难以把控它的发展脉络，但其与社会发展总是相伴随形的，可以看作是"社会亚传播"。在社交媒体虚拟社区中负面影响力有时会远远超过正面信息，各部门应及时掌握当前社会信息，分析其对青年群体的影响，牢牢把控话语权，善于把握时机，引导青年人树立正确价值观。（5）青年人微社会参与需要建立起自觉、自律意识，通过内在的自我心理约束和道德约束，以公正客观的态度和立场，摒弃外在影响和利益诱惑，自觉抵制虚假信息、不良社会文化和意识形态的侵蚀，以理性、公正的态度和行动实践社交媒体社会参与和社会认知，将提升自我社会素质和社会技能作为社会化重要步骤与切入点。

需要特别说明的是，不能以维护秩序为名过多强调社交媒体舆

[①] 赵春丽、卢君仪：《网络新媒体与政治参与、社会主义民主建设——可能性、风险和路径》，《中共天津市委党校学报》2016年第2期。

论稳定而有意地抹杀分歧，一个健康的环境和良性的秩序恰恰在于承认分歧，因为只有"和而不同，和而以进，才是社会文明建设的最高境界"。①

第四节 重视社交媒体的思想政治教育

党的十九大报告中提出，要加强和改进思想政治工作。中国特色社会主义进入新时代，思想政治工作也进入了新的历史发展时期，思想政治教育的环境、载体、对象也在发生着变化，特别是以微博、微信为代表的社交媒体等社交媒体的出现，思想政治教育从理论到实践均面临着突破。充分利用以移动互联网络为载体的社交媒体的开放性、互动性、即时性等优势，为青年思想政治教育提供技术上的有效支撑，不仅能够丰富思想政治教育手段、改进思想政治教育理念、创新思想政治教育的方法，使青年人思想政治教育针对性更强、更贴近青年人的实际生活、更强调青年人在教育过程中的主体地位，而且能够有效地弥补传统思想政治教育的不足，加快思想政治教育时效性，提高教育内容的感染力和吸引力。

如何将思想政治教育工作与社交媒体有效地结合，充分利用社交媒体图片、文字、视频、语音等丰富的传播形式，通过现实与虚拟空间的不同意见、不同观点、不同立场的自由沟通，在相互尊重、互为主体的交流中以民主、平等的方式实现社会主义价值观教育、理想信念教育和爱国主义教育，从而促进青年社会化健康良性发展，这个问题已引起学界和相关专业人士的思考，并正在付诸实践。事实也证明，如果不重视社交媒体领域的思想政治教育，任由"他人去占领，真理和理性的东西少了，谎言和谬误就会丛生"。② 因此必须重视社交媒体这块思想政治教育的主阵地，有效地利用社交媒体的传播方式和传播

---

① 虞崇胜：《政治文明论》，武汉大学出版社2003年版，第221页。
② 京平：《能否守住意识形态阵地　事关中共前途命运》，《北京日报》2013年9月3日第A01版。

途径，将思想政治教育以润物细无声的形式渗透到青年人的日常社会生活中，潜移默化地改造青年人的价值观、社会观，鼓励他们以更大胆、积极的姿态参与社会活动，开阔视野、增长见识、砥砺意志、磨炼品性、提高技能。

一　推动媒介素养纳入思政教育

社交媒体是一种新型的传播模式，作为网络传播的成员之一，与一般的网络传播最大的不同在于，它的社交功能属性非常明显，这就决定了社交媒体的定位是以社交媒体的形态出现的。衡量一种媒介的传播功能通常以传播效果为标准。社交媒体的技术特性保障了传播层级路径上的每个节点都兼具传播主体、受众的双重身份，以几何级数的形式将信息以无限大的方式向外扩散。因此，仅从工具属性上来看，社交媒体是一个近乎理想的思想政治教育载体，但是社交媒体技术优势的两面性也可能为思想政治教育带来挑战。在各类信息、各种情绪、不同元素杂糅的空间里，无论思想政治教育工作者还是青年群体都需要具备一定的媒介素养，才能在重视人的全面自由发展的前提下，规范、引导和有效地发挥社交媒体思想政治教育功能。

社交媒体能够将思想政治教育的信息与社交生活相融合，利用微博、微信等社交媒体对青年人进行思想政治教育已经成为一种较为普遍且被证明为有效的方式。当前，社交媒体自身的商业属性产生的工具逻辑给青年人的文化建设、精神建设带来的新问题，以及使用群体较强的自发性、从众性而思想政治教育介入的力度不足等原因，都在推动着将媒介素养纳入思想政治教育体系的范畴。将媒介素养纳入思想政治教育体系的意义在于：

首先，它不仅能够提高青年人获取、分析、衡量、传播社交媒体信息的能力，而且通过交流，还能够学会并掌握如何与社交媒体等媒体进行有效的互动，解决各种思想难题和社会困惑。其次，思想政治教育工作者无论在社交媒体的参与数量、使用规模、认知度，以及运用的熟练程度上都看不如青年人。通过设计、构建媒介素养的相关课程和内容，也能提高思想政治教育工作者管理、整合社交媒体中的思想政治教育信息的能力。再次，有助于提升思想政治教育的实效性。媒介素养有助于思想政治教育工作者对现有教育方法、内容体系、课程设计进行大胆创新，使之更加符合传播规律，同时也有助于调动青年人学习思想政治教育的主动性和积极性，培养青年人的主体意识和公民意识，以主体而非受众的身份参与到思想政治教育活动中。最后，将媒介素养教育与思想政治教育相结合，以中国特色的社会主义核心价值观重构社交媒体等新媒体的人文理性、价值理性，营造社交媒体环境下的人文关怀，加强思想政治教育的亲和力、影响力，从而全面提升青年人有效的参与媒体互动，规范化使用社交媒体的能力与意识，将为青年人社会化的利益诉求提供便捷途径。

　　将媒介素养纳入思想政治教育体系是否可行，首先，从目标上看，媒介素养教育和思想政治教育是一致的。两种教育都属于思想政治教育、社会教育的范畴，都是为了培养具有专业知识、专业技能和正确世界观、价值观、人生观以及开放视野的现代公民意识。另外，这种教育对青年人社会化同样意义重大，只有学会如何正确使用社交媒体等现代媒介，才能有效地进行社会参与、理性地进行社会表达；只有不断拓展思想政治教育的理论高度和深度，以适应社会和科学技术的发展，才能使青年社会化更具针对性、更富时代性。其次，媒介素养教育和思想政治教育的特点是相似的。两种学科都属于交叉性、边缘性学科，相较于其他人文学科具有更强的包容性、开放性，课程内容与实际联系紧密，针对性、现实感强，始终体现与时俱进。无论思想政治教育还是媒介素养，都具有明显的社会倾向和社会色彩，都体现某一阶级和某一社会集团或统治者的立场、利益。最后，从效果上看，媒介素养教育和思想政治教育是接近的。在当代社会，社交媒体和其他大众传播媒介一样，越来越深刻地影响着青年人的生活和思想。在输出社会观、价值观、人生观方面始终扮演着重要的角色，因此思想政治教育工作者历来重视大众传播媒介作用和地位，将大众传播媒介视为做好思想政治教育的一个不可或缺的方式。从报纸、广播、电视等传统媒介到微博、微信等新型媒介，思想政治教育只有顺应传播技术的发展，才能取得更好的传播效果，使正确的社会方向和价值取向以及社会主义主流思想社会文化得到有效的传播，渗透进青年人价值观念、生活习惯和行为方式中，从而提高青年人的思想深度和社会觉悟。

将媒介素养纳入思想政治教育体系，首先应在高校的课程体系设置中体现出来。习近平总书记在全国高校思想政治工作会议、全国教育大会、学校思想政治理论课教师座谈会上指出：当前高校媒介素养教育只针对个别专业、部分学生。如果将媒介素养教育纳入高校思想政治理论课的范畴，将专业教育转变为通识教育、公共教育，不仅可以缓解高校中思政教育、专业教育"两层皮"的现象，而且还可以实现思想政治理论课在高校课程体系中的领舞作用。

其次应重视以社交媒体为代表的网络组织与社团的作用，培养青年人的主体意识。我国传统的思想政治教育长期以来以灌输教育为主，理论教育与实践教育发展的速度不协调，虽然在理论领域提倡"主体间性"，对思想政治教育的主客体地位进行重新定位，但在实践过程中，思想政治教育的主体与客体还是泾渭分明，传与授的关系依然没有从根本上得到改变。近年来，一些活跃在微博、微信等社交媒体上的青年社团组织之所以迅速走红受到普遍欢迎，是因为可以与青年人以平等的姿态进行交流讨论。因此如果在思想政治教育微信公众号下建立起类似的组织，一方面开展思想政治教育，另一方面进行媒介素养教育，引导青年人参与，不仅可以提高青年人的媒介素养，而且还可以发挥传统思想政治教育中受教育者受到压制的主动性和创造性，在教育活动中发挥主体作用。

二 开展隐性教育丰富思政教育

隐性教育是与利用公开手段、公开场合，有领导、有组织、有系统的显性教育相对应的教育方式。它是指在宏观主导下通过隐目的、无计划、间接、内隐的社会活动使受教育者不知不觉地受到影响的教育过程。它实现教育目的于日常生活中，以渗透教育的方式对受教育者的思想、观念、价值、道德、态度、情感等产生影响。在我国很早就被运用到思想社会教育领域中，[①] 它强调从心理上以受教育者未察觉的方式无意识地接受教育，将教育内容渗透到教育对象日常生活环境中，潜移默化地接受隐藏的教育内容，实现隐藏的教育目的，改变受教育者接受教育时被动、应付的态度和状况。

由于隐性教育具有教育途径开放性、教育过程愉悦性、教育主体自主性、教育方式含蓄性等特点，因此极适合与当前在青年人的日常生活中角色越来越重要、作用越来越突出、联系越来越紧密的微博、微信等社交媒体相结合，丰富思想政治教育的模式。长期以来，"说教式""灌输式"模式在思想政治教育中扮演着主导性作用，甚至在一段时期、一些地方、一些场合成为一种单一的模式。这种模式虽然有其存在的合理性，但在我国改革开放进入"深水区"，单纯地依靠"说教"与"灌输"容易令青年人厌烦、产生逆反心理，进而质疑思想社会教育存在的合理性与解决实际问题的有效性。与"说教式""灌输式"模式最大的不同是，隐性教育强调教育方式的间接性，即借助一定的教育载体在日常社会生活中间接对教育者进行"渗透"，使受教育者在一种无意识的状态下进入教育者所创设的教育环境中，自觉地接受教育内容。因此在思想政治教育中开展隐性教育，能够将科学的世界观、人生观、价值观以及党的理论、路线、方针、政策等内容，以生动活泼、喜闻乐见的形式渗透在受教育者的日常生活中，使他们在不知不觉间得到熏陶。

隐性教育的载体包括大众传媒、公共设施、社会文化和社会风气等，隐藏在个体的现实生活和周围环境中，个体可以通过多种文化价值载体，以生活实践和环境熏陶的形式潜移默化地汲取经验、获取知识并将其储存于个体的头脑中，在特定的情境下以具象化的形式表现

---

① （西汉）刘向《列女传·卷一·母仪》中记载："孟子生有淑质，幼被慈母三迁之教。"这个故事后来成为"孟母三迁"典故的来源。这个故事同样也被视为我国古代重视隐性教育、强调环境对人的思想观念的重要性的最早文献记载。

出来。在表现的过程中因个体认知、情感、信仰、经验、技能的不同，会有不同的表征和侧重点，但都反映了自身需要与社会需要的统一，因此相较于显性教育具有更强的文化特征，在文化价值取向、行为方式倾向上更具有创造性。因此为了提高隐性教育的效果，需要注重挖掘隐性教育的文化价值，特别需要注重加强对当前青年人影响颇深的社交载体——以社交媒体为代表的网络文化的建设。以社交媒体为代表的网络文化在引导青年人的思想倾向、行为方式，提高青年人的思想道德修养和人格发展等方面具有重要的教育价值。如何利用社交媒体开展隐性教育，丰富思想政治教育的模式，促进青年人培养良好的思想品德，始终坚持社会主义主流价值观，有效且理性地进行社会参与和社会表达：

首先，应将建设专门针对青年人的微博、微信公众号纳入网络建设的总体规划中，通过提供学习、就业、婚恋、心理健康、情感咨询等指导和服务，深入了解当前青年人的情感特征和思想动态，并可以就某个青年人关心的话题展开专门讨论，还可以利用重大节日、重要事件、热点、难点问题进行有计划、有目的的引导，将隐性教育融入青年人的社交活动中，通过议程设置、话题引导，让青年人通过社交活动就关心的社会现象和社会问题进行讨论，在多元的意见交流中达成统一，从而帮助青年人将感性认识、理性认识和客观现实相结合，增强社会实践能力和社会适应能力，帮助他们更好地参与社会生活，促进社会人格的完善。

其次，应加强现有的相关网络通信法律法规的执行力度，提高技术监控手段，因势利导、张弛有力，通过灵活有效的方式、方法和措施消除利用社交媒体开展隐性教育的隐患。在当前全球化进程日益加快、不同思想文化激荡的环境下，来自西方文化思潮、价值观念和腐朽生活方式在社交媒体上的泛滥，一定程度上对青年人造成了负面影响。因此思想政治教育工作者应加强与相关专业技术人士的合作，利用大数据技术进行数据分析，通过挖掘元数据，研判社会舆情、共享信息汇集并共同进行智能监管，从而能够做到对某一部分或某一类别的青年群体、青年个体进行立体分析，主动预防社交媒体中可能存在的隐患，提前预测社交媒体中可能存在的不利影响的苗头或潜在的突发事件，从而加强对社交媒体的监管。这种管而不死、治而不乱的方法，由于主动权把控在思想政治教育工作者及相关部门的手里，因此操作性更强，目标更具针对性、管理更具全面性。

第八章 结语

社会化媒体作为社会化的主要途径之一，与家庭、学校、社会共同体、同辈群体和大众媒体最大的不同在于，技术平台近几年发展迅猛，技术产品更迭频率令人眼花缭乱。特别是以微播、微信为代表的社交媒体，其营构的媒介环境在不断刷新人们认知，并改变着当代青年生活习惯和思维方式的同时，也在不断拓展、丰富着社会化的形式。社交媒体时代青年社会化途径发生的重大变化，对于推动当代青年社会化现代转型和发展具有重要意义。

当今社会，社交媒体已经完全融进青年人的生活，成为青年人自我表达、交往需求和社会认知的主要渠道。如何看待社交媒体在青年社会化中的作用和地位，不仅关系着青年社会化的"时空转向"，而且关系着青年社会活动空间的塑造和社会教育形式的优化。社交媒体的出现打破了"媒介接近权"原有格局，意义呈现功能已逐渐向权力赋予功能转向，无论在议程设置、意义建构、社会参与模式、情绪流露等方面都成为青年人展示社会态度的重要的方式与渠道，在塑造青年人社会生活的同时，也在影响着青年人的社会化进程。

相对于家庭、学校、社会和同辈群体单向度的、现实环境中的"真实社会化"的一元范式，青年人通过自媒介和社交媒体等社交媒体构建的虚拟空间，运用碎片化信息，以去中心化裂变式多级传播模式进行社会参与、社会表达，形塑着社会关注和社会认同，并将现实社会与虚拟社会、真实环境与虚拟环境合二为一，推动青年社会化的范式由单向主导向多元互动转型。从传播方向上来看，社交媒体在传统的信息把关模式已经失效,家庭、学校、传统大众媒介信息传播纵向单维被打破的情况下,通过横向多维保障了全方位、立体化传播的同时也保障了信息对称。从社会参与方式上来看,传统社会条件下重管理轻服务、求划一反多样的由上至下动员式参与,正让位于被活跃的社交媒体社会信息唤醒的青年人的社会参与预期所产生的自主型参与中。

在互联网时代,青年社会化面临的挑战不仅来自经济、社会、文化等宏观环境的变迁,更来自信息技术的发展创新了社会化的载体对青年社会化范式的改造上。社交媒体作为青年社会化的新型途径,对青年个体社会行为及现行民主社会都具有极其重大的影响。在应然层面,社交媒体一方面为青年社会化的形成提供客体;另一方面,当青年人在社交媒体环境中,按照社会所要求和希望的模式从事各类社会活动、适应不同的社会角色时,折射的是现实社会空间、社会生态、社会实践;在实然层面上,社交媒体对现实社会信息虚拟化导致的多元与分化、反智化与非理性不可能不对青年人的社会情感、社会态度、社会参与等产生一定程度的扭曲,这种因扭曲而导致的思维定势和社会偏见对青年社会化的前进方向和过程带来的错位,挑战着社交媒体在青年社会化中的信度与效度。处理好社交媒体与青年社会化的关系,强化社交媒体在社会化中的功能与实效已刻不容缓,亟待思考!

首先需要面对和持续关注的问题是未来社交媒体的技术形态、技术模式、技术路径将会以什么样的方式继续创新,这种创新会对青年社会化造成何种新型影响。早在1965年,英特尔(Intel)创始人戈登·摩尔就预测,半导体芯片上集成的晶体管和电阻数量将每年翻一番,价格下降一半。这个著名的"摩尔定律"直至今天仍以蓬勃的生命力证实着互联网领域日新月异的发展变化和捉摸不定的未来前景。技术产业的任何一次升级溢出的效应迫使着相关领域、相关行业不得不做出相应的调整,这种调整既是面对外来压力的自我修正,又是适应环境、适应社会的自我完善。依托移动互联网通信终端具有强烈社交属性的社交媒体已经成长为当前中国社会最具影响力的舆论场。去中心化的人际互动交流,因关注、转发、评论等多种参与方式形成的强大舆论对社会系统、公共决策、政府行为产生的压力，吸引着更多的青年人参与其中。对未来社交媒体的技术创新，现在可以预期的是它的社交属性将更加强大，它的技术形态将更加多样，不同社交媒体媒介之间互联互融将更加自如、便利。随着未来社交媒体技术影响更加强大，社会表达、社会监督、社会参与必将更加便捷、更加广泛、更加透明、更加安全，青年社会化的模式如何更加高效、更加统一、更加协调，需要社会各界集思广益、献计献策，创新社会化的模式，调动更多的力量和更强大的能量利用技术创新，开展普遍的社会化教育，增强青年人学习社会的兴趣，树立青年人正确的社会立场，为青年人传达积极的社会信息，通过营造良好的媒体舆论环境，帮助青年人抵制和消除不良的舆论信息所带来的消极影响及负面效应。

其次需要面对和持续关注的焦点是作为社交媒体影响的青年人，他们的社会化途径虽然较前一代有了更多的选择，但考虑到社交媒体出现的时间（微博出现的时间2009年8月，微信出现的时间是2011年1月）[①]，作为在社交媒体环境下接受社会化培养与熏陶的第一代青年，本身不可避免地带有某些"试验化"的色彩，其中一些后果和定论需要跨越这代人，在时代的变迁中接受严苛的审查和考验。如同社会化的其他传统途径（家庭、学校、社会共同体、朋辈群体、大众传媒）一样，通过时间的淘选筛除糟粕、沉淀精粹。但留给我们思考的时间十分有限。当我们正在对以微博、微信为代表的社交媒体社会化途径归纳、总结、提炼并付诸实施的时候，媒介环境可能伴随新一代社交媒体媒介形态又出现新的变化，那么原来的归纳、总结、提炼又有多少能运用其中？当思考追逐现实、尾随现实，被现实远远甩在身后而无法与现实并驾齐驱、指导现实的时候，这种思考的纸面价值所产生的现实意义必将大打折扣。现在普遍认为18世纪引入机械设备的时代是工业1.0时代，工业2.0时代则发端于自动化与电气化诞生的

---

① QQ出现的时间是1999年2月。鉴于其社交功能、信息交流等方面的影响力远不如微博、微信，发展至今已呈式微，因此本书将社交媒体作为青年社会化途径的时间点划定为2009年8月，即微博诞生之日。

第八章 结语

20世纪初,到了20世纪70年代信息化的普及意味着工业3.0时代的来到,未来实体物理世界与虚拟网络世界融合的工业4.0时代正在大踏步走来。天下大势,顺之者昌、逆之者亡。从工业1.0到工业4.0,时间跨度越来越窄,那种在传统经典时代优游的思考空间与充裕的思考时间不复存在,用以往的经验、普遍性、共性指导未来的可能性越来越弱。传统的标准化、流水线让位于工业4.0时代的个性化需求与灵活性决策,这种因应人口结构的变化、社会财富分配、工业生产数字化等制造产业的技术升级路径,未来可能影响渗透青年社会化的途径,改造并创新社会化的某些理论。除了继续强调传统,肯定某些"普遍性""共性"外,对个体的关注如同工业4.0所提倡的那样充分利用信息通信技术和网络空间虚拟系统——信息物理系统相结合的手段针对每个个体打造出一套高度灵活、因人施教的青年社会化模式已迫在眉睫。如果可以将社交媒体融入青年社会化途径看作传统途径向智能化途径升级的话,那么社交媒体其鲜明的社交属性和技术特性如"指尖决策""手机依赖""碎片化""去中心"等,这条充满着技术色彩的升级途径如何在传统与现代、创新与发展、扬弃与继承之间协调好平衡,可能是我们这一代人努力的目标。

最后需要面对和持续关注的是如何把握社交媒体与青年社会参与热情之间的"度"。随着社交媒体对社会社会生活的渗透日渐加深,围绕着社交媒体而出现的社会形态反过来影响着青年人的社会认知。一方面,由于社交媒体对社会权力的监督不同于传统的权力监督,技术赋权成就了社交媒体使用者的主体地位,增强了青年人对社会事件的控制能力,同时社交媒体的社会整合功能在协调社会矛盾与冲突时能有所作为;另一方面,作为一种体制外的存在,社交媒体对社会权力的监督又因其行动取向特征常陷于监督困境。由于社交媒体信息来源多元、信息文本分散且叠加、观察视角零碎,决定了社交媒体社会信息内容参差不齐、泥沙俱下。青年作为社交媒体的主要使用群体,在扮演社会监督主体的角色时非职业性的身份常使监督流于表面,难以保持持续的关注。大量的线下运动表明,因有效的规避权力关系下的依附而获取的认同,青年对制造议题、热点的追逐远甚于现实社会需求和现实社会参与。另外，利用社交媒体虽然可以在短时间内唤起青年人社会参与的热情，将如原子般个体四处散布的青年聚集起来，有利于某些特定的社会问题的集中解决，但青年人行为敏捷、反应多变，情绪容易走向偏激的特点又常常导致社会影响扩大化、负面化。同时，在社交媒体构筑的一个个类熟人网络的传播奇观下，在虚拟化空间中开展的虚拟社会活动的社会需求下，在不同主义、思潮、学说、价值观的喧嚷下所产生的对主流社会文化的认同危机，将原本复杂、严肃的社会参与简单化①。因此如何有效地利用社交媒体技术、社交媒体社会形态与现实社会实践、社会途径结合，在现实社会实践中纠正和完善在虚拟社会活动中获知的社会技能，不仅关系到对青年人社会参与热情的持续鼓励，对部分青年社会冷漠倾向的改善，而且还关系到因社交媒体导致"思维超前""思维片面"等过浓的理想主义色彩的校偏。

对社交媒体环境下青年社会化途径的探讨，未来会随着社交媒体技术形态的变身、技术内核的升级而做出必要的调整和转换。但无论怎么变化，推动青年社会化途径的规范化、秩序化和制度化，提升青年社会化途径的理性内在逻辑和良性动力机制，才是保证社交媒体与青年社会化有效结合的前提。社会的发展、科技的进步对青年社会化的影响伴随始终。生活在社交媒体无处不在的时代，社交媒体制造出来的"碎片化"影像和景观正通过改变青年人所接受的传统认知、传统教育、传统行为和习俗，通过迎合青年人追逐时尚、追逐个性的求新变异的内在要求，来迎合这个社会紧随科技发展的快节奏气息。社交媒体鲜明的文化特质对青年社会化喜忧参半的影响一直在提醒着我们，当社交媒体正敞开怀抱，为青年人提供了眼花缭乱的社会参与渠道、社会表达权力，凝练着青年人的社会技能、催生着青年人的社会热情、培育着青年人的社会经验，对传统社会化途径与模式提出了严

---

① 这里指的是相对于现实社会活动而言。在社交媒体构建的虚拟世界里，无须考虑太多的利益关切，某种程度上参与社会的深入度与手指的活动频度相当，而现实社会实践必须考虑社会程序、社会环境、社会关系等。

峻挑战的同时,也在同一时空中发酵着认同与冲突、在同一高度下弥散着渗透与抗争。我们无法预言社交媒体的未来,却能断言不论哪一条途径,只要能很好地传达青年群体的心声,能反映青年群体的情绪变化,能为青年群体塑造健康、饱满的社会形象提供优质、高效地渠道,那么这条途径的未来必定可期!

参考文献

一 专著类

［美］爱德华·W. 萨义德：《文化与帝国主义》，李琨译，生活·读书·新知三联书店 2003 年版。

［英］安东尼·吉登斯：《现代性的后果》，田禾译，译林出版社 2000 年版。

鲍金：《消费生存论——现代消费方式的生存论阐释》，中央编译出版社 2012 年版。

丛日云：《西方政治文化传统》，吉林出版社 2007 年版。

［加］德鲁里：《列奥·施特劳斯与美国右派》，刘华等译，华东师范大学出版社 2006 年版。

［德］恩斯特·卡西尔：《人论》，甘阳译，上海译文出版社 1985 年版。

［美］弗里蒙特·E. 卡斯特、詹姆斯·E. 罗森茨韦克：《组织与管理——系统方法与权变方法》，傅严、李柱流等译，中国社会科学出版社 1985 年版。

《关于党的新闻工作的几个问题——十三大以来重要文献选编》（中），人民出版社 1991 年版。

郭玉锦、王欢编著：《网络社会学》，中国人民大学出版社 2010 年版。

［德］海德格尔：《存在与时间》，陈嘉映、王庆节译，生活·读书·新知三联书店 1999 年版。

［美］赫伯特·马尔库塞：《单向度的人》，刘继译，上海译文出版社 1989 年版。

［德］黑格尔：《哲学科学全书纲要》，薛华译，上海人民出版社2002年版。

胡疆锋：《伯明翰学派青年亚文化理论研究》，中国社会科学出版社2012年版。

黄志斌主编：《当代思想政治教育方法论》，合肥工业大学出版社2012年版。

［美］加布里埃尔·A.阿尔蒙德、小G.宾厄姆·鲍威尔：《比较政治学：体系、过程和政策》，曹沛霖、郑世平、公婷等译，上海译文出版社1987年版。

［美］加布里埃尔·A.阿尔蒙德、西德尼·维巴：《公民文化——五个国家的政治态度和民主制度》，张明澎译，商务印书馆2008年版。

教育部思想社会工作司组编：《大学生网络思想社会教育》，高等教育出版社2011年版。

金炳华主编：《哲学大辞典》，上海辞书出版社2001年版。

金国华：《现代青年学》，中国青年出版社1989年版。

［美］凯恩·桑斯坦：《网络共和国——网络社会中的民主问题》，黄维明译，上海人民出版社2003年版。

［美］凯斯·R.桑托斯：《信息乌托邦——众人如何生产知识》，毕竞悦译，法律出版社2008年版。

孔德元：《政治社会学导论》，人民出版社2001年版。

李林英、郭丽萍：《新媒体环境下高校思想社会教育教学研究》，人民出版社2015年版。

李希光、顾小琛：《舆论引导力和文化软实力》，湖南大学出版社2013年版。

李艳丽：《政治亚文化：影响当代中国政治发展的特殊因素分析》，武汉大学出版社2008年版。

《列宁全集》（第28卷），人民出版社1985年版。

刘华蓉：《大众传媒与政治》，北京大学出版社2001年版。

刘建明：《基础舆论学》，中国人民大学出版社1998年版。

刘建明：《社会舆论原理》，华夏出版社2002年版。

［英］罗德·黑格、马丁·哈罗普：《比较政府和政治导论》（第五版），张小劲等译，中国人民大学出版社2007年版。

［美］马丁·李普塞特：《政治人—政治的社会基础》，张绍宗译，上海人民出版社1997年版。

《马克思恩格斯全集》（第1卷），人民出版社1995年版。

《马克思恩格斯全集》（第2卷），人民出版社1995年版。

《马克思恩格斯全集》（第3卷），人民出版社1972年版。

《马克思恩格斯全集》（第23卷），人民出版社1995年版。

《马克思恩格斯全集》（第42卷），人民出版社1995年版。

《马克思恩格斯选集》（第1卷），人民出版社2002年版。

《马克思恩格斯选集》（第3卷），人民出版社2002年版。

《马克斯恩格斯文集》（第9卷），人民出版社2009年版。

马克思：《1844年经济学哲学手稿》，人民出版社1985年版。

马克思：《资本论》（第1卷），人民出版社2004年版。

［德］马克斯·韦伯：《经济与社会》，林荣远译，商务印书馆1998年版。

马振清：《中国公民政治社会化问题研究》，黑龙江人民出版社2001年版。

［美］迈克尔·汉姆：《从界面到网络空间——虚拟实在的形而上学》，金吾伦、刘钢译，上海科技教育出版社2000年版。

［美］迈克尔·罗金斯：《政治科学》，林震译，华夏出版社2001年版。

［法］米歇尔·福柯：《规训与惩罚》，刘北成、杨远缨译，生活·读书·新知三联书店1999年版。

［美］尼尔·波兹曼：《技术垄断：文化向技术投降》，何道宽译，北京大学出版社2007年版。

［英］尼尔·波兹曼：《娱乐至死》，章艳译，广西师范大学出版社2011年版。

［美］尼葛洛庞帝：《数字化生存》，胡泳等译，海南出版社1997年版。

［意］尼科洛·马基雅维利：《论李维》，冯克利译，上海人民出版社2005年版。

彭芸等编著：《大众传播学》，台北空大1999年版。

［法］皮埃尔·布迪厄:《论符号权力》,吴飞译,辽宁大学出版社 1999 年版。

［法］皮埃尔·布迪厄、［美］华康德:《实践与反思:反思社会学导引》,李猛、李康译,中央编译出版社 2004 年版。

［英］齐格蒙特·鲍曼:《被围困的社会》,郇建立译,江苏人民出版社 2005 年版。

［美］乔尔·鲁蒂诺、安东尼·格雷博什:《媒体与信息伦理学》,霍政欣等译,北京大学出版社 2009 年版。

［美］乔治·里茨尔:《社会的麦当劳:对变化中的当代社会生活特征的研究》,顾建光译,上海译文出版社 1999 年版。

［美］乔治·瑞泽尔:《后现代社会理论》,谢立中译,华夏出版社 2003 年版。

［法］让－雅克·卢梭:《社会契约论》,杨国政译,上海译文出版社 2018 年版。

［以］S. N. 艾森斯塔德:《现代化:抗拒与变迁》,张旅平等译,中国人民大学出版社 1998 年版。

［美］塞伦·麦克莱:《传媒社会学》,曾静平译,中国传媒大学出版社 2005 年版。

［美］塞缪尔·亨廷顿、琼·纳尔逊:《难以抉择——发展中国家的社会参与》,汪晓寿、吴志华、项继权译,华夏出版社 1989 年版。

［美］塞缪尔·亨廷顿:《变革社会中的社会秩序》,杨玉生等译,华夏出版社 1989 年版。

［美］塞缪尔·亨廷顿:《发展的目标》,何道宽译,上海译文出版社 1993 年版。

［英］史蒂文·拉克斯:《尴尬的接近权:网络社会的敏感话题》,禹建强、王海译,新华出版社 2004 年版。

苏振芳主编:《网络文化研究——互联网与青年社会化》,社会科学文献出版社 2007 年版。

唐绪军:《新媒体蓝皮书:中国新媒体发展报告(2014)》,社会科学文献出版社 2014 年版。

［美］W. 兰斯·本奈特、罗伯特·M. 恩特曼主编：《媒介化政治：政治传播新论》，董关鹏译，清华大学出版社2011年版。

王惠岩：《当代社会学基本理论》，天津人民出版社1998年版。

王浦劬：《社会学基础》，北京大学出版社2006年版。

吴潜涛：《伦理学与思想政治教育》，河南人民出版社2003年版。

杨光斌：《社会学导论》，中国人民大学出版社2007年版。

［日］樱井哲夫：《福柯：知识与权力》，姜忠莲译，河北教育出版社2002年版。

虞崇胜：《社会文明论》，武汉大学出版社2003年版。

喻国明：《中国社会舆情年度报告》，人民日报出版社2010年版。

［英］约翰·基恩：《媒体与民主》，谷继红、刘士军译，社会科学文献出版社2003年版。

［美］约翰·罗尔斯：《社会自由主义》，万俊人译，译林出版社2000年版。

［美］约翰·罗尔斯：《作为公平的正义：正义新论》，姚大志译，上海三联书店2002年版。

［美］查丁·马克：《数字化经济》，孟祥成译，中国建材工业出版社1999年版。

曾国屏：《赛博空间的哲学思索》，清华大学出版社2002年版。

［美］詹姆斯·汉斯林：《社会学入门：一种现实分析方法》，林聚仁等译，北京大学出版社2007年版。

［英］詹姆斯·柯兰、娜塔莉·芬顿、德里斯·弗里德曼：《互联网的误读》，何道宽译，中国人民大学出版社2014年版。

张国良：《传播学原理》，复旦大学出版社2000年版。

张昆：《大众媒介的政治社会化功能》，武汉大学出版社2003年版。

赵敦华：《现代西方哲学新编》，北京大学出版社2000年版。

赵莉：《中国网络社群社会参与》，中国广播电视出版社2011年版。

郑杭生主编：《社会学概论新修》，中国人民大学出版社2003年版。

［法］朱利安·班达：《知识分子的背叛》，孙传钊译，吉林人民出版社2011年版。

Bourdieu, P. , *In Other Words*, Stanford：Stanford University Press, 1990.

Greenstein, *Political Socialization*, In David L. Sill, ed. International Encyclopedia of the Socia Science, N. Y. Macilian, 1968.

R. Dawson & K. Prewitt, *Political Socialization*, Boston：Little, Brown and Company, 1969.

Turner, M. J. (1981), "Civic Education in the United States", Husen, T. & Postlethwaite, T. N. (Ed-itors-in-hief), *he International Encyclopedia of Education* (Second Edition), Elsevier Science Ltd. , 1994.

二　期刊类

安宝洋：《大数据时代的网络信息伦理治理研究》，《科学学研究》2015年第5期。

陈冬、沈鹏超：《福柯微权力观再析》，《科教导刊》2009年第9（中）期。

陈芳：《再谈"两个舆论场"——访外事委员会副主任委员、全国人大常委会委员、新华社原总编辑南振中》，《中国记者》2013年第1期。

陈力丹：《关于媒介素养与新闻教育的网上对话》，《湖南大众传媒职业技术学院学报》2007年第2期。

陈然：《政务微信的传播效果和发展策略——基于对网民的问卷调查》，《青年记者》2015年第3（下）期。

陈奕、凌梦丹：《微博"碎片化阅读"的传播麻醉功能解读》，《编辑之友》2014年第5期。

陈勇：《社会化媒体的政治传播功能与影响研究》，《学术论坛》2016年第8期。

陈玉聃：《论文化软权力的边界》，《现代国际关系》2006年第1期。

程惠霞、杜桂霞：《论传统政治政治社会化途径及其现代借鉴意义》，《聊城大学学报》（社会科学版）2003年第2期。

戴长征：《中国当代政治社会化述评》，《安徽电力职工大学学报》2000

年第 12 期。

邓集文：《论大众传媒的政治社会化功能》，《湘潭大学学报》（哲学社会科学版）2004 年第 1 期。

丁和根：《对舆论引导主体引导能力的多维观照》，《当代传播》2009 年第 3 期。

丁永刚、周金玲：《大众传媒的政治社会化功能》，《理论探讨》2008 年第 10 期。

董广安、许同文：《"微责任"：传播责任的大众化转向》，《青年记者》2013 年第 8（上）期。

杜智涛、付虹、任晓刚：《中国网络政治参与主体的特征——基于多项式回归模型实证分析》，《北京航空航天大学学报》（社会科学版）2014 年第 9 期。

甘春梅、宋常林：《基于 TAM 的移动图书馆采纳意愿分析》，《图书情报知识》2015 年第 3 期。

高峰：《当代西方政治社会化理论述评》，《教育与研究》1997 年第 4 期。

高桐杰、李相久：《文化教化、文化内涵与青年社会化》，《青年探索》2002 年第 2 期。

高源、马静：《"未来 10 年 10 大挑战"调查报告》，《人民论坛》2009 年第 24 期。

葛荃：《政治主体的缺失与重构——关于建构当代中国政治哲学的一个思路》，《中国人民大学学报》2003 年第 5 期。

葛营营：《探析新媒体所蕴含的后现代性对社会文化的消解》，《科学导报》2013 年第 14 期。

顾萧：《多元民主社会的重叠共识和公共理性》，史军译，《马克思主义与现实》2008 年第 1 期。

郭茂灿：《虚拟社区中的规则及其服从——以天涯社区为例》，《社会学研究》2014 年第 2 期。

郝菲菲：《政治理性的学理分析》，《南京航空航天大学学报》（社会科学版）2016 年第 2 期。

何军：《论虚拟社团的兴起对社会稳定的影响——以国家与社会关系

为视角》,《净月学刊》2012 年第 8 期。

何威:《"文化抵抗"与"抵抗文化"——网众传播中的一种群体行为及其后果》,《新闻与传播评论》2011 年第 3 期。

洪伟:《论政治社会化》,《浙江大学学报》1995 年第 1 期。

胡珑瑛、董靖巍:《微博用户转发动机实证分析》,《中国软科学》2015 年第 2 期。

黄金柱、周红、鹿军:《试论网络文化背景下大学生的政治社会化》,《西安文理学院学报》(社会科学版) 2007 年第 2 期。

霍佳佳:《论政治责任和公共权力建立的统一——民主政治建设的理论逻辑》,《甘肃理论学刊》2010 年第 5 期。

季丽新、南刚志:《和谐社会背景下的政治责任建设》,《学术交流》2007 年第 4 期。

季鹏飞:《中国微博"微"权力功能研究》,《今日中国论坛》2008 年第 1 期。

贾亚君:《自媒体语境下优化高校思政课政治社会化功能的对策探讨》,《现代教育科学》2014 年第 1 期。

江秀平:《提高政治社会化的有效性》,《中共福建省委党校学报》2000 年第 5 期。

姜华:《媒体赋权境遇下大学生网络政治参与探析》,《理论观察》2015 年第 6 期。

蒋建国、化麦子:《网络"小清新"文化的展演与魅惑》,《现代传播》2014 年第 7 期。

焦金波:《政治正义理念的多维探讨》,《理论》2005 年第 6 期。

金军:《网络传播的政治特征及政治社会化》,《高等函授学报》(哲学社会科学版) 2006 年第 3 期。

柯平:《数字阅读的基本理论问题》,《图书馆》2015 年第 6 期。

柯缇祖:《社会主义核心价值观研究》,《红旗文稿》2012 年第 2 期。

雷启立:《"微传播"时代的文化特质》,《编辑学刊》2011 年第 7 期。

李彪:《微博意见领袖群体"肖像素描"——以 40 个微博事件中的意见领袖为例》,《新闻记者》2012 年第 9 期。

李斌：《论网络政治社会化的机理和特点》，《天津行政学院学报》2008年第4期。

李斌、刘际昕：《网络政治社会化：确立信息时代意识形态政治领导权的重要途径》，《理论导刊》2015年第6期。

李福东：《信息焦虑及其调适》，《四川教育学院学报》2018年第28期。

李海峰：《马克思思维方式与海德格尔思维方式比较研究》，《聊城大学学报》（社会科学版）2009年第3期。

李慧、潘涛：《公共情感：当代大学生情感社会化的根本旨向》，《淮海工学院学报》（人文社会科学版）2014年第2期。

李建秋：《论新媒体传播传受主体及其关系的转变》，《重庆邮电大学学报》（社会科学版）2009年第11期。

李俊：《论社会变革中的政治社会化治理机制》，《社会科学》2007年第3期。

李莉、陈秀峰：《政治社会化过程中的青少年社团组织功能浅析》，《学习与实践》2009年第2期。

李铭、左亚文：《当代异化理论与马克思异化理论的区别与联系》，《华中农业大学学报》（社会科学版）2012年第4期。

李晓玲：《布迪厄的场域与惯习：一个消费的视角》，《社会科学论坛》（学术研究卷）2008年第11（下）期。

李艳丽：《张力与互动：政治亚文化对政治稳定的积极功能分析》，《中共福建省委党校党报》2007年第5期。

李艳霞：《何种信任与为何信任——当代中国公众的政治信任来源与实证分析》，《公共管理学报》2014年第4期。

李晔、张冠文：《网络亚文化的后现代主义倾向——从校园多版本的江南Style网络风靡谈起》，《青年记者》2013年第3期。

李元书：《政治社会化：涵义、特征和功能》，《政治学研究》1998年第2期。

李元书、杨海龙：《政治社会化的动力机制》，《北方论丛》1998年第4期。

梁文化：《论网络文化和大学生政治社会化》，《钦州学院学报》2007

年第 5 期。

刘春雪：《同辈群体对青少年道德社会化影响的心理机制研究》，《湖北社会科学》2008 年第 9 期。

刘辉、王成顺：《青年的基本身份要素对网络政治参与的影响》，《中国青年社会科学》2015 年第 1 期。

刘军茹：《论记者的职业素质及权力控制》，《国际新闻界》2006 年第 10 期。

刘莉萍、孙杰：《大学微文化资本的构建研究》，《高教发展与评估》2015 年第 1 期。

刘庆军、孙晓军等：《社交网站中的自我呈现对青少年自我认同的影响：线上积极反馈的作用》，《中国临床心理学杂志》2015 年第 6 期。

刘婷：《社交媒体环境对青年亚文化的影响》，《学术探索》2014 年第 10 期。

柳建文：《少数民族政治社会化的影响因素及其有效实现途径》，《长沙电力学院学报》（社会科学版）2004 年第 2 期。

楼旭东、刘萍：《"网络水军"的传播学分析》，《当代传播》2011 年第 4 期。

卢家银：《社交媒体与青少年的政治社会化：以微博自荐参选事件为例》，《中国青年研究》2012 年第 8 期。

陆士祯、潘晴：《当代中国青年网络政治参与基本状况研究报告——全国范围内的基础调查》，《中国青年社会科学》2015 年第 1 期。

吕文静：《微信对大学生的影响及应对策略》，《今日中国论坛》2013 年第 10 期。

罗教高、罗超：《论文化控制的作用机制及实现途径》，《吉林省教育学院学报》2009 年第 1 期。

骆嘉、王中云、陈县英：《智能手机使用中的人格分裂及其文化归因》，《中国图书评论》2015 年第 8 期。

马得勇、张曙霞：《中国网民的意识形态与政治派别》，《二十一世纪》2014 年第 2 期。

马振清：《当代西方政治社会化主要代表人物及其基本观点》，《哈尔滨工业大学学报》（社会科学版）2000年第3期。

马中红：《国内网络亚文化研究现状及反思》，《青年探索》2011年第4期。

苗红娜：《国内政治社会化研究三十年述论》，《教学与研究》2014年第12期。

苗红娜：《欧美政治社会化研究五十年述评》，《理论界》2009年第10期。

彭庆红：《代沟到底有多大？青少年的父母取向与同辈取向》，《中国青年研究》2000年第2期。

蒲清平、张伟莉、赵楠：《微文化：特征、风险与价值引领》，《中国青年研究》2016年第1期。

浦颖娟、孙艳、征鹏：《大学生与网络青年亚文化关系研究》，《当代青年研究》2008年第5期。

齐延平：《法治：政治正当性的根据》，《学习与探索》2005年第9期。

秦莹：《媒介技术与青年亚文化转向的价值判断与调适》，《山西高等学校社会科学学报》2015年第1期。

青岛理工大学课题组：《政治社会化与转型期高校思想政治教育》，《河北学刊》2006年第1期。

丘海雄、张应祥：《理性选择理论述评》，《中山大学学报》（社会科学版）1998年第1期。

裘伟廷：《"网络社会"概念刍议》，《宁波广播电视大学学报》2005年第1期。

沙勇忠：《基于信息权利的网络信息伦理》，《兰州大学学报》2006年第9期。

尚东涛：《"无异化的技术"：可能抑或不可能》，《科学技术与辩证法》2004年第1期。

尚会鹏：《中原地区青年同辈群体"把子"研究》，《青年研究》1998年第2期。

佘双好：《社会思潮对高校学生核心价值观形成的影响研究》，《思想教育研究》2011年第6期。

石裕东、邢启龙：《微文化内涵初探》，《湖北工业大学学报》2013年第 3 期。

宋迎法：《西方教育和政治社会化概述》，《国外社会科学》1995 年第 7 期。

孙伟平：《人类交往实践的革命性变迁——虚拟交往及其哲学批判》，《吉林大学社会科学学报》2012 年第 3 期。

唐登蕓、李瑶：《网络微文化初探》，《重庆邮电大学学报》（社会科学版）2015 年第 3 期。

陶艺音：《微传播特征初探》，《新闻世界》2012 年第 2 期。

田新文：《民生政治：理解政治生活变化的新视角》，《社会主义研究》2008 年第 4 期。

汪茵：《当代浙江青年政治参与的现状、问题及引导》，《山东省青年管理干部学院学报》2010 年第 3 期。

王长征、崔楠：《个性消费，还是地位消费——中国人的"面子"如何影响象征型的消费者—品牌关系》，《经济管理》2011 年第 6 期。

王芳：《断裂与整合：网络社会青年政治社会化范式的嬗变及其应对》，《华东理工大学学报》（社会科学版）2008 年第 3 期。

王凤才：《霍耐特与批判理论的政治伦理转向》，《现代哲学》2007 年第 3 期。

王菁、卓伟、姚媛：《大学生的微博政治参与行为现状实证研究》，《青年研究》2015 年第 4 期。

王俊秀：《社会情绪的结构和动力机制：社会心态的视角》，《云南师范大学学报》（哲学社会科学版）2014 年第 9 期。

王培环：《微阅读时代高职生阅读能力的培养》，《南昌教育学院学报》2014 年第 6 期。

王世华、冷春燕：《互联网再认识：去中心化是个伪命题？——兼与李彪先生商榷"中心化"问题》，《新闻界》2013 年第 20 期。

王子坤、孙波：《网络技术背景下大学生政治社会化问题探析》，《云南行政学院学报》2011 年第 2 期。

向加吾：《社会转型期提高中国政治社会化有效性的途径变迁》，《理论与改革》2004 年第 6 期。

肖芃、蔡骐：《文化与社会视阈中的微博传播——兼论微博的内在矛盾》，《湖南社会科学》2014年第4期。

行超：《"逃兵主义"的现实困境——小清新文化分析》，《南方文坛》2013年第3期。

熊光清：《中国网络政治的兴起与政治文化的变迁》，《社会科学》2012年第1期。

熊万胜：《人际媒介对大学生政治认同的影响》，《华东理工大学学报》（社会科学版）2006年第1期。

徐彬、王璇：《"微文化"传播中的社会冲突现象及治理》，《学习论坛》2014年第4期。

徐世甫、张成岗：《现代性视野中的虚拟交往》，《清华大学学报》（哲学社会科学版）2006年第6期。

徐晓林、陈强、曾润喜：《中国虚拟社会治理研究中需要关注的几个问题》，《中国行政管理》2013年第11期。

徐勇、黄百炼：《政治社会化和民主政治建设》，《福建论坛》（经济社会版）1988年第4期。

杨保军：《"脱媒主体"：结构新闻传播图景的新主体》，《国际新闻界》2015年第7期。

杨聪：《浅析网络时代的青年亚文化》，《中国青年政治学院学报》2008年第5期。

杨晶：《网络民主视阈下政治社会化的不足与转型》，《青年记者》2016年第1期。

杨群：《当代中国社会转型时期公民政治社会化过程的规律研究》，《改革与开放》2010年第18期。

杨嵘均：《网络空间公民政治情绪宣泄的刺激因素与政治功能》，《学术月刊》2015年第3期。

杨山鸽：《政治社会化结构中的家庭、学校和大众传媒》，《山西师大学报》（社会科学版）2013年第4期。

杨淑萍：《消费文化对青少年的道德观影响研究》，《教育研究》2012年第10期。

杨威：《"微时代"中思想政治工作如何突破》，《新闻战线》2010年第4期。

杨信礼、尤元文：《论社会整合》，《理论学习》2000年第12期。

姚君喜：《传播结构与社会话语生产》，《当代传播》2009年第6期。

尹利民、段恩雄：《论市场经济条件下农村政治政治社会化功能、现代及有效途径》，《江西团校学报》2002年第1期。

游惠敏、袁晓凤：《"微文化"传播对当代大学生价值观的影响及对策》，《青年探索》2013年第4期。

于安龙、刘文佳：《微文化对大学生社会主义核心价值观教育的影响及对策》，《中国青年研究》2014年第11期。

于洪、杨显：《微博中节点影响力度量与传播路径模式研究》，《通信学报》2012年第S1期。

于昆：《网络视阈下青年政治社会化范式转换与调适》，《山东省青年管理干部学院学报》2010年第1期。

宇阿娟、李灵玲：《西方政治社会化理论流派述评》，《齐齐哈尔师范高等专科学校学校》2010年第5期。

袁曦临、王骏、孙雅楠：《基于PAD移动阅读行为及阅读体验实证研究》，《图书馆杂志》2012年第9期。

袁振国、朱永新：《试谈个体政治社会化的意义及过程》，《社会学研究》1988年第1期。

袁祖社：《"人是谁？"抑或"我们是谁？"——全球化与主体自我认同的逻辑》，《马克思主义与现实》2010年第2期。

曾昕：《媒介素养范式与青少年政治社会化》，《现代传播》2013年第10期。

翟本瑞：《从社区、虚拟社区到社交网络：社会理论的变迁》，《兰州大学学报》（社会科学版）2012年第9期。

翟亚夫：《社交媒体时代的文化特质与发展思考》，《戏剧之家》2015年第15期。

张爱军：《微博政治伦理的瓶颈及其疏导》，《探索与争鸣》2013年第9期。

张春美、陈继锋：《微文化生态下的社会主义核心价值观培育》，《安徽师范大学学报》（人文社会科学版）2014年第1期。

张高云：《后现代主义思潮对青年亚文化的影响》，《当代青年研究》2007年第1期。

张海涛、杨琛：《"微文化阅读"时代大学人文教育的困境与出路》，《煤炭高等教育》2015年第9期。

张家军：《论学生同辈群体的作用及其实现机制》，《当代教育科学》2009年第11期。

张军、吴宗友：《网络时代"缺场交往"的社会价值》，《合肥师范学院学报》2013年第7期。

张贤明：《政治责任的逻辑与实现》，《政治学研究》2003年第4期。

张啸臣：《论网络技术对政治社会化的影响》，《理论月刊》2001年第4期。

张子炫：《转型期中国政治亚文化与政治稳定关联性探析》，《现代商贸工业》2011年第4期。

赵宬斐：《新媒体视野下中国执政党政治表达的范式转向》，《中国出版》2012年第11（下）期。

赵春丽、卢君仪：《网络新媒体与政治参与、社会主义民主建设》，《中共天津市委党校党报》2016年第2期。

赵大海、胡伟：《中国大城市公共服务公众满意度的测评与政策建议》，《上海行政学院学报》2014年第1期。

赵乃斌：《关于南斯拉夫政治社会化的理论》，《苏联东欧问题》1983年第8期。

郑曙村、段建凡、房玉霞：《完善我国责任政治的现实思考》，《中共中央党校学报》2002年第2期。

周汝江：《从大众社会到网络社会——当代中国政治表达民粹化的转型和治理》，《人民论坛》2015年第11期。

周忠华、向大军：《文化差异·文化冲突·文化调适》，《吉首大学学报》（社会科学版）2011年第2期。

朱道忠、朱陆民：《政治社会化的功能和实现途径》，《中南工业大学学报》（社会科学版）2001 年第 2 期。

朱国华：《场域与实践：略论布迪厄的主要概念工具》（下），《东南大学学报》（哲学社会科学版）2004 年第 3 期。

朱靖：《试论网络文化对青少年政治社会化的影响》，《淮海工学院学报》（社会科学版）2005 年第 1 期。

朱永新、袁振国：《试论个体的政治社会化》，《苏州大学学报》（哲学社会科学版）1987 年第 4 期。

左广兵：《媒介传播时态下的微政治基本认知与中国语境》，《行政与法》2012 年第 9 期。

左广兵：《"微政治"蔓延挑战中国治理生态》，《人民论坛》2012 年第 6（下）期。

Armstrong, A. & Hagel, J., The Real Value of Online Communities, *arvard Business Review*, 1996（2）.

Bell Richard Q., A Reinterpretation of the Direction of Effects in Studies of Socialization, *Psychological Review*, 1968（2）.

SCOTT, J., Patron-Client Politics and Political Change in Sout-heast Asia, *The American Political Science Review*, 1972, 66（1）.

Williamson, J. B. and Pampel, F. C., *Old-Age Security in Comparative Perspective*, Oxford University Press, 1993.

WU, A. X., Ideological polarization over a China-as-superpower mindset: an exploratory charting of belief systems among Chi-nese internet users, 2008–2011, *International Journal of Communication*, 2013（1）.

三 报纸类

高岩：《微博对新闻行业的影响及其存在的问题——以 Twitter 为例》，《中国新闻研究中心》2009 年 11 月 8 日。

京平：《能否守住意识形态阵地事关中共命运》，《北京日报》2013 年 9 月 3 日。

刘奇葆：《加快推动传统媒体和新兴媒体融合发展》，《人民日报》2014

年4月23日。

王丽萍：《微政治：社会情绪的文化演变》，《民主与法制》2011年10月17日。

王四新：《微博隐忧：公共事务的平台别被娱乐化》，《中国经济导报》2011年1月11日。

四 学位论文

戴道昆：《美国大众媒介政治社会化功能研究》，博士学位论文，哈尔滨工程大学，2012年。

五 电子文献

《2019：移动舆论场初长成》，http://www.people.com.cn，2014年2月17日。

《2019年大学生思想状况滚动调查表明大学生思想主流积极健康　向上向好》，http://www.luozhuang – edu.cn/jyzx/28484.html，2019年12月16日。

《2019年互联网发展趋势分析》，https://www.360kuai.com/pc/9e024b1a57e4，2019年9月9日。

《2019年中国政务新媒体发展现状：政务微博及头条号均增长》发布，http://free.chinabaogao.com/it/202004/04304914Y2020.html，2020年4月30日。

《2019中国社交媒体影响报告》，http://www.lanmeih.com/show/10000556，2019年2月3日。

《2020年政务微博影响力报告》发布，http://yuqing.people.com.cn/n1/2021/0125/c209043 – 32011430.html，2021年1月25日。

《2020年中国互联网络发展现状及投资策略》，https://it.chinairn.com/news/20200929/160929938.html，2020年9月29日。

《2020年中国智能手机用户达到781.7百万人》，https://www.iimedia.cn/

c106，2020 年 12 月 25 日。

《2020 社交媒体用户报告》，http：//www.weibo.com/p/1001603882263044567644，2020 年 12 月 1 日。

《2021 中国社交媒体市场分析报告》，https：//www.adquan.com/post-7-301904.html，2021 年 2 月 18 日。

《2021 中国微信市场分析报告——行业运营现状与未来前景分析》，http：//baogao.chinabaogao.com/hulianwang/379326379326.htm，2021 年 1 月 9 日。

《CNNIC：第 47 次中国互联网络发展统计报告》，http：//www.southmoney.com/caijing/caijingyaowen/202102/8863742.html，2021 年 2 月 3 日。

《第十七次全国国民阅读调查报告显示：有声阅读成为国民阅读新增长点》，https：//news.gmw.cn/2020-04/21/content_33755306.htm，2020 年 4 月 21 日。

《关于新型冠状肺炎 154 个热闹微博话题》，https：//zhuanlan.zhihu.com/p/109651280，2020 年 2 月 8 日。

《近六成假新闻首发于微博》，http：//news.ifeng.com/a/20150625/44037999_0.shtml，2015 年 6 月 25 日。

《马化腾：微信的名字是我随便想的，最初就是邮箱》，http：//tech.163.com/16/1023/11/C42CMD0300097U7R.html，2016 年 10 月 23 日。

《人民论坛评选年度十大热潮，指新媒体已成思潮交锋的主战场》，http：//www.thepaper.cn/newsDetail_forward_1422399，2016 年 1 月 19 日。

《人民网舆情监测室：2020 年互联网舆情形势分析与展望》，http：//yuqing.people.com.cn/n1/2020/0917/c429609-31865663.html，2020 年 9 月 17 日。

《社交媒体：民主的终结者？》，http：//www.nfcmag.com/article/5356.html，2015 年 2 月 19 日。

《社交媒体在埃及和突尼斯中发挥的作用》，http：//www.doc88.com/p5773058521081.html，2014 年 9 月 22 日。

《为什么中国的离婚率不断攀升?》，https：//finance. sina. com. cn/stock/stockzmt/2019 - 04 - 12/doc - ihvhiewr5326413. shtml，2019 年 9 月 10 日。

《我国电子政务排名大幅提升　在线服务水平进入全球领先梯队》，http：//www. xinhuanet. com/politics/2020 - 07/11/c_ 1126224671. htm，2020 年 7 月 11 日。

《希拉里 VS 特朗普 = "媒体宠儿" VS "超级网红"》，http：//news. xinhuanet. com/world/2016 - 11/08/c_ 129355435. htm，2016 年 11 月 8 日。

《信任缺失：美国青年患上政治冷漠症》，http：//news. eastday. com/world/w/20161028/u1a12224303. html，2016 年 10 月 28 日。

《政府政务微博被指"僵尸化"和"官腔化"现象严重》，http：//news. ifeng. com/mainland/detail_ 2012_ 03/20/13303081_ 0. shtml，2012 年 3 月 21 日。

《政务微博成官民互动新平台，呈亲切人性化新特点》，http：//news. sina. com. cn/m/2011 - 12 - 15/111423637043. shtml，2011 年 11 月 15 日。

《政治冷漠投票率低》，http：//news. ifeng. com/a/20160125/47215820_0. shtml，2016 年 1 月 25 日。

《中国互联网络发展状况统计报告》，http：//www. cinic. org. cn/hy/zh/1061862. html，2021 年 3 月 25 日。

《中国为什么没有颜色革命?》，http：//mt. sohu. com/20160719/n460048431. shtml，2016 年 7 月 19 日。

《中国政务微信公号已突破 10 万》，http：//tech. qq. com/a/20160119/005085. htm，2020 年 1 月 19 日。

《重磅来袭! 国省级政务新媒体影响力 5 月榜单出炉》，https：//www. sohu. com/a/398957340_ 100014118，2020 年 5 月 31 日。